「世界哲學家叢書」總序

　　本叢書的出版計畫原先出於三民書局董事長劉振強先生多年來的構想，曾先向政通提出，並希望我們兩人共同負責主編工作。一九八四年二月底，偉勳應邀訪問香港中文大學哲學系，三月中旬順道來臺，即與政通拜訪劉先生，在三民書局二樓辦公室商談有關叢書出版的初步計畫。我們十分贊同劉先生的構想，認為此套叢書（預計百冊以上）如能順利完成，當是學術文化出版事業的一大創舉與突破，也就當場答應劉先生的誠懇邀請，共同擔任叢書主編。兩人私下也為叢書的計畫討論多次，擬定了「撰稿細則」，以求各書可循的統一規格，尤其在內容上特別要求各書必須包括(1)原哲學思想家的生平；(2)時代背景與社會環境；(3)思想傳承與改造；(4)思想特徵及其獨創性；(5)歷史地位；(6)對後世的影響（包括歷代對他的評價），以及(7)思想的現代意義。

　　作為叢書主編，我們都了解到，以目前極有限的財源、人力與時間，要去完成多達三、四百冊的大規模而齊全的叢書，根本是不可能的事。光就人力一點來說，少數教授學者由於個人的某些困難（如筆債太多之類），不克參加；因此我們曾對較有餘力的簽約作者，暗示過繼續邀請他們多撰一兩本書的可能性。遺憾

的是，此刻在政治上整個中國仍然處於「一分為二」的艱苦狀
態，加上馬列教條的種種限制，我們不可能邀請大陸學者參與撰
寫工作。不過到目前為止，我們已經獲得八十位以上海內外的學
者精英全力支持，包括臺灣、香港、新加坡、澳洲、美國、西德
與加拿大七個地區；難得的是，更包括了日本與大韓民國好多位
名流學者加入叢書作者的陣容，增加不少叢書的國際光彩。韓國
的國際退溪學會也在定期月刊《退溪學界消息》鄭重推薦叢書兩
次，我們藉此機會表示謝意。

　　原則上，本叢書應該包括古今中外所有著名的哲學思想家，
但是除了財源問題之外也有人才不足的實際困難。就西方哲學來
說，一大半作者的專長與興趣都集中在現代哲學部門，反映著我
們在近代哲學的專門人才不太充足。再就東方哲學而言，印度哲
學部門很難找到適當的專家與作者；至於貫穿整個亞洲思想文化
的佛教部門，在中、韓兩國的佛教思想家方面雖有十位左右的作
者參加，日本佛教與印度佛教方面卻仍近乎空白。人才與作者最
多的是在儒家思想家這個部門，包括中、韓、日三國的儒學發展
在內，最能令人滿意。總之，我們尋找叢書作者所遭遇到的這些
困難，對於我們有一學術研究的重要啟示（或不如說是警號）：
我們在印度思想、日本佛教以及西方哲學方面至今仍無高度的研
究成果，我們必須早日設法彌補這些方面的人才缺失，以便提高
我們的學術水平。相比之下，鄰邦日本一百多年來已造就了東西
方哲學幾乎每一部門的專家學者，足資借鏡，有待我們迎頭趕
上。

　　以儒、道、佛三家為主的中國哲學，可以說是傳統中國思
想與文化的本有根基，有待我們經過一番批判的繼承與創造的發

展，重新提高它在世界哲學應有的地位。為了解決此一時代課題，我們實有必要重新比較中國哲學與（包括西方與日、韓、印等東方國家在內的）外國哲學的優劣長短，從中設法開闢一條合乎未來中國所需求的哲學理路。我們衷心盼望，本叢書將有助於讀者對此時代課題的深切關注與反思，且有助於中外哲學之間更進一步的交流與會通。

最後，我們應該強調，中國目前雖仍處於「一分為二」的政治局面，但是海峽兩岸的每一知識分子都應具有「文化中國」的共識共認，為了祖國傳統思想與文化的繼往開來承擔一分責任，這也是我們主編「世界哲學家叢書」的一大旨趣。

傅偉勳　韋政通

一九八六年五月四日

自　序

　　石里克是本世紀最有影響的哲學流派之一——維也納學派的創始人，在筆者看來，他也是該學派精神上的領袖。與該學派其他成員相比，石里克的思想要深入、廣博得多。從經驗論的歷史發展角度看，石里克哲學是其中相當重要的一個環節。但主要是由於其不幸的早逝，哲學界幾乎把他遺忘了，至今還沒有出版一本關於他的思想的系統的研究著作，關於他的文章也寥寥無幾。作為石里克最喜歡的學生，洪謙先生是少數對其思想做過深入研究的哲學家之一。筆者有幸在洪先生指導下研習多年，通過洪先生的教導，對石氏思想有了一定的把握，並零星寫過一些「心得」。「世界哲學家叢書」主編韋政通、傅偉勳先生深知石里克哲學的重要性，決定將其納入叢書中，並答應由我撰寫。借此機會我又重新仔細研讀了石氏的幾乎所有重要著作，經過艱苦而愉悅的理智跋涉，終於完成了書稿。

　　石里克將哲學最終界定為「意義的探究」，依此，哲學不應是「體系性」的，但為了申述和論證自己的觀點，他也不知不覺地構築了一個頗為「宏大」的哲學體系。在其一生的最後幾年，他本想把自己數年來哲學思考的結果系統地表述出來，但意外的身亡使他的這個願望終未得實現。我希望拙作在一定程度上能完成

石里克的這個夙願。而至於這個希望究竟在多大程度上實現了，這只能由諸位專家和學者評判了。

韓　林　合

一九九四年十二月十日

目　　次

第五章　自然哲學

第六章　倫理學

第一章 導 論

一、生平、著作及思想發展

弗里德里希・阿爾伯特・莫里茨・石里克 (Friedrich Alb-ert Moritz Schlick)，1882 年 4 月14日生於德國柏林。從母親方面說，他是德國著名愛國主義者、反對拿破崙 (Napoléon Bonaparte, 1769-1821) 入侵的解放戰爭的政治領袖恩斯特・莫里茨・阿內特 (Ernst Moritz Arndt) 的後裔。他的父親是一個工廠主。

石里克自幼對物理學和數學情有獨鍾，因而進入著重講授自然科學和現代語言的柏林呂森城區實科中學 (Luisen-städtisc-hes Realgymynasium) 學習。1900 年中學畢業後進入柏林大學，在著名物理學家、量子力學的創始人馬克斯・普朗克 (Max Plank, 1858-1947) 的指導下研究物理學。1904年以題為「論非均勻層中光的折射」(Über die Reflexion des Lichtes in einer inhomogenen Schicht) 的論文獲得博士學位。

離開大學後，石里克的研究興趣即逐漸轉移到哲學方面，尤其是人生哲學和美學的基本問題。1907 年秋他完成了他的第一部哲學著作《人生智慧 —— 幸福學說嘗試》(*Lebensweisheit. Versuch einer Glückseligkeitslehre*)，1908 年付梓出版。在

這部著作中，石里克探討了人類行動的原因，指出「一切行動都是和快樂（Lust）聯繫在一起的」❶。此外，他還論證了從手段到目的，從工作到遊戲的轉變於人生而言的重要意義。可以說，在這部著作中他的倫理思想和人生哲學思想已初步形成。1909年石里克寫出了題爲〈從進化史角度看美學的基本問題〉（Das Grundproblem der Ästhetik in entwicklungsgeschichtlicher Beleuchtung）的論文。在文章中，他試圖從進化論角度回答美感的來源問題，將「美」與「有用」對立起來（但承認「美」是從「有用的東西」進化發展而來的），正因如此，他支持席勒（J.C.F von Schiller, 1759-1805）等人的「遊戲論」。

1910年石里克發表了〈自然科學的概念構造和哲學的概念構造的界限〉（Die Grenze der naturwissenschaftlichen und Philosophischen Begriffsbildung）。在文章中他對哲學的任務和方法問題做了初步的探討，建議將哲學定義爲「關於性質（Qalitäten）的學說」。同年石里克還發表了〈從現代邏輯的觀點看眞理的本性〉（Das Wesen der Wahrheit nach der modernen Logik）。在這篇文章中，他首先對各種流行的眞理觀做了批判性分析，然後給出了自己的眞理規定：「眞就在於單義的配置（eindeutige Zuordnung）」。此外，他還首次提出了「一切認識都是再認識」（Alles Erkennen ist Wiedererkennnen）的論斷。

1911年石里克被羅斯托克（Rostock）大學聘爲哲學講師。爲此他做了題爲〈哲學在當代的任務〉（Die Aufgabe der Ph-

---

❶　Moritz Schlick, *Lebensweisheit*, p.20.

第一章 導　論　3

ilosophie in der Gegenwart) 的就職演說。在這篇演說中，
石里克從傳統哲學角度對哲學又做了重新的規定，指出哲學的目
的是「通過理智的手段達到人類精神生活的和諧的完成」❷。因
此哲學便有如下兩項任務：檢討各門具體科學的基礎和前提（認
識論）；將各門具體科學統一起來並從中引申出世界觀（形而上
學）。從1911年到 1920 年這段時間石里克一直在羅斯托克大學任
教，並連續發表了一系列重要的論著。

　　在1912年寫作的〈什麼是認識？〉(Was ist Erkenntnis?)
一文中，石里克第一次系統而全面地分析了「認識」概念，指出
無論是在日常生活中還是在科學中，「認識」都只是意味著「再
認識」(wiedererkennen, recognize)，即一個事物（事件）
在另一個事物（事件）中的「再次被發現」(wiedergefunden)
或「認同」(identifizieren)。

　　1913年石里克發表了〈存在直觀知識嗎？〉(Gibt es intu-
itive Erkenntnis?)。在文章中他以〈什麼是認識？〉一文中的
分析為基礎，詳細地論證了認識和直觀（或體驗）的本質區別，
批評了柏格森 (Henri Louis Bergson, 1859-1914) 和胡塞爾
(Edmund Husserl, 1859-1938) 等人的直觀認識論。

　　1915 年石里克發表了〈相對性原理的哲學意義〉(Die Phi-
losophische Bedeutung des Relativitätsprinzips)。在文
章中石里克首先簡明地解釋了狹義相對論的基本原則，然後指出
這些原則摧毀了牛頓 (Isaac Newton, 1642-1727) 的絕對時空

---

❷　Moritz Schlick, 'Die Aufgabe der Philosophie in der Gegenwart', in *Philosophical Papers*, Vol.I, pp. 106-107.

觀。由於康德 (Immanuel Kant, 1724-1804) 的認識論在很大程度上是以牛頓時空觀爲基礎的，所以它因此便遭到了沈重的打擊。但新康德主義者當然不甘心於失敗，他們肆意曲解相對論，以便挽救康德的哲學體系。石里克雄辯地證明了他們的企圖是注定要失敗的。石里克是第一個充分注意到相對論的認識論意義並給以高質量分析的人。

在 1916 年發表的〈空間的觀念性，嵌入和心物關係問題〉(Idealität des Raumes, Introjektion und Psychophysisches Problem) 一文中，石里克根據康德的空間觀念性學說和阿芬那留斯 (Richach Heinrich Ludwig Avenarius, 1843-1896) 的嵌入說分析了傳統哲學中的心物關係問題，指出這個問題的實質實際上是「定位的矛盾」(Lokalisationswidersprüche)。此外，在此文中石里克還第一次作出了現象空間 (直觀的心理空間) 和物理空間的區分。

1917年石里克發表了著名的《現代物理學中的時間和空間》(Raum und Zeit in der gegenwärtigen Physik)。在這部專著中，石里克詳細介紹和分析了相對論 (狹義相對論和廣義相對論) 的基本思想及其重大的科學意義，並進一步分析了它與哲學的密切關係，深化了主觀心理空間和客觀物理空間的區分。

1918 年石里克完成了他的主要著作《普通認識論》(Allgemeine Erkenntnislehre) 的寫作並付梓出版。這部著作是他多年哲學思考的結晶。在其中他系統而深入地分析了認識概念以及與之相關的其他概念。在此基礎上，他依據現代科學發展的最新成果深入地批判了康德和新康德主義者的先天知識觀以及傳統形而上學家和實證論者的實在觀，倡導經驗批判的實在觀，維護和

弘揚了經驗主義傳統。

1921年石里克受聘爲基爾 (Kiel) 大學哲學教授。

由於石里克在解說相對論方面的突出貢獻，1922年他被選中在德意志自然科學家和醫生協會成立一百周年的慶祝大會上做題爲「哲學中的相對論」(Die Relativitätstheorie in der Philosophie) 的專題講演。按照原來的計畫，愛因斯坦（Albert Einstein, 1879-1955）是第一位演講者，但他因故未能出席。

1922 年秋，石里克受聘到維也納大學主持題爲「歸納科學的歷史和哲學」的講座，這一講座在他之前曾由馬赫（Ernst Mach, 1838-1916）和波爾茨曼 (Ludwig Boltzmann, 1844-1906) 主持。在1922至1923年冬季學期石里克最初的講座是「自然哲學」。

1925年石里克應邀爲德索爾 (M. Dessoir) 主編的哲學教程《哲學諸領域》(Die Philosophie in ihren Einzelgebieten) 撰寫了〈自然哲學〉部分。他藉此機會比較系統地闡發了他的自然哲學思想，特別是對物質（實體）概念的歷史演變及其最終的消解做了詳盡的考察。在同年所寫的〈認識論和現代物理學〉(Erkenntnistheorie und moderne Physik) 一文中，他聯繫著現代物理學的最新發展（特別是量子理論中的新發現）再一次論證了認識論與現代科學間的密不可分的關係，預言在微觀領域內被康德視爲先天綜合判斷之典範的因果原則可能失效。這一年石里克還修訂再版了他的《普通認識論》。

石里克來到維也納後，便努力將那些對科學的哲學基礎感興趣的人們組織在一起，共同探討現代物理學、數學和邏輯的新發展以及有關的認識論問題。最先參加進來的有漢斯·哈恩（Hans

Hahn)、賴特梅斯特（K. Reidermeister）、弗蘭克（Ph. Frank）和紐拉特（Otto Neurath, 1882-1945）等。後來卡爾納普（Rudolf Carnap, 1891-1970）、門格爾（K. Menger）、米塞爾（R. von Miser）、魏斯曼（Friedrich Waismann, 1896-1959）、克拉夫特（Victor Kraft, 1900-1975）、費格爾（Herbart Feigl, 1902-1988）、亨普爾（C.G. Hempel）以及邏輯學家哥德爾（Kurt Gödel, 1906-1978）等相繼參加進來。他們每星期四晚上定期會聚在一起，共同探討科學哲學問題。

1928年馬赫協會成立，石里克被推選爲主席。從這一年起他和弗蘭克一起著手編輯一套名爲「科學世界觀著作集」(*Schriften zur wissenschaftlichen Weltauffassung*) 的叢書。

1929 年初，石里克謝絕了波恩（Bonn）大學的聘請，以避免失去與他的小組成員們的密切聯繫。爲了表示感激之情，紐拉特、漢恩和卡爾納普共同起草了一本名爲《科學的世界觀：維也納小組》(*Die wissenschaftliche Weltauffassung. Der Wiener Kreis*) 的小冊子，將其敬獻給石里克。這本小冊子敍述了以石里克爲中心的那個小組的共同的信條及其先驅者。至此爲止，作爲一個哲學流派或運動的維也納學派便正式誕生了。

1929年夏天，石里克以客座教授身分到美國加利福尼亞州斯坦福（Stanford）大學講學。

1930 年石里克到牛津（Oxford）大學參加第七屆世界哲學大會，做了題爲「哲學的未來」(The Future of Philosophy) 的講演。這一年他撰寫的《倫理學問題》(*Fragen der Ethik*) 作爲「科學世界觀著作集」叢書的第四冊出版。在這本書中石里克尖銳地批判了康德等人的絕對價值觀以及以這種價值觀爲基礎

的義務倫理學，力圖將倫理學作爲心理學的一個分支而建立起來。

　　1931年末，石里克再度出訪美國，在加利福尼亞州斯多克頓(Stockton) 城做了兩次題爲「哲學的未來」(The Future of Philosophy) 和「一種新的經驗哲學」(A New Philosophy of Experience) 的講演。

　　1932年石里克應邀到倫敦做了三次講演，總題目是「形式和內容: 哲學思維導論」(Form and Content. An Introduction to Philosophical Thinking)。

　　1921年維根斯坦 (Ludwig Wittgenstein, 1889-1951) 的《邏輯哲學論》(*Logisch-Philosophische Abhandlung,* 或者 *Tractatus Logico-Philosophicus*) 公開發表。此書很快便引起了石里克的注意，他被這本「小書」所表達的思想深深地吸引住了。1924年12月25日他懷著激動的心情給維根斯坦寫信，問他能否見他一面。維根斯坦很快便回信告訴石里克，說他也非常希望見到他。1925年1月14日石里克再度表達了他訪問維根斯坦的強烈願望。1926年4月他動身到維根斯坦任教的奧特塔(Otterthal) 鄉村小學拜訪他，但到那裡才發現維根斯坦已放棄教職回維也納了。1927年石里克終於如願以償，見到了維根斯坦。經過幾次單獨會面後，少數幾個維也納小組成員（魏斯曼、卡爾納普、費格爾等）也被允許參加進來。自此以後一直到1932年初，維根斯坦和石里克等人進行了數十次討論。在討論中維根斯坦一直是主角，他時常向他們宣布他的最新思想（特別是意義證實說、關於自然律和因果原則的新觀點、數學哲學思想以及對唯我論的批判）。這些新思想和《邏輯哲學論》的「舊思

想」一起促使石里克的哲學觀在1925年以後發生了重大的變化和發展。首先，他放棄了他以前給出的哲學規定，轉而將哲學規定爲「意義的探究」或「分析和澄清意義的活動」。其次，在《邏輯哲學論》的語言觀的影響下，他對表達（特別是語言表達）的本質進行了深入的分析，並進而作出了形式和內容的區分，因之深化和發展了他以前提出的認識和體驗（直觀、理會（Kennen））之分。最後，他也放棄了他以前堅持的經驗批判實在論立場，轉而認爲形而上學的實在斷言是無意義的，而並不是假的。石里克哲學觀點的上述變化和發展集中體現在他從1926年到1936年所寫的一系列論文和演講稿中。下面我們就擇要介紹一下它們的主要內容。

在〈體驗、認識和形而上學〉(Erleben, Erkennen, Metaphysik)（1926）中，石里克首次提出了形式和內容的區分，並將它用作爲他以前提出的認識和理會（直觀、體驗）之分的基礎。以這兩個區分爲基礎，石里克論證了形而上學命題的無意義性：它們之所以無意義是因爲它們欲表達（或傳達）和認識的東西即內容根本就是不可表達、不可認識的。

在〈人生意義論〉(Vom Sinn des Lebens)（1927）中，石里克進一步深化了《人生智慧》一書中的主要觀點，並正式明確地提出了「人生意義在於遊戲，在於青春」的命題❸。

在〈哲學和自然科學〉(Philosophie und Naturwissen-

---

❸　在〈生命意義論〉中，石里克說他當時正利用業餘時間寫一部名爲《青春哲學》(*Die Philosophie der Jugend*) 的書。但他顯然沒有完成此書的寫作。在其遺著中只發現了第一章的部分內容，題目是「遊戲，青春的靈魂」。此外，他還草擬了另外兩章的標題：「美麗，青春的面容」；「高貴，青春的心臟」。

schaft)（1929）中，石里克第一次明確地將哲學界定爲「給予或發現意義的活動」❹，並嚴厲地批評了文德爾班（Wilhelm Windelband, 1848-1915）、李凱爾特（Heinrich Rickert, 1863-1936）和狄爾泰（Wilhelm Dilthey, 1833-1911）等人堅持自然科學和精神科學（Geisteswissenschaft）的嚴格區分的錯誤做法，認爲從認識角度看它們是一樣的，而且從哲學角度看自然科學更爲重要，因爲只有通過對自然科學爲我們提供的世界圖景（Weltbild）的意義的分析我們才能達於某種世界觀。

在〈哲學的轉變〉（Die Wende der Philosophie）（1930）中，他再次重申了他的新的哲學規定，信心百倍地宣稱他的「新哲學」能徹底結束一切哲學紛爭。

在〈哲學的未來〉（1930）、〈哲學的未來〉（1931)和〈一種新的經驗哲學〉（1932)這三篇演講中，石里克從哲學史以及哲學和科學的關係等角度系統地論證了他的新的哲學規定，並明確指出他所謂的「新哲學」的方法是邏輯分析法和意義證實法。

在〈現代物理學中的因果性〉（Die Kausalität in der gegenwärtigen Physik）（1931）和〈日常生活中和近來科學中的因果性〉（Causality in Everyday Life and in Recent Science）（1932）中，石里克根據量子力學的最新成果對因果原則作出了新的解釋，指出因果原則的本質是「可預言性」或「預言的實現」或「成功的預言」。

在〈實證論和實在論〉（Positivismus und Realismus）（1932）中，石里克根據邏輯分析法和意義證實法系統地闡述了

❹ Moritz Schlick, 'Philosophie und Naturwissenschaft', in *Erkenntnis* 4 (1934), p. 383.

他後期的實在觀：無論是肯定還是否定超驗實在的存在都是無意義的。

在〈形式和內容〉中，石里克首先分析了表達的本質，然後系統地論證、深化了形式和內容之區分的學說，並以此為基礎進一步批判了文德爾班、李凱爾特和狄爾泰的觀點，再次論證了形而上學命題和問題的無意義性。此外，他還進一步論證了先天知識的不可能性，並提出了他後期的真理觀：邏輯和數學命題的真理標準在於一致、無矛盾；經驗科學的真理標準在於與事實的結構上的符合。

在〈論知識的基礎〉(Über das Fundament der Erkenntnis) (1934) 及〈導論和論「斷定」〉(Introduction and On 'Affirmations') (1935)中，石里克詳細地討論了知識有否堅實可靠的基礎問題，認為他所謂的「斷定」(Affirmations, Konstatierungen) 便可充當這樣的基礎。

在〈不可回答的問題？〉(Unanswerable Questions?) 中，石里克依據意義證實原則駁斥了不可知論，指出沒有原則上不可回答的問題。

在〈論心理學概念和物理學概念間的關係〉(On the Relation Between Psychological and Physical Concepts) (1935) 中，石里克從語言角度系統地闡述了他在心物關係問題上的立場，指出這個問題實際上是因語言上的混淆而造成的。

在〈自然律是約定嗎？〉(Sind die Naturgesetze Konventionen?) (1935) 中石里克批判了彭加勒(Henri Poincaré, 1854-1912) 等人的約定論。

在〈意義和證實〉(Meaning and Verification) (1936)

中，石里克系統、全面、深入地闡述了他的意義證實說，指出當他說意義在於證實時，他這裡所說的證實實際上只是指證實的邏輯可能性，進一步說，是指使用規則的可提供性。

石里克的後期哲學觀不僅表達在上述文章中，也表達在他的講課筆記中。在以《相互關聯的哲學問題》(*Die Problem der Philosophie in ihrem Zusammenhang*) (1933-1934) 為名出版的講課筆記中，石里克以比較系統的方式緊密聯繫著哲學史闡述了他的後期哲學觀。

石里克曾計劃用這一時期所獲得的靈感和新思想來擴充和修改他的《普通認識論》，但遺憾的是，這一計劃始終未能實現。1936年 6 月22日，當他像往常一樣去上課時，還未及走進教室便被一個患神經病的學生槍殺了。這不能不說是國際哲學界的一大損失。石里克不幸身亡後，維也納小組的會議便告終止。隨著第二次世界大戰的來臨，小組的其他成員相繼遷往他鄉，作為一個「組織」或「機構」的維也納小組便告解散。

二、石里克哲學的思想背景及其淵源

石里克哲學之誕生是有其深刻的思想背景的。

十九世紀上半葉，黑格爾 (Georg Wilhelm Friedrich Hegel, 1770-1831)、費希特 (Johann Gottlieb Fichte, 1762-1814) 和謝林 (Friedrich von Schelling, 1775-1854) 等人的「偉大的唯心論體系」在德國哲學界居於統治地位。但到了十九世紀中期，隨著「科學和技術的時代」的到來 —— 1842年羅伯特·邁爾 (J.R. Mayer, 1814-1878) 發現能量守恒定律，1859

年達爾文 (Charles Robert Darwin, 1809-1882) 發表了劃時代的著作《根據自然選擇的物種起源》(*Origin of Species by Means of Natural Selection*) —— 它們便逐漸「失勢」了。哲學的衰微和自然科學的勝利鼓舞唯物主義的成長。福格特 (Karl Vogt, 1817-1895)、裘爾伯 (H. Czolb, 1819-1873)、摩萊肖特 (J. Moleschott, 1822-1893) 和畢希納 (Ludwig Büchner, 1824-1899) 領導各方力量反對思辯唯心主義體系。當然，他們所提供的理論依然絲毫不是前後一貫的唯物主義理論，而是眾多觀點的雜湊：思想有時被認爲是運動，有時被認爲是運動之結果，有時被認爲是必然和運動同時俱起的，有時候又被認爲是位於下面、不可知的基質的一個方面，運動是和這種基質並行的一種現象。畢希納的《力和物質》(*Kraft und Stoff*) (1855) 從五十年代起極爲流行，至少刊印了二十版。後來海克爾 (Ernst Haekel, 1834-1919) 的《宇宙之謎》(*Die Welträtsel*) (1899) 取代了它的地位。化學家威康‧奧斯特瓦爾德 (Wilhelm Ostwald, 1853-1932) 企圖通過「唯能論」來取代唯物主義和機械論。他認爲物質的各種特性都是能 (energy) 的不同的表現形式（如動能、熱能、化學能、磁能和電能等），但它們不能相互轉化和歸約。心理能 (psychic energy) 是能的另一種形式，它是無意識或有意識的神經能 (nervous energy)。相互作用被解釋成從無意識的能向有意識的能（或者反過來，從有意識的能向無意識的能）的過渡。

　　但是，這種機械式的唯物主義對於渴求哲學的心靈來說畢竟過於膚淺、貧乏，它不能長期滿足人們對哲學的渴求。在這種情況下，哲學家們自然又重新思考康德曾經殫精竭慮地思考過的認

識論問題，並借康德的哲學對當代的各種流行思潮進行批判性的
考察。對反對黑格爾派的方法和唯物主義的進步以及懷疑一切形
而上學的人來說，康德的批判哲學變成了重整旗鼓的陣地。1865
年李普曼（Otto Liebmann, 1840-1912）順應時代的潮流，
大聲疾呼：「回歸康德」（zurück zu Kant）。他著有《康德及
其追隨者》（*Kant und die Epigonen*）。該書的每一章都以必
須「回歸康德」結尾。朗格（Friedrich Albert Lange, 1828-
1875）支持李普曼的口號，著有《唯物論史》（*Geschichte des
Materialismus und Kritik seiner Bedeutung in der
Gegenwart*）（1866）。他企圖將康德的先驗論構建在人的心理
──生理組織之上。在他看來，唯物主義作為一種方法是有道理
的，卻不應成為世界觀，因為它未能解釋物理對象的基本性質和
人類內在自我的性質。他斷言形而上學和宗教玄想是人類「創造
性的本能」的產物，沒有理論價值，一個理想的世界的存在不
能得到證明，但是這種觀念在人類生活中有其實踐價值。柯亨
（Hermann Cohen, 1842-1918）是新康德主義馬堡學派（Ma-
rburger Schule）的創始人。他力圖克服康德體系內的直觀與
思維、感性和知性、自在之物和現象的二元對立，否定直觀和感
性在認識中的獨立作用，否定自在之物的存在性，認為自在之物
以及時間和空間都是純粹思維的產物，認識對象、物質是思維運
用其本身的產物（卽邏輯範疇）所構造出來的。那托普（Paul
Natorp, 1854-1924）繼承並發揚了柯亨的思想。

　　「回歸康德」只是哲學家陣營中對「淺薄的唯物主義」所作
出的反應，在科學家陣營中則出現了實證論思潮。其代表人物是
馬赫和阿芬那留斯。他們認為世界（無論是物質還是自我）僅僅

是由人的感覺（要素）組成的，形而上學的實體或所謂的自在之物是虛幻。構成他們的認識論之基礎的不是原理或先天的眞理，而是直接的純粹經驗。科學的目的在於對作爲現象的感覺事實給以最爲經濟而又完全的描述，它的唯一任務是發現不能再進一步加以分析的感覺要素之間的聯繫，而不是用形而上學的預設作出什麼解釋。赫爾茨（Heinrich Rudolf Hertz, 1857-1894）和彭加勒等科學家持有與此類似的觀點。

上述兩派的觀點儘管截然有別，但至少有一點是共同的，那就是他們都蔑視形而上學，都非常注重認識論的研究，都強調科學的發展與哲學的相關性，可以說他們都將哲學等同於認識論了。與這兩派的觀點相反，另一派哲學家則意欲以弘揚倫理價值的方式來挽救形而上學。在他們看來，反形而上學傾向是片面的數學—科學思維模式的必然產物，即使康德也沒有免於這種片面的思維方式的影響。在康德的哲學體系中存在著一個巨大的空白：他的認識論只解釋了自然科學知識，而全然忘卻了精神科學或文化科學（Kulturwissenschaften），特別是其中的歷史科學。現在急需做的事情就是填充上這個空白。這就是新康德主義弗賴堡學派（Freiburger Schule）爲自己設置的「歷史重任」。（這個學派的代表人物是文德爾班和李凱爾特。）狄爾泰也持有類似的觀點，他畢生致力於「歷史理性的批判」。齊美爾（Georg Simmel, 1858-1918）則爲自己設置了「歷史是如何可能的？」這樣的問題，他企圖將康德的基本觀念運用在歷史之上。在這些哲學家看來，哲學不僅不應忽視歷史，忽視精神科學，它甚至只需注重歷史、注重精神科學就夠了。因爲精神科學能深入到人的本性和精神的本性的最內部，它們能爲我們提供我們所需要的一

切，特別是價值和人生觀（內在的文化）。而自然科學則只能爲我們提供有關自然的知識，卽只能爲我們提供理智性的、外在的文化。因此，這些哲學家所倡導的是一種「新哲學」──「精神科學的哲學」。這種「新哲學」被認爲具有它自己獨特的認知方法（卽「理解」、「體驗」或「直觀」等），它完全不同於科學的那種假設─演繹的因果解釋認知法。顯然，這種所謂的「新哲學」極易導致形而上學（絕對價值的形而上學）。

石里克哲學就是作爲對上述諸種哲學思潮的反對而提出的。他當然不同意膚淺的唯物主義，但更不同意新康德學派的先驗學說及文德爾班、李凱爾特和狄爾泰等人截然區分開自然科學和精神科學的做法。就馬赫派的實證主義而言，石里克的態度比較複雜。他一方面接受了其反形而上學的觀點，另一方面又嚴厲地批評了其內在的實在觀。

在批評這些哲學思潮的時候，石里克充分運用了他所諳熟的現代科學的最新成果：非歐幾何、公理化方法和數理邏輯；相對論；量子理論中的測不準原理。借助於非歐幾何和公理化方法他得以區分開了物理幾何和數學幾何（純幾何）；並由此而引申出了對他的哲學體系而言至關重要的形式（結構）和內容（質料）之分（他對傳統形而上學以及「精神科學的哲學」的批判根本說來就是以這個區分爲基礎而進行的）；數理邏輯的發展使他看到了邏輯和數學的純形式性質，卽分析性、先天性或同語反複性（tautologicality），並爲他提供了一種強有力的分析工具；相對論則促使他作出了主觀體驗的心理空間（時間）和客觀的物理空間（時間）的區分（這是他批判康德純直觀學說的基礎），並使他清楚地看到了歐氏幾何作爲一種物理幾何的經驗性質；量

子論的新發現使他認識到了因果原則的經驗（綜合）性質。

石里克哲學思想的來源主要是歷史上的經驗論傳統，其中對他影響最深的無疑是休謨（David Hume, 1711-1776）哲學（特別是他在知識的有效性問題上的態度、他對形而上學的懷疑、批判態度及其因果觀）。石里克哲學的另一個重要來源是維根斯坦哲學。此外，孔德（Auguste Comte, 1798-1857）、馬赫和阿芬那留斯的實證論思想（特別是他們的堅定的反形而上學信念，他們對經驗觀察或所與（das Gegebene）中的證實的強調，他們的唯科學主義（Szientismus）立場）對他也有很重要的影響。就倫理學而言，他受到了伊壁鳩魯（Epicurus, 西元前 341-前270）、邊沁（Jeremy Bentham, 1748-1832）和密爾（John Stuart Mill, 1806-1873）等人的快樂論（Hedonism）和功利主義（Utilitarianism）的深厚影響。從人生哲學方面說，他受到了席勒和尼采（Friedrich Wilhelm Nietzsche, 1844-1900）的影響。

第二章　哲學的任務和方法

　　哲學不同於其他學科的顯著特點之一是哲學家們不得不常常將它本身作爲思考和研究的對象：它的任務是什麼？它的方法是什麼？一言以蔽之，它的本性是什麼？幾乎每位大哲學家都是從對哲學本性的重新界定開始其哲學體系的建構工作的。石里克也不例外。早在1910年寫的〈自然科學的概念構造和哲學的概念構造的界限〉中，石里克就對這個問題做了深入的探討。但他的觀點很快發生了變化，在1911年羅斯托克大學的就職演說中他對哲學的本性又做了重新界定。二十年代中期，在維根斯坦的《邏輯哲學論》一書的影響下，他又再度改變了自己的觀點，而且這次改變得更爲徹底。下面我們就對石里克在哲學本性問題上的觀點的演變，特別是他的最終觀點給以比較詳細的分析和介紹。

一、最初的嘗試：「哲學就是關於性質的理論」

　　在〈自然科學的概念構造和哲學的概念構造的界限〉中，石里克試圖從自然科學的概念構造和哲學的概念構造的不同之處入手對哲學作出不同於傳統的重新界定。在他看來，自然科學的概念構造的獨特之處在於它總是力圖盡可能地消除性質（Qualitäten），並將所有的性質關係都歸約爲純粹數量的、數學上可以

加以表達的時一空關係。他認爲，這樣的概念構造方法對一切自然過程（一切有機物的運動，一切人類行爲，一切歷史事件都屬於這樣的自然過程之列）都適用。但它不適用於那些不可歸約的純粹性質。即使我們將由性質關係到數量的時一空關係的歸約過程進行到足夠的程度了，無論如何也還是有一些性質我們沒有觸及到。因爲最終說來，即使空間和時間本身也具有其性質的一面。而且爲了構造精確的數量概念而不得不消除掉的那些無以計數的性質也並沒有因之就被驅逐出世界之外。相反，最初給與我們的世界恰恰就只是一個由顏色、聲音、氣味、軟硬和冷暖感受等性質構成的多倍體 (manifold)，只是經由概念的處理，即思想的聯結行爲，我們才建立起了數量關係。但是一旦做到了這點，那麼我們也就再也無法從數量的領域回到性質的領域了。我們絕對不能從精確物理學的沒有性質的時空過程成功地構造出性質來，因而也就不能完成比如從神經過程到感覺的過渡。因此，無論如何，總存在有一個由純粹性質構成的領域，我們不能用科學的概念構造方法對其加以處理。石里克認爲，對這個領域的研究，對性質關係的研究，對關於性質我們所能說的一切東西的闡明便構成了哲學的義不容辭的職責，而且也只有哲學才能勝任此項任務。因此，我們可以說「哲學是關於性質的理論」❶。

石里克認爲，他的這個定義至少有以下兩個優點：其一，它很好地捕捉住了哲學思維方式的獨特之處。

---

❶ Moritz Schlick, 'The Boundaries of Scientific and Philosophical Concept-Formation', in *Philosophical Papers*, Vol. I. p. 31.

　　事實上，如果我們看一下哲學思考者旨在解決的各種各樣的任務：無論他是在形而上學中企圖通過找出各種各樣的性質的共同的基礎來達到一個令人滿意的世界觀、還是在倫理學中探究道德行為的規範、抑或是在認識論中研究科學斷言的有效性，他所研究和發現的關係都總是性質的關係，它們絕不能用數目詞項加以表達。無論在科學的任何地方，只要我們發現還存在著未經歸約的（儘管可能並非是不可歸約的）性質，那麼探究它們之間的關係的任務也就自然而然地落在了自然哲學的頭上。鑒別最為原始的、直接所與（given, gegeben）的性質，即精神性東西（the mental）間的規律性聯結的任務屬於心理學，而且哲學學科中最為一般的邏輯關心的同樣也只是矛盾、理由和後承之類的純粹性質關係。❷

　其二，它很好地解釋了科學之間存在的那種自然而然的親緣關係以及科學與哲學之間常常發生的那種界限推移（boundary-shifts）：知識的進展常常使哲學不得不放棄它在某一領域的「霸主」地位，而將其拱手讓位給科學。石里克認為，在某些時候哲學之所以不得不讓位給科學是因為它所處理的那些性質已經被成功地歸約為其他的性質了。

　　以他對哲學的上述重新界定為基礎，石里克對當時流行的一些觀點進行了批判。一種觀點是將哲學規定為「關於內在經驗的科學」。石里克承認這個規定是有其合理之處的，那就是它充分

❷ *Ibid.* p. 32.

意識到了所謂的內在經驗的獨特之處及其哲學特質。如果精神性的東西是所存在的唯一種類的性質的話，那麼這種規定與他的上述規定便合而爲一了。但事實並非如此，因爲在所有關於外在經驗的科學中總存在有無數未加歸約、甚至不可歸約的性質，而大多數規律最初也只能以性質的形式（定性的形式）加以陳述。而且卽使假設科學成功地將來自於外在經驗的一切性質都消除掉了，至少時間和空間還存留了下來，由此便產生了這樣的任務：尋找它們和內在的直接經驗現象之間的性質聯結，而這個任務很顯然唯有哲學才能勝任。因此，對於哲學的上述規定過於狹窄了。當時對哲學的另一種比較流行的規定是：哲學是一門最爲一般的學科，「它的任務是將諸特殊科學所提供的一般知識統一成爲一個無矛盾的系統」❸。這種統一過程是這樣進行的：檢查諸特殊科學的基本概念，並將它們彼此聯繫起來，使它們成爲一個彼此和諧一致的系統。這些基本概念實際上就是諸特殊科學所遇到的終極性質。石里克認爲，這個定義雖然揭示出了哲學的一個重要任務。但並沒有揭示出它的所有任務，因而過於狹窄，不能接受。例如，它不能解釋下述事實：爲什麼某些完全具體的特殊科學，特別是倫理學和美學（甚至於心理學），構成了哲學家們的自然而然的職責，而其他科目卻沒有成爲他們的探究對象。石里克認爲，他所給出的哲學規定則很好地解釋了這個事實：倫理學、美學和心理學等特殊科學之所以能享有「哲學」的美譽是因爲它們所處理的對象只是性質。

---

❸　W. Wundt(1832-1920), *System der Philosophie*, p. 12.

二、復歸傳統

在作出上述規定不足一年的時間之後，石里克便放棄了它。在〈哲學在當代的任務〉一文中，他又從更爲廣泛的角度、更爲傳統的立場出發對哲學做了如下界說：哲學的最終目標是借助於理智的完善來達到精神生活的和諧的完成 (completion, fulfilment)。

> 特殊科學的作用是完善人們的理智，但是完成 (the completeness)、最終的潤色工作超出了它們的能力之外，因爲這涉及到整體的和諧。科學創造關於特殊領域的知識，而哲學則旨在知識的完成，因爲它將科學的結果充實成爲一個封閉的世界圖景 (world-picture, Weltbild) 並使之適合於人類的整個精神生活的框架。❹

由此看來，哲學與科學既密切相關又截然有別：一方面，科學爲哲學提供了需進一步完善的材料，而哲學則構成了科學的終極動因；另一方面，科學的對象是局部的、特殊的，而哲學的對象則是整體的、一般的。

石里克認爲，哲學可以採取（也只能採取）兩種方式來完成、完善科學的世界圖景。他將這兩種方式分別稱爲「向下的完成」(completion downwards) 和「向上的完成」(complet-

---

❹　Moritz Schlick, 'The Present Task of Philosophy', in *Philosophical Papers*, Vol. I, pp. 106-107.

ion upwards)。「向下的完成」關心的是爲特殊科學提供堅實的基礎。因爲每門科學都是從作爲它的基礎的某些原始的事實和前提出發的，而對這些前提的檢證，對它們在各種各樣的科學中的相互關係的研究，將它們鍛造成爲一個單一的牢固基礎的努力，簡言之，「基礎的構建」始終是哲學的任務所在。相關於此的哲學部門便是認識論。「向上的完成」關心的是如何塑造和協調諸特殊科學的結果以便從它們那裡引申出封閉的、和諧地完成了的世界觀（world-view, Weltanschaung）。在石里克看來，這構成了哲學中的另一個部門——形而上學的主要任務。「形而上學是關於世界觀的理論」❺。這裡，石里克特別申明，爲了構造出一個統一的世界觀，僅僅致力於充實和完成科學（這裡主要指自然科學）的世界圖景還遠遠不夠，此外我們還必須充分意識到文化因素和價值因素的重要作用。因爲一個全總的世界觀不僅需包括科學的衝動，即人類精神中的理智的因素，而且也應通過它們而將情感的因素囊括於其中：它除了應包含存在之域外，還應包括價值之域。簡言之，哲學不僅和科學有著至爲密切的關係，和文化也同樣息息相關。和古代哲學一樣，現代哲學也並非僅僅與科學相關，它同時意味著更多的東西：它與生活也緊密相關，並在許多點上形成了生活和科學間的聯結環節。即使對於科學家而言，最爲重要的問題也只是關於實際的問題，即那些與精神生活和文化生活相關的問題。因爲人類終歸是一種行動的存在物（active being）——即使在其思想的時候也是如此，而行動的終極基礎總是存在於價值評估（evaluating, Werten）之中，

❺ *Ibid*, p. 110.

而並非存在於認識之中，認識在這裡只起一個從屬性的作用。因此，作爲一切哲學的最終目標的精神的完成或完善就其最重要方面而言必須發生在價值的領域。當然，它爲了完成文化的任務而使用的手段總是理智性的，在這方面哲學與藝術和宗教形成了鮮明的對照：後者必須完完全全地停留在情感的、體驗的領域之中，如果它們企圖跨越到理智的領域，那麼它們只會走向滅亡。

在1918年出版的《普通認識論》一書中（以至在本書1925年的修訂版中）石里克仍然堅持著類似的哲學界說，認爲只要把我們的科學探究精神貫徹到底，那麼我們最終勢必將達到認識論的領域，哲學的領域。因爲當我們在從事某項特殊的科學研究時獲得了一種知識，了解了某一現象的根據後，如果我們還不滿足於此，繼續追問這些根據的根據，也就是說，繼續追問我們剛剛獲得的知識得以從其中推出的那些更爲一般的眞理的話，那麼最後我們勢必會達到這樣的地步：這時只利用特殊科學的手段已不能再繼續將我們的研究進行下去了，我們只能求助於更爲一般的、更具有概括性的學科來爲我們作出解釋。因而，可以說科學構成了一個互相嵌入的系統，其中較爲一般的門類總是包含了較爲特殊的門類並爲其提供基礎。比如，化學只處理全部自然現象中的一個極爲有限的部分，而物理學則可以說囊括了一切自然現象。因此，當化學家們爲化學的基本規律尋找根據時，他們就不得不轉而求助於物理學的概念和命題了。由此看來，如果將我們的探究精神進行到底，我們就會最終接觸到各門科學都不得不預設的最基本的概念和前提，而對這些最終的概念和前提的檢證和它們之間相互關係的探討便構成了哲學認識論的中心任務。因此，「最後的最爲一般的領域就是哲學的領域，認識論的領域。所有總是

一味地向前推進的認識過程最終都必匯聚於此」❻。

在1925年寫作的《自然哲學》中，石里克仍然認爲「一般哲學旨在探究一切人類知識的基礎，探究知識的全總框架借以構建並結合在一起的原則」❼。

不過，儘管到1925年爲止石里克仍然堅持著他在〈哲學在當代的任務〉中所作出的哲學界說，但我們也不難發現在他此間的著述中已顯露出某些重大變化的跡象。他越來越意識到哲學研究中（特別是認識論研究中）概念澄清、概念闡釋的必要性和重要性。在《自然哲學》中他寫道：

> ⋯⋯如果我們不注意自然科學的哲學內核，那麼我們就不會達於對它的最終理解，就無法回答它的最重要的問題。這些問題旨在澄清物質、力、空間和時間、規律和生命等主要概念⋯⋯。❽

在1925年所寫的〈認識論和現代物理學〉中，石里克甚至乾脆就將哲學定義爲概念澄清活動：「哲學只能是我們借以澄清我們的所有概念的活動」❾。

---

❻ Moritz Schlick, *Allgemeine Erkenntnislehre*, 2nd. ed., p. 3.
❼ Moritz Schlick, 'Outlines of the Philosophy of Nature', in *Philosophical Papers*, Vol. Ⅱ. p. 2.
❽ *Ibid*. p. 3.
❾ *Ibid*. p. 91.

三、新的規定：「哲學就是意義的探究」

顯然，石里克在〈哲學在當代的任務〉中給出的哲學界說只是歷史上哲學家們慣常給出的界說的比較精致的翻版：哲學所處理的是我們所能知道的關於世界的最一般的真理，而科學所處理的則是比較特殊的真理。比如，化學關心的是有關不同的化學化合物的真命題，而物理學關心的則是物質行爲的真理。相反，哲學則只處理有關物質本性的最爲一般的問題。同樣，正如歷史研究的是那些決定了人類命運的諸單個歷史事件組成的各種各樣的序列一樣，哲學（「歷史哲學」）則被認爲是旨在發現制約著所有那些歷史事件的一般原則。根據這樣的理解，哲學向人們提供的是被稱爲關於世界的全總圖景的東西。而且不止於此，它還能進一步向人們提供一個全總的世界觀，在其中諸特殊科學的不同的真理都能找到它們的適當的位置。1925年以後，石里克逐漸認識到自己以前也曾堅持過的這種觀點是錯誤的。因爲：一方面，它誤解了科學的本性，好像科學只能提供特殊的命題或真理，而且它們也不能爲自己的合理性、正確性提供辯護。但是，科學的任務或目的恰恰就是要獲得有關一切事件和過程的知識，它既是對各個最普遍的命題的陳述，也是對假設的真實性的一種審核。科學各不同分支的合併或融合——就是說，簡單的命題歸屬於越來越普遍的命題——只能從下面以自下而上的方向發生。因爲在每一個領域內，隨著知識的演進，所達到的水平會越來越高，而在這些更高的水平達到之前，根本就沒有可能來實現那種必需的綜合以獲得一幅完整的圖景。要哲學來實現這一綜合也同樣是不可

能的。科學的全部任務僅僅在於堅持不懈地審查命題的正確性，結果這些命題就發展成 爲越來越牢固地 確立的假設 。 這些假設所依據的假定就以這樣的方式在科學本身的領域內同時得到了檢驗。而且，對於科學的基礎不存在別的特定的哲學辯護 —— 這樣的辯護不僅是不可能的，而且也是多餘的。另一方面，它也誤解了哲學的本性，並因而也就混淆了哲學與科學的眞正關係，好像哲學也是一門科學，也是由關於世界的眞命題組成的一樣，只不過更爲一般、更爲總括罷了，因此科學的方法本質上說來也適用於哲學。但是，如果事實果眞如此，那麼我們也就無法解釋下述極爲不協調的現象了：科學自古以來總是處於不斷的發展壯大過程之中，它總能不斷地超越自己，獲得進步。相反，哲學的情況就大爲不同了，我們很難說它曾取得過什麼進展，古代的人們討論的那些哲學問題我們現在還在喋喋不休地討論著。任何所謂的偉大的哲學體系都自稱以終極的方式一勞永逸地解決了所有眞正的哲學問題，但滑稽的是後來的哲學家們好像從不以此爲然，而總是再度「另起爐灶」，重新尋找解決的辦法。哲學家們爲這種不協調現象所困惑，有些人便採取了所謂的「歷史循環論」(historicism) 立場：歷史上不曾有哲學的進步，是因爲對於哲學而言根本就談不上什麼進步，哲學只是哲學史而已。另有一些人則更爲極端，乾脆採取了懷疑論立場：哲學問題太困難了，超出了我們人類的理解和理智能力。

那麼，哲學的本性到底是什麼呢？

1.石里克堅信，維根斯坦的《邏輯哲學論》一書對這個問題給出了令人滿意的、終極性的回答。在這部著作中，維根斯坦寫道：

哲學的目的是思想的邏輯澄清。哲學不是理論而是活動。
哲學的結果不是「哲學命題」，而是命題的澄清。❿

在石里克看來，維根斯坦的這三句話所含蘊的豐富內容遠遠勝過
以前哲學家們就哲學的本性問題所寫的所有那些「宏篇巨帙」。
它們為我們指明了重新界定哲學的唯一正確的方向，使古老但又
令人困惑的哲學獲得了充滿希望的「新生」，甚至「永生」。

> 任何人，只要他把握了它們的全部的意義並充分意識到了
> 它們的後果，那麼他就會認識到哲學的未來命運在很大程
> 度上就取決於它們是否得到了人們的普遍的理解。⓫

那麼石里克是如何解釋和發揮維根斯坦的上述「宏論」的呢？
　　顯然，維根斯坦的上述斷言包含了如下三個互相關聯的重要
論題：哲學不是科學（理論）；它旨在思想的邏輯澄清；因而它
是一種活動。由於科學的唯一目標和任務是探究眞理，獲得關於
世界的眞的知識，所以從第一點我們可以斷言：哲學不是「眞理
的探究」。那麼它究竟是探究什麼的呢？第二點便回答了這個問
題：「哲學是思想的邏輯澄清」。而所謂「思想的邏輯澄清」在石
里克看來就意味著「發現或規定我們的命題的眞正意義」⓬，為了
發現或規定我們的命題的意義首先就必須發現或規定作為命題的

---

❿　Ludwig Wittgenstein, *Tractatus Logico-Philosophicus*,
　　4. 112.

⓫　Moritz Schlick, 'The Future of Philosophy (1930)', in
　　Philosophical Papers, Vol. Ⅱ. p. 172.

⓬　*Ibid*. p. 173.

組成成分的語詞或概念的意義。因此，從維根斯坦的斷言中石里克引出了如下一般的哲學規定：哲學是「意義的探究」⑬。既然如此，那麼我們能否把哲學直接定義為「關於意義的科學」呢？石里克認為我們絕對不能這樣做，因為根本就不存在什麼「關於意義的科學」，「不可能存在任何一組關於意義的眞命題」⑭。而這又是因為為了獲得一個句子或一個命題的意義我們必須超出於一切句子或命題之外，我們不能指望通過僅僅給出另一個命題的方式就能解釋一個命題的意義。當我問某人：「這個或那個的意義是什麼？」時，他必會說出另一個描述了這個意義的句子。但最終說來他這樣做是不可行的，因為他用以作答的句子只不過是另一個命題罷了，針對於它我完全有理由再度問道：「你的這個句子是什麼意思？」這樣的提問和回答過程是無窮無盡的。因此，如果除了借助於一系列命題而外我們沒有其他的方式獲致我們的原初命題（或概念）的意義，那麼意義就總也得不到最終的澄清。例如，當你遇到了一個你所不理解的陌生的語詞時，你便會到詞典中查一下它。在詞典中它的意義是由其他的詞項加以定義的。如果這時你還不知道這些其他詞項的意義，你就會繼續在詞典中查尋它們。但是，很明顯，這樣的步驟不能永無止境地進行下去。最後，你總歸會遇到這樣的詞項：它們非常簡單，甚至在詞典中你也找不到它們的解釋。這些詞項便是那些不可再進一步加以定義的詞項了。這樣的詞項的存在是勿庸置疑的。比如，如果我說「那個檯燈的顏色是黃色的」，你也許會要求我描述一下

---

⑬　Moritz Schlick, 'The Future of Philosophy (1931)', in *Philosophical Papers*, Vol. II. p. 217.

⑭　*Ibid.* p. 219.

這句話中「黃」這個詞的意義，但事實上，我無法做到這點。我
應該做的和所能做的事情就是給你看一些顏色樣品，並告訴你說
「這就是黃色」，但我卻完全不能通過任何句子或語詞來對它加
以解釋。如果你從來沒有看到過黃色，並且我也無法向你展示任
何黃色的樣品，那麼我也就絕對不能向你清楚明白地說明我說出
的「黃色」一詞的確切意義。因此，一切定義、一切解釋都必終
止於某種實際的指示，某種實際的活動。我們不能定義一種顏色，
它只能通過某種活動而被「顯示」（show, zeigen）出來，被
「給出」來❶。任何命題的意義的發現最後只能通過某種行為、
某種直接的步驟（比如，黃色的展示）來完成，它不能通過命題
而給出。因此，哲學作為「意義的探究」是不可能由命題組成
的，不存在什麼哲學系統或哲學理論，哲學只能是某種身體的或
精神的活動。

　　由以上的闡釋和發揮，石里克得出了如下重要結論：

　　不存在包含有對獨特的「哲學」問題的答案的「哲學」真
理，哲學的任務是發現所有問題和它們的答案的意義。它
必須被定義為發現意義的活動。❶

---

❶　當然，我們也可以將這種「顯示」或「給出」語詞意義的活動——
　　比如，在說出「黃」這個詞時，同時指向一個黃色的物體——稱為
　　「定義」，但這完全不同於一般所說的定義——語詞定義（verbal
　　definition），它是被人們稱為「實指定義」（Ostensive defin-
　　ition, Das hinweisende Erklärung）的東西。
❶　Moritz Schlick, 'The Future of Philosophy (1931)', in
　　Philosophical Papers, Vol. Ⅱ. p. 220.

這裡，有的讀者可能會產生這樣的疑問：既然不存在什麼哲學命題或哲學理論，而只存在哲學的活動，那麼石里克自己上面關於哲學之本性的一系列斷言又該做何解釋呢？石里克認為，他的「斷言」也不是什麼真正的命題，它們也並沒有描寫或傳達什麼確定的事實或規律。實際上，它們只能起到一種刺激性（Anregungen）的作用，它們促使讀者去從事命題意義的闡釋活動❶。

石里克宣稱，他所給出的新的哲學規定能一勞永逸地結束「哲學體系」之間常常發生的那種衝突和論爭。因為一方面，作為衝突和紛爭的主體的「哲學體系」已不存在，存在的只是「活動」；另一方面，作為哲學的本質的給予意義或澄清意義的活動是否真的達到了它們的目的，是否真的給出了它們所處理的概念、命題或問題的意義，在這個問題上人們之間是不會發生爭論的。

這裡，我們要注意，石里克對於哲學的重新界定和維也納學派其他一些代表人物（特別是卡爾納普和紐拉特）的界定雖然總的來說是一致的，但在它們之間還是存在著明顯的差異的。在卡爾納普看來，哲學就是「科學的邏輯」，它的任務就是對科學的語言進行邏輯分析或者說符號學分析（包括句法分析、語義分析和語用分析）。這樣看來，哲學只與科學有關，它只分析科學的概念、命題或問題，以澄清並確定它們的意義，為事實科學和數學奠定邏輯基礎。紐拉特對卡爾納普的這種界定也深表贊同，他甚至於認為我們最好乾脆不用「哲學」一詞，而用「統一科學」

(Einheitswissenschaft, unitary science) 來描述他們所從

❶ Moritz Schlick, *Fragen der Ethik*, Vorwort.

事的邏輯分析工作。石里克認爲這種規定哲學的方式過於偏狹，沒有充分地注意到對於價值問題的理解的重要性。實際上，作爲意義探究的哲學不僅應處理科學的概念、命題和問題，而且也應處理有關價值和道德的概念、命題或問題（特別是人生意義問題或生活智慧問題），此外，它還應處理人們在日常生活中遇到的概念、命題和問題。因而哲學的領域是非常廣泛的。「哲學的領域的範圍恰如『Logos』卽語言、語詞的範圍那樣廣大」⑱。

　　石里克堅信，他對哲學的上述界說並非是「無中生有」，是有其歷史上的先驅的，它甚至可以上溯至古希臘的蘇格拉底（Sokrates，西元前468-前 400）。蘇格拉底的哲學可以說是一種有關人類本性和人類行爲的「生活智慧」，而這種智慧本質上說是由一種特殊的方法卽「辯證法」（Dialectic）構成的，它不同於科學的方法，因而也就不會導致任何「科學」的結果。在柏拉圖（Platon，西元前 427-前 347）的對話錄中，蘇格拉底被描繪成這樣的一個人：他不斷地提出並接受問題和答案，但從不企圖達到什麼確定的眞理。他的整個探究過程的主要目的是弄清楚人們提出的某些問題或作出的回答或使用的某些語詞或概念（特別是美德、善、正義和虔誠等倫理概念）的意義。例如，在一個對話錄中，蘇格拉底問道：「什麼是正義？」他的學生或反對者於是給出各種各樣的回答；接著他又繼續問道：這些回答的意義又是什麼呢？爲什麼某個特殊的語詞這樣使用而不那樣使用呢？這種逐漸深入的一再追問往往迫使他的學生或反對者最後不得不承認：甚至在他們的最爲堅定的斷言中他們也不知道自己在

⑱　Moritz Schlick, 'The Vienna School and Traditional Philosophy', in *Philosophical Papers*, Vol. Ⅱ. p. 498.

說些什麼；在他們的最爲強烈的信念中他們幾乎也不知道自己在相信什麼。簡言之，蘇格拉底的整個哲學可以說就是一種「意義的探究」。他總是力圖通過對表達式的意義和命題的眞正涵義的分析而澄清我們的思想。正因如此，石里克認爲蘇格拉底才是他所代表的那個學派，卽維也納學派的哲學的「眞正的祖先」❶。而且在他看來只有蘇格拉底才是「第一個眞正的哲學家」❷。另外，石里克認爲，在蘇格拉底之後還有幾位偉大的哲學家實際上也相對淸楚地認識到了哲學思維的本質，儘管他們沒有對之給以精心的表達。比如，康德在他的講演中就常常說「哲學是不能敎的」。由於科學都是可以敎的，因此當他聲稱「我能敎的唯一的事情是搞哲學 (das Philosophieren, philosophizing)」時，他可能已經意識到了哲學並非是一門科學了。在這裡，通過使用動詞而不是使用名詞康德便向人們淸淸楚楚地暗示出了（儘管他可能非常不情願於此）哲學作爲一種活動的獨特特徵，並因而也就在某種程度上與他的著作發生了矛盾，因爲在這些著作中他所要做的事情恰恰是力圖按照科學系統的方式構建他的哲學大廈。再如，萊布尼茨（Gottfried W. Leibniz, 1646-1716）似乎也同樣意識到了哲學的這種獨特性。當他在柏林籌建普魯士科學院時，他給所有科學都設置了一個位置，但唯獨沒有把哲學放入其中。石里克認爲，萊布尼茨之所以沒有在科學系統中爲哲學找到一個適當的位置就是因爲他明確地意識到了哲學並不是對於某種特殊的眞理的探究，而是一種必然充斥於每一種眞理的探究之中的活動。

---

❶　*Ibid*. p. 496.
❷　*Ibid*. p. 496.

石里克認爲，他對於哲學的重新界說在下述事實中得到了很好的辯護：它清楚而全面地解釋了哲學與科學的關係，並使這種關係的歷史發展變得易於理解。

首先，我們應該看到，科學和哲學之間是有著重大的區別的：哲學家力求說明我們的陳述的意義，而科學家則力圖決斷它們的眞假，換言之，哲學對命題作出闡釋而科學則對它們作出證實；哲學家力圖準確適當地設置問題，科學家則力圖對它們作出準確無誤的回答；哲學是一種活動，而科學則是理論，是命題系統；最後，對哲學而言談不上什麼進步，它只是澄清了概念、命題或問題的意義，而科學則總是前進性的。因此，哲學不是科學，更不是高居於諸科學之上的「科學的科學」。石里克斷言，正是在這種意義上，叔本華 (Arthur Schopenhauer, 1788-1860) 在眞正的哲學家和將哲學作爲科學探究的一個科目的學院學者之間作出的嚴格區分不無道理。叔本華將後者所搞的那種哲學輕蔑地稱爲「哲學教授們的教授哲學」 (the professorial philosophy of the professors of philosophy)，認爲眞正的哲學根本就不可教，可教的是哲學史和邏輯。但儘管哲學與科學有著如此重大的區別，它們還是彼此不可須臾分開的：一方面，哲學總離不開科學，因爲意義的探究總是假設了對某些眞理的把握。在大多數情況下，未來的眞正的哲學家同時也必須是科學家，或者至少他們應具有極好的科學素養。因爲爲了能夠進行哲學的闡釋工作他們首先必須已具有了需加闡釋和分析的對象：不甚清楚的科學的基本概念、命題或問題，這樣的概念、命題或問題特別多地存在於科學的基礎之中。當然，如果一個哲學家要闡釋和分析的是有關日常生活或價值和道德領域內的概念、命題或問題，

那麼這時他也許不必是一個科學家。但在所有的情況下，他都必須是一個有著深刻的理解力的人。另一方面，科學也總是離不開哲學，因爲眞假的決定總要以意義的理解爲前提。眞正說來，哲學並不是外在於科學的一種獨特的活動，相反，它就內在於科學之中，而且可以說構成了科學的靈魂。

> 無論何時何地，只要科學的事業關注上了它的基本概念和斷言的意義，那麼此時此地它就是哲學性的，而那個眞正理解了它的每一個步驟和結果的意義的研究者事實上也就成了一名哲學家。所有偉大的科學家事實上也總是眞正的哲學心靈。[21]

例如，當牛頓發現質量概念時他便成了一名眞正的哲學家。這種類型的偉大發現的最光輝的現代例證是愛因斯坦對物理學中所使用的「同時性」（simultaneity）概念的意義的分析。日常生活中我們經常說「某某事同時發生在某個地方和另一個地方」之類的話，並且始終認爲我們完全知道我們利用這個命題在說些什麼。但愛因斯坦卻敏銳地察覺到，實際上我們並不知道我們在說些什麼，「同時性」的確定的意義有待進一步確定。石里克認爲愛因斯坦由此便完成了一項了不起的、眞正的哲學成就──藉助於對命題或概念的邏輯澄清而發現了意義。正因爲科學離不開哲學，總以哲學爲先導，所以石里克認爲哲學還是有充分的權利享有「科學的皇后」之美譽的。

---

[21]　Moritz Schlick, 'Philosophie und Naturwissenschaft', in *Erkenntnis* 4 (1934)p. 384.

　　石里克認為，他對於哲學與科學之間的關係的這種解說在歷史中得到了一再的印證。比如，在古代，哲學之所以與科學無法區分彼此、融合爲一，就是因爲在那個時候人們用以描述和解釋世界的所有概念都還處於極爲模糊的階段。這時科學探究的首要任務便是努力澄清這些概念，因而它也就必須是哲學的。這樣，科學和哲學之間也就不可能存在什麼明確的區分。只是到了十七和十八世紀，隨著基本概念的逐漸澄清，諸特殊科學才開始逐漸從它們的共同的哲學母體中一個一個地分化出來。事實上，這種分化過程至今還沒有最終完成。例如，通常被認爲是哲學的分支的倫理學和美學實際上就分別是關於人類道德行爲的科學和關於與被稱爲「美」的對象相關聯的人類情感或活動的科學，屬於它們的命題構成了心理學的一部分。而它們之所以至今還被人們看作是「哲學的」只是因爲它們的概念還太模糊，在它們成爲「科學的」之前還需對其進行持續的分析和澄清。在石里克看來，同樣的話甚至也適用於心理學自身。而一旦倫理學和美學的基本概念和命題得到了徹底的澄清，那麼它們也就從哲學母體中徹底分化出來，成爲偉大的科學系統的一部分了。

　　2.哲學旣然是一種澄清並發現意義的活動，那麼只適用於發現並決定眞理的科學的方法也就不適用於它。那麼它能採用什麼樣的方法呢？石里克認爲，它可以採用以下兩種方法：邏輯分析法和意義證實法。下面我們就看一下石里克究竟是怎樣具體地規定這兩種方法的。

　　(1) 所謂邏輯分析法就是指這樣的方法：給定了一個命題或問題，我們首先看一下它是否符合我們的日常語言的通常的語法規則，卽語言學語法 (linguistic grammar) —— 包括詞法和

句法規則以及語義規則（它們通常表現爲一系列定義 —— 或者是通常的語詞定義（verbal definitions），或者是實指定義（ostensive definitions））。如果它不符合這些語法規則，那麼它就不可能具有什麼意義，而只是一串排列在一起的字符串（如「寫是否天」）；如果它符合這些語法規則，那麼這也並沒有表明它一定就具有意義，我們還需對其進行進一步的、更爲嚴格的審查，即看一看它是否也符合我們的語言的邏輯語法（logical grammar）—— 包括語詞之間的邏輯範疇（類型）區別，以及關於語詞用法的其他一些更爲具體的約定。如果它不符合，那麼它就不會具有意義，同樣也只是一串毫無意義的語詞聯結（如「公正是黃色的嗎？」這句話雖不違犯我們的語言的語言學語法，但卻違犯了其邏輯語法，它犯了類型（範疇）混淆的錯誤，因爲按照慣常用法，「黃色」是不能用來描述「公正」的）；而如果它符合了，那麼這就說明它是有意義的。那麼，這時它的意義究竟是什麼呢？在石里克看來，它的意義就是制約著它的使用的全部語法規則的總和（這裡「語法」一詞是在其最廣泛的意義上使用的，既包括語言學語法，也包括邏輯語法。）「命題的意義不是別的什麼東西，就是我們已經給出的關於其使用的那些規則（這些規則或者是特別地加以建立的，或者是由日常語言的用法規定好了的）」❷。

（2）所謂證實方法或意義證實原則在石里克哲學以至整個維也納學派哲學中占有著一個十分重要的地位。石里克和維也納學派的其他成員都明確地將它的「發明權」歸功於維根斯坦。顯然，在《邏輯哲學論》中維根斯坦並沒有給出這種方法或原則。只

---

❷ Moritz Schlick, *The Problems of Philosophy in Their Interconnections*, p. 128.

是到了二十年代末，在與維也納小組成員們的討論中他才明確地提出了「命題的意義在於其證實方法」這個著名的論題（同樣的斷言也出現在他同期所寫的《哲學評論》(*Philosophische Bemerkungen*)中）。但對這個原則維根斯坦從來沒有做過太多的發揮和使用，比如，他並沒有將其用作評判形而上學斷言無意義的標準。而且，三十年代初以後，他認識到這個原則過於狹窄（就他給出的形式而言），因而便用「意義在於用法」這個更為寬泛的規定取代了它。相反，石里克和維也納學派其他成員則「如獲至寶」，對它做了充分（甚至可以說是過度）的發揮和使用，使之成為他們的最重要的信條之一。不過，不同的作者對它做了不同的表述，因而對它的理解也就不盡相同。石里克是較早對其作出明確而全面的表述的哲學家之一。下面我們就看一下他是如何具體地論述證實方法的。

　　給定了一個命題，為了弄清楚它究竟有無意義，以及它究竟具有什麼樣的意義，我們就需通過引進一系列定義的方式將其一再地加以變形，直到將其轉變成這樣的命題為止：在其中只有這樣的詞項出現，對它們不能再進行語詞定義或語詞解釋了，它們的意義只能在經驗中、在實際中直接地被指示出來。這時，該命題之為真或假的標準也就在於：在某些特定的條件下（這些條件在此前的定義中都明確地陳述出來了），某些感覺材料出現了或者沒有出現。而一旦我們確定了這點，我們也就確定了這個命題所談論的一切東西，並因之也就知道了它的意義。相反，如果我們不能證實一個命題，也即，如果我們根本就不知道我們應該做些什麼以確定其真假，那麼我們也就無從知曉它實際上說了些什麼。因此，陳述或指明一個命題的成真或成假的情況，即其真值

條件，和陳述或指明它的意義本是一回事：一個命題有意義當且僅當它可證實，它的意義就是它的證實方法，即我們證實它的方式。因此，「理解一個陳述和知道它的證實方法是一回事」❷，「為了理解它〔一個命題〕的意義，我們必須看一下它是如何被證實的和如何被否證的」❷。

石里克認為，他的上述論題還可以被表述為：一個命題，只有當它的眞或假能在經驗中造成某種可以檢驗的差別的時候，才具有一個可以詳加說明的意義；一個其眞假不會給世界造成任何可以檢驗到的差別的命題對世界無所言說，它是空洞的，並沒有傳達任何意義❷。

由於命題的意義就是其證實方法，所以對它的證實方法的描述也就成了澄清和發現它的意義的正當而可靠的方法。

在這裡，為了避免誤解，石里克特別強調道：

> 當我們說「對於一個命題而言，只有在它可以證實的情況下它才具有意義」時，我們並不是在說「……只有在它已經被證實了 (verified) 的情況下」。❷

這也就是說，作為意義標準的並不是證實本身，而是「證實的可能性」。而至於這種「可能性」究竟是指什麼意義上的可能

---

❷ Moritz Schlick, 'Form and Content', in *Philosophical Papers*, Vol. II. p. 366.

❷ 同❷,p. 129.

❷ Moritz Schlick, 'Positivism and Realism', in *Philosophical Papers*, Vol. II. p. 265.

❷ Moritz Schlick, 'Meaning and Verification', in *Philosophical Papers*, Vol. II. p. 461.

性，石里克對之又做了進一步的深入分析。

　　在他看來，我們首先應明確區分開兩種完全不同的可能性，一種是經驗的可能性（物理的可能性），一種是邏輯的可能性。他將前者定義爲：「與自然律（Naturgesetze）的一致性」（因此，經驗的不可能性便是「與自然律的不一致性」）；將後者定義爲：「可描述性、可表達性」，這也就是說，一個事實或一個過程是「邏輯上可能的」當且僅當我們用以描述它的句子遵守了我們在我們的語言中爲它所制定的那些語法規則。因此，「每當我們談論到邏輯的不可能性時，我們所指的都是我們的詞項的定義和我們使用它們的方式之間的不一致性」[27]。例如，「這位女士穿著一件鮮綠的深紅色衣服」，「那座鐘樓高100英尺和150英尺」，「那個小孩赤裸著身體，但卻穿著一件白色睡衣」等語詞組合都違反了我們的日常語言的邏輯語法，它們根本就沒有描述任何事實，它們表示的都是邏輯的不可能性。石里克認爲，上述這兩種可能性是截然不同的，不可混淆。首先，任何關於經驗的可能性的斷言都是建立在經驗基礎之上的，因此也就不十分確定；但關於邏輯可能性的斷言與經驗無關，是獨立於任何經驗的，因此也就是絕對確實的。其次，對於經驗的可能性而言我們可以談論它的「程度」問題，因此經驗的可能性與不可能性之間不存在什麼嚴格分明的界限；但對於邏輯的可能性而言我們根本就不能談論它的「程度」問題，在邏輯的可能性與不可能性之間存在著嚴格而明確的區分。最後，僅僅是經驗上不可能的東西還仍然是可以設想的，因爲最終說來即使自然律也是可以更改的；但邏輯上不

[27] *Ibid*. p. 465.

可能的東西就是矛盾，它們是不可設想的。

那麼，證實標準中所涉及到的那種「可能性」究竟是一種什麼樣的可能性呢？石里克認為，它不可能是指經驗的可能性，因為經驗的可能性（或不可能性）是由自然律決定的，而意義和可證實性則與什麼自然律全然無關。「水往山上流」這句話所表達的情況不具有經驗上的可能性，是假的，因為它違犯了自然律（引力定律），但它並沒有因之而就成為不可證實的了，即成為無意義的。另外，如果證實的可能性是指經驗的可能性，那麼我們也就可以談論可證實性的「程度」了，這樣意義問題也就成了「或多或少」的問題，而不是「是或否（有或無）」的問題，這顯然悖乎常理。因此，與意義問題相關的證實的可能性不可能是經驗的可能性，而只能是邏輯的可能性，也即證實方法的可描述性、可表達性。「必須強調的是，當我們談論可證實性的時候，我們所指的是證實的邏輯可能性，而不是別的什麼東西」❷❽。

由於邏輯的可能性就是指與語法規則的一致性，所以使一個命題的證實成為邏輯上不可能的唯一情況只能是：你因沒有為它的證實設置出任何規則而使得這種證實成為不可能了。由於語法規則並非是存在於自然界中的東西，而是由人製作的，原則上講是任意的，因此我們不能通過發現證實一個命題的方法的方式而只能通過規定它的證實將如何進行的方式將意義賦予給它。「意義並非內在於句子之中，在那裡我們可以發現它，而必須由我們授予給它」❷❾。總而言之，「證實的邏輯可能性和不可能性總是我們自己施加給自己的（self-imposed）。如果我們說出了一個

❷❽ *Ibid.* p. 464.
❷❾ *Ibid.* p. 464.

無意義的句子，那麼這始終是我們自己的過錯」❸。

　　由以上的論述可以看出，石里克實際上是將邏輯分析法和證
實方法揉合在一起了。「陳述一個句子的意義就等於陳述我們使
用它時所需遵守的那些規則，而這又等於陳述我們能夠證實（或
否證）它的方式」❸。而他之所以能夠作出這樣的揉合則是因為
在他看來一個句子的語法規則中本來就已經內在地包含了（或我
們可以從其中推出）關於它的眞值條件(即其證實方法)的規定。

　　在石里克看來，正如一個陳述的意義在於我們借以證實它的
方法一樣，一個問題的意義則在於我們借以回答它的方法：一個
問題有意義（卽是眞正的問題）當且僅當它可回答。「一個具有
問題的語法形式的句子（卽其後帶有問號的句子）只有在我們能
夠指明回答它的某種方法的情況下才具有意義」❸。

　　　　解釋一個問題的實際意義的所有各種各樣的方式最終說來
　　　只是對我們借以回答它的那些方式的各種各樣的描述。對
　　　一個問題的意義的每一種解釋或指明都是由關於如何發現
　　　它的答案的規定以某種方式構成的。❸

正如作爲一個命題之有意義與否的標準的證實的可能性是一種邏
輯的可能性（也卽它的證實方法的可描述性或可表達性）一樣，
作爲一個問題有意義與否的標準的回答的可能性也是一種邏輯的

---

❸　*Ibid*. p. 466.
❸　*Ibid*. p. 458.
❸　同㉓, p. 361.
❸　Moritz Schlick, 'Unanswerable Questions?' in *Philosophical Papers*, Vol. II. p. 417.

可能性，即它的回答方法的可描述性、可表達性。

　　石里克關於意義的上述觀點通常被稱爲「意義的證實理論」或「實驗意義論」。但在石里克自己看來，這些莊嚴的名稱並不適合於他的觀點，企圖以這樣的方式描述他的觀點的人實際上嚴重地誤解了他。因爲他認爲他自己的上述意義觀根本就不是什麼理論，「不可能有什麼關於意義的『理論』」[34]。而這又是因爲任何理論都是由一系列人們可以相信也可以否認的命題（假說）構成的，但他的上述意義觀則只是表達了一個人人都會承認的瑣屑不足道的自明之理（truism）：

　　　　我們並沒有作出任何假設，我們只是表述了每一個人每當
　　　　他試圖解釋他自己的意義並想理解其他人的意義時總是遵
　　　　守的規則。實際上，他從來沒有違犯過它們 —— 除非當他
　　　　開始進行哲學研究時。[35]

而且，石里克認爲他的意義觀甚至都不是一種「意見」，因爲它恰恰指示出了這樣一種條件，沒有這種條件任何意見甚至都無法表述出來。

　　儘管石里克自稱他的意義觀只不過是明確地表達了一個人人都會承認的自明之理，但它還是遇到了很多反對意見，其中最爲激烈的是：一個命題的意義並非就等於其證實方法，它遠遠沒有被在所與中所能證實的東西所窮盡，也就是說，存在著「不可證實的意義」（der unverifizierbare Sinn）。對這個反對意見，石

[34] [35]　同[23], p. 311.

里克從以下兩個方面做了回答。

第一、誠然，關於一個經驗對象或一個經驗事件的每一個命題所述說的東西要比由某個經驗的一次性發生所證實的東西多得多。實際上，這裡我們假定了下述事情：這個經驗是在完全特定的條件下發生的，而這些條件滿足與否當然又只能由某種給定的東西來檢驗；而這又進一步假定了其他的更進一步的證實（確證，事後的檢驗）的可能性；後者當然可被歸約爲所與中的某種展示、顯示。因此，嚴格說來，只有無限多可能的證實才窮盡了一個命題的意義。這個事實的結果便是這樣的命題永遠不能被絕對地證明是真的。這也就是說，一個命題的意義絕不能被定義爲一個單個的、孤立的證實，它必須被設想爲具有如下的形式：如果給定了情況X，那麼就會出現感覺材料Y。這裡X可以被無限多的情況所代替，而在每一種代替之下該命題總是真的（石里克認爲，即使這個命題涉及到的是一次性的事件，如一個歷史事件，他的斷言也是真的）。因此，每一個命題的意義最終都存在於一個無窮無盡的感覺材料的「鏈」之中，在此個別的感覺材料本身是無關宏旨的。

第二、如果誰認爲一個命題的意義事實上沒有被在所與中所能證實的東西所窮盡,而是遠遠超出了後者,那麼他至少必須承認意義的這個「超出部分」完全是不可描述、不可陳述出來的，它不能用任何語言加以表達或傳達。因爲只要他成功地表達了、傳達了關於意義的某種東西，他就會發現這種表達或傳達恰恰就在於他指出了某些可服務於所與中的證實的情況。這也就是說，可表達、可傳達的必是可證實的。由於命題只是表達或傳達（或交流）的工具而不是別的什麼東西，我們在一個命題中所能理解的

全部東西都只是它所傳達的東西，因此我們只能將可傳達的東西歸屬給它的意義。「『意義』只能意指『可陳述的意義』(der angebare Sinn, stateable meaning)，而絕不能意指其他的什麼東西」❸。換言之，意義只能意指「可證實的意義」，而不能意指什麼「不可證實的意義」。實際上，根本就不存在什麼「不可證實的意義」。如果某個人堅持認爲有這樣的意義存在，那麼實際說來這也沒有太大的妨礙，因爲在他所說的和所問的一切東西之中，以及在我們問他的和回答他的一切東西之中，這樣的一種意義從來就不曾有過什麼用場。換言之，如果果眞存在著這樣的東西，那麼我們的所有談話和論證、我們的一切行爲方式也完全受不到它的任何影響 —— 不管我們面對的是日常生活中的問題，都是有關倫理態度或審美態度的問題，抑或是任何種類的科學問題或哲學問題。總之，一切的一切都恰如根本就沒有「不可證實的意義」一樣。

　　對石里克的意義觀還有這樣一種反對意見：它包含有內在的矛盾。因爲，一方面，他強烈地堅持著所謂的「經驗—意義要求」；而另一方面，他又特別強調意義和可證實性不依賴於任何種類的經驗條件，只是由純粹的邏輯可能性決定的。這樣，便產生了如下困難的問題：如果意義是經驗之事，那麼它如何能夠又是定義和邏輯之事呢？但在石里克看來，這裡根本就不存在什麼「矛盾」或「困難」。因爲「經驗」一詞具有歧義性，人們旣用它指稱所謂的「直接材料」 —— 這是它的比較現代的用法，又常常把它用在下述情況：我們說一個旅遊者「經驗豐富」，意指他

---

❸　同㉕, p. 271.

不僅去過許多地方，看過很多東西，而且他還知道如何利用他的所見和所聞爲自己謀取好處。正是在這後一種意義上我們應該而且必須說證實的可能性不依賴於任何「經驗眞理」，不依賴於自然律或任何其他的普遍的眞命題，而只是由我們的定義、由我們的語言的既定的規則或我們自己可以隨時隨意地加以規定的規則決定的。但所有這些規則最後都指向實指定義，而可證實性便經由這些實指定義而與第一種意義上的「經驗」聯繫起來了。任何表達規則都沒有假設任何規律或世界中的規則性，但它們的確假設了可以命名的感覺材料和情景的存在。語言的規則就是語言應用的規則，因此就必須存在著作爲我們的語言的應用對象的某種東西。可表達性和可證實性是同一個東西。在邏輯和經驗之間不存在任何對抗。邏輯學家不僅可以同時是一個經驗論者，而且如果他想理解他自己正在做的事情的話，那麼他也必須是一個經驗論者[37]。

　　石里克首先將邏輯分析法和證實方法應用到對傳統哲學(「舊哲學」)的批判當中。他宣稱，傳統哲學（「舊哲學」）中的大部分問題或命題，特別是所謂的形而上學問題或命題，一經分析即可發現實際上根本就不是什麼眞正的問題或命題，它們只是毫無意義的語詞組合，是僞問題或僞命題 (Scheinfragen, Schein-sätze)，因爲它們或者違反了我們日常語言的邏輯語法（甚至語言學語法）或者全然不具有證實的邏輯可能性。而其他所謂的「哲學」問題或命題雖然可被證明是眞正的問題或命題，但嚴格說來它們並不屬於哲學而屬於科學，原則上說它們都可以藉助於

---

[37]　cf. 'Meaning and Verification', pp. 467-468.

通常的科學方法加以解決。因此，真正說來，並不存在什麼獨
特的「哲學」問題，也不存在作為對這樣的問題的回答的獨特的
「哲學」命題或「哲學」真理。那麼，在這種情況下，構成傳統
哲學的主體的認識論和形而上學的命運該是怎樣的呢？石里克認
為，這時認識「論」作為一種理論也就成為不可能的了，它不得
不轉變成為一種針對於知識（認識）概念以及與之相關的概念的意
義的澄清活動。「儘管不存在什麼關於知識的理論，但卻存在著
對知識進行分析的哲學活動」❸。同樣，作為理論的形而上學也
是不可能的，它也必須被對科學概念、命題或問題的意義的澄清
活動所取代。

---

❸ 同❶，p. 174.

第三章　知識的分析

　　從上一章我們已經看到，在究竟如何規定認識論的任務和方法問題上，石里克的觀點前後有重大的變化。但儘管如此，無論是1925年之前還是1925年之後，他的認識論研究都主要是以對認識（知識）概念以及與之相關聯的概念，如概念、判斷（命題）、眞理、直觀、表達等的深入而細致的分析和澄清爲中心而展開的。那麼究竟什麼是認識？

一、認識的本質

　　無論是對於日常生活而言，還是對於科學研究而言，「認識」或「知識」（Erkennen, Erkenntnis），都是我們須臾不可不假定和使用的最爲基本的概念，而對於以研究認識問題爲己任的哲學家來說就更其如此了。但是，另一方面，也許正是由於它對於我們人類的生活和活動的不可或缺性，我們一般對它也就「熟視無睹」了。雖然每一個理智健全的人對它的大概意義都略知一二，但如果我們要求人們給出一個關於「認識」的準確定義，那麼我們就會發現人們大多會手足無措，不知如何入手了。卽使專門鑽研認識問題的哲學家在這個問題上大多也不能給出明確的回答，甚至他們根本就沒有意識到提出和回答這個問題的必要性和重要性。在石里克看來，「什麼是認識？」這個問題是認識論的首要問

題,如果我們不對這個問題首先給以很好的解決,那麼我們就無法認清我們的研究領域的界限, 因而也就無從找到通向我們的研究領域的正確門徑, 並因而也就會誤入歧途, 提出各種各樣的似是而非的偽問題 (Scheinproblemen)。人們盲目地追求「知識」卻不知道他們所追求的究為何物。比如, 人們問道: 人類能夠認識無窮嗎? 或者: 我們能夠認識結果出自原因的方式嗎? 或者人們斷言: 力的本質是不可認識的, 等等,不一而足。石里克認為, 人們之所以常常提出這些問題並試圖給其以回答, 完全是因為他們不加思索地、過分輕率地使用了「認識」一詞的緣故。在他看來,下面這個在哲學史上占據著舉足輕重地位的大問題也是因為人們不理解「認識」一詞的真正意義 (即認識的本質) 而造成的: 我們能夠按照事物本來所是的那樣, 而不是按照我們人類給予它們的解釋來認識事物嗎? 換言之, 我們能認識「物自體」(Ding-an-sich)嗎? 石里克宣稱, 只要我們清清楚楚地說明了「認識」一語在這些問題中的真正意義, 那麼我們就會發現這些所謂的問題或者根本就不成其為問題 —— 因為它們的置問方式 (Frages-tellung) 錯了, 或者它們的答案並非如人們想像的那樣難尋,只不過這些答案或許是我們所不曾希望的罷了。因為, 根據石里克的看法, 明確地回答「認識的本質是什麼?」這個問題是哲學認識論的首要任務, 是認識論哲學家們首先應當解決的大問題。

這裡, 也許有人會提出這樣的質疑: 只有在認識活動過程之中或其完成之時我們才能對認識本身進行考察, 也就是說, 要想對認識進行完備的、不會引起異議的概念規定和解釋, 這只有在認識活動進行過程之中或認識活動已經完成之時才有可能, 因此認識論是不可能的。歷史上, 大哲學家黑格爾就曾表達過這樣的

意見。在批評康德的批判哲學時，他指出，康德想在認識活動
之前就對人類的認識能力加以考察的做法是非常可笑和拙劣的，
「其可笑實無異於某學究的聰明辦法，在沒有學會游泳之前，切勿
冒險下水」❶。石里克認爲，這種看法並非完全沒有道理，但失
之偏頗。誠然，在未進行任何認識活動之前我們絕不會產生對認
識本身加以認識、加以界定的想法，而且也只有在進行了足夠多
的認識活動之後我們才能對認識本身的性質有足夠明確的體認。
但問題是，我們人類現在所處的境況已遠遠不同於原始時代的人
們的境況了，時至今日，我們進行了足夠豐富多樣的認識活動，我
們已完全有可能對認識活動本身進行認識了。在石里克看來，人
們之所以常常對認識過程之應用於其自身的可能性（也即認識理
論的可能性）發生上述疑問還有一個更深層的原因，那就是他們
混淆了認識和體驗(理會、直觀)。顯然，我們在感受某事時是不
能感受到這個感受活動本身的，在聽什麼時也不能聽到聽的活動
本身，在看什麼時也不能看到這個看的活動本身。因此，如果認
識果眞如有些人所言類似於這樣的直觀過程的話，那麼關於它的
理論（即認識論）的確是不太可能的。但事實上，認識絕非直觀
體驗過程，而只是一種配置過程（Zuordnungsprozeβ）、一種
表示活動(Bezeichnen)，而配置過程、表示活動無疑是能夠應用
於自身的：表示活動本身當然也能夠通過配置行爲而加以表示。

(一)日常生活中的認識

　　石里克認爲，爲了確定認識的本質，換言之，找出「認識」一

---

❶　黑格爾：《小邏輯》，頁50。

語的確切意義，唯一的辦法就是看一看它在人們的實踐活動和理論活動中究竟是怎樣被使用的。這也就是說，我們需從日常生活和科學研究中人們對它所作的實際使用中確定它的意義。由於無論什麼樣的語詞最終都源自於人們對於它的日常使用（即使最為高深的理論術語也不例外），因此，我們有必要首先考察一下「認識」一詞在日常生活中的用法。

讓我們首先看一下下述簡單不過的情形，在其中「認識」一詞得到了不偏不倚的使用。我匆匆地走在回家的路上，這時我看到遠處有一個棕色的東西向我走來。從它的走動方式、大小和其他微小的特徵我認識到它是一個動物。當與它的距離縮小一些後，我確定地認識到向我走來的是一條狗。和它的距離進一步縮小後，我終於認識到它不僅僅是隨便一條我以前從未見過的狗，而是一條我熟悉無比的狗，也即我自己的愛犬圖拉斯。

我們看到，在這個有趣的敘述中，「認識」一詞前後出現了三次。在其第一次出現時，我只是說我認識到那個對象是一個動物，因而它不是隨便什麼無生命的東西。那麼，具體說來，這個陳述意味著什麼呢？很明顯，它的意思是：那個自我運動著的物件並不是一個從未在我的經驗中出現過的、我完全陌生的東西；相反，它只是下述物件中的一個，生活中我常常有機會見到它們，並且還在我是小孩時我就學會將它們稱為（或表示為，bezeichnen)「動物」了。我在那個向我走來的棕色的東西中再次認識（或認出，wiedererkennen）了一個物件為了能夠被稱作動物所不得不具有的那些特徵（特別是獨立的運動特徵）。自從孩童時代起我就對那些被稱作動物的東西形成了某種表象（或觀念，Vorstellung），而在對那個棕色的東西的知覺中我又再次發現

了這種表象。這個東西也就因此而成為我所熟悉的東西，我也就可以用正確的名字稱呼（或表示）它了。當與它的距離進一步縮小後，我說「現在我認識到這個動物是一條狗」，那麼這又是什麼意思呢？很明顯，這裡我要表達的意思是：我們所談論的這個物件的外貌不僅和我的關於動物的表象相一致，而且和我的關於一類完全確定的動物（即在漢語中人們將其稱作為狗的那些動物）的表象相一致。由此看來，「我認識了這個動物」這句話再一次意味著：我能夠用它的正確名字稱呼（或表示）它，也即將它稱作狗。而這個名字之所以是正確的恰恰是因為日常生活中人們一般就是用它來稱呼包括這個動物在內的那類動物的。因而，即使這裡也發生了這樣的事情：對所熟悉的東西的再次發現（wiederfinden）。同樣，「認識」一詞在以上敍述中的第三次出現也可類似地得到解釋。「我認識到那條狗是我的狗」的意思也是：我再次認識了它，也即，我確定我面前的這個動物和整日不離我左右的那條狗是相同的。石里克認為，我之所以能作出這樣的斷言，同樣也是因為我具有關於我的狗的外貌的大體準確的記憶表象（Erinnerungsvorstellung），而這個表象和向我走來的那個動物的外貌呈現給我的表象恰恰一模一樣：它們在形狀、顏色、大小，甚或叫的聲音上都毫無二致。此前，我僅能用動物和狗這樣的類名正確地稱呼它、表示它，但是現在我卻能用一個專名稱呼它，這個專名只屬於它這個唯一的個體：我說，這是「我的狗圖拉斯」，借此這個動物作為個體便被單義地（eindeutig）加以規定了。

　　從上面的分析不難看出，在認識的所有這三個階段上都出現了一個共同的要素，那就是「我再次認識了一個對象」，換言之，

我在某個新的東西中再次發現了某個舊的東西，並因此現在我也就能用一個我早已熟悉了的名字稱呼或表示它了。石里克宣稱，當我們發現了只屬於我們正在加以認識的對象而不屬於其他任何事物的名字時上述認識過程也就宣告結束了。由此，他斷言道：日常生活中所謂「認識一個事物」實際上只是意味著「給予它以正確的名字」。

(二)科學中的認識

在對日常生活中的認識做了上述分析之後，石里克繼而又對科學中的認識做了深入的分析。一般說來，人們都自覺或不自覺地認為科學中的認識肯定不同於日常生活中的認識，它比後者要深刻得多，崇高得多。但在石里克看來，兩者間並不存在什麼本質上的區別，只不過發生在科學研究活動中的認識過程具有較為崇高的對象和目的罷了。

為了與前面所考察的例子形成盡可能鮮明的對照，石里克特別從公認為最為嚴格的科學──物理學中選取了一個例子來加以剖析。顯然，物理學是所有自然科學中發展較快的一個，在其中人們已取得了許多意義非常深遠的認識成果。因而從它那裡選取一個例子來加以分析想必定會有助於回答我們的問題，即科學中認識的本質問題。石里克選取的例子是物理學家對光的本質的認識過程。經過幾代人的不懈努力，現在光的本質問題可以說已得到了最終的解決。那麼，當我們說我們已經認識了光的本質這句話時我們的意思是什麼呢？我們又將它認識為什麼了呢？我們都知道，早在十七世紀惠更斯（Christian Huyghens, 1629-1695）就提出了所謂光的波動理論。按照這種理論，光就是一種狀態的

波狀傳播。後來，這種理論經過菲尼爾（A.J. Fresnel, 1788-
1827）和托・楊（T. Young, 1773-1829）等人的實驗證明而
逐漸爲人們所接受，　最終得到了無可懷疑的確立。　根據這些實
驗，光傳播的性質和規律與波傳播的性質和規律在某些情況下是
一樣的，　兩者都可以由同樣的數學公式加以表示。　換言之，　在
光現象的諸情況之中我們可以再次認識到一般說來出現在波的傳
播中的那些同樣的情況。但是，由於那時人們只認識一種波，卽
由某種媒質的機械運動構成的波（如水波、空氣波或由彈性材料
的震動構成的波等等），因而人們也就不加思索地認爲光波同樣
也只是這樣的一種機械波，它是由某種媒質的微粒圍繞著某種平
衡狀態不斷運動而構成的。但後來主要是通過赫爾茨的實驗研究
人們發現了另一種波，卽電磁波，而且它的規律和特性也可以用
嚴格的數學公式加以表示。這時人們注意到電波的規律同樣也能
在有關光現象的規律中被再次發現，而且電波的規律在光現象的
規律中表達得比機械波的規律更爲徹底、完善。這也就是說，卽使
光所具有的那些用機械理論所不能解釋的獨特性我們也能通過電
磁理論對其加以解釋，對其進行再次認識。例如，在光現象中我
們再次發現了電波所具有的那種傳播速度，但我們迄今還不清楚
是否存在著具有這樣的速度的彈性波。因而，我們可以說，光現象
的規律更爲準確地符合電波的規律，而不是機械波的規律。隨著
光學研究的進展，人們在表達光的傳播規律的數學方程中越來越
完善地再次認識了表達無線電波的電運動的方程。以這種再次認
識爲基礎，我們就可以說：光是電磁波。由此，我們也就最終認
識了光的本質。現在我們可以正確地稱它爲一種電磁現象了。

　　這裡我們看到，　科學家們對光的本質的認識經過了兩個階

段: 首先，光被解釋爲一種震動現象，一種波傳播；然後，經過第二次「再認識」行爲這種震動或波又被確定爲電現象。在石里克看來，任何科學研究都要經歷與科學家們對光的認識本質上相同的認識過程。我們可以隨便選取任何其他科學中的認識爲例進行考察，其結果將都是一樣的，那就是認識過程本質上就是一種（相同的東西的）再發現。例如，當人們斷言亞里士多德(Aristotle, 西元前 384-前 322) 寫作過一部關於雅典國家體制的書時（這是一種歷史的認識），人們借此也就將這部書的作者與那個寫作過許多部哲學著作的著名哲學家視爲等同了，因此也就在前者中再次認識了後者。再如，當人們在語文學中認識到了來自不同語言中的兩個語詞之間的相似性時，這只是意味著他們觀察到了它們的詞根的相同性（Gleichheit），它們兩者都可以歸約於此。石里克認爲，如果我們繼續考察其他的例子，那麼我們只會遇到同樣的結果，那就是：科學中的認識，正如日常生活中的認識一樣，只是意味著一個事物（或事件）在另一個事物（或事件）中的再次發現。簡言之，認識就是將一個歸約爲另一個。

以對認識本質的上述分析爲基礎，石里克批評了人們關於認識的下述誤見：起認識或解釋作用的東西 (das Erklärende) 一定要先於被認識或被解釋的東西 (das Erklärte) 而被認識，也即，眞正的認識只能是在不熟悉的事物（事件）中發現熟悉的事物（事件）。石里克認爲這種看法不僅誤解了認識的本性 —— 因爲按照他的理解，認識只要求將以前互相分開的、互相獨立的現象相互歸約，而並沒有對起認識或解釋作用的東西的認識地位作出什麼要求 —— 而且也不符合認識的實際。比如，當近代物理學將力學規律歸約爲電磁規律時，沒有人會否認這是一種解釋，

是一種認識上的進步，儘管人們對力學規律的認識要遠遠早於對
電現象規律的認識。再如，當我們發現了地球上的一種全新的語
言時，我們會自然而然地將它作爲一種聯結環節和解釋的基礎，
借以認識我們早已熟悉了的我們自己的語言的特點。

　　在石里克看來，所有具體科學在解決自己的特殊問題時都會
自動地提出如下問題：需加以認識的東西能被歸約爲什麼樣的要
素？或者我們該如何進行這樣的歸約？有時情況會是這樣：人們
已經知道了歸約的方法，但還不知道（起）解釋（作用的）要素
（Das erklärende Moment）是什麼？這時科學家的任務便
是設法找到這樣的要素。在物理學中人們就是以這樣的方式達到
量子假說和相對論的。在另一些時候，情形正好相反：這時人們
已經知道了何爲解釋要素，但還不知道如何將需加以認識的東西
歸約爲這樣的要素，因而科學家的任務是尋找解釋的路徑。顯
然，這後一種情形是科學研究中的通常的情形。比如，在下述場
合下我們遇到的都是這種情形：當我們力圖用牛頓定律解釋行星
系統的一切運動時；或者當我們努力將氣象學現象歸約爲熱力學
現象，或者將生物學規律歸約爲物理規律時；或者當我們力圖從
已知的、在前面發生的事件中推出一個歷史事件的原因時，等等，
不一而足。石里克指出，在這種情形下人們常常會犯下面這樣的
錯誤，就是被他們當作解釋要素、解釋原則看待的東西實際上並
不適於擔當此任。比如，在古典物理學中，人們錯誤地認爲一切
物理現象都可以歸約爲力學現象，歸約爲運動過程。最後，石里
克認爲，在科學研究中我們時常還會遇到下述情形，在其中我們
既不知道何爲解釋要素（解釋原則）也不知道解釋所需採取的方
法，也就是說，我們既不知道目的地爲何，也不知道指南針何

在。在這種情況下，石里克建議我們最好暫時將我們的問題（它很可能還沒有得到很好的表述）擱置一邊，直到我們通過其他的方式重新達到它並因之而獲得了解決它的某些指示時再說。

我們看到，按照石里克的理解，認識就是再認識、再發現，就是將一個事物（事件）歸約爲另一個事物（事件），並將後者再歸約爲別的事物（事件）。顯然，依照這樣的方式，通過同一個解釋原則所能解釋的現象的數目會越來越大，並因此爲了解釋全部現象所必需的原則（或概念）的數目也就會越來越小。因此，我們不妨將我們所使用的解釋原則（概念）的數目的大小用作衡量我們的認識水平之高低的尺度。依照此，最高程度的認識將是這樣的：它用了最小數目的解釋原則（概念）—— 它們不能再被加以解釋了 —— 就解釋了全部現象。因此，認識的最終任務就是盡量縮小解釋原則（或概念）的數目，用最小數目的解釋原則（或概念）對世界上的個別現象作出最爲完全的規定❷。這也就

---

❷ 在＜什麼是認識？＞一文中，石里克曾將認識論的這個要求稱爲「思維經濟原則」（Ökonomieprinzip），並說「在思想過程中使用概念時應盡可能地節儉，只有這樣我們的認識渴望才會最充分地得到滿足」（*Philosophical Papers*, Vol. Ⅰ.p.139; cf. *Allgemeine Erkenntnislehre*, 2nd. ed. pp. 91f.）。我們知道，「思維經濟原則」原本是實證論者阿芬那留斯和馬赫所堅守的認識論信條。按照馬赫的理解，「思維經濟原則」就是希望用盡可能少的勞動，盡可能少的思維上的消費（Gedankenaufwand），盡可能短的時間，獲得盡可能多的所要求的東西。這些所要求的東西從實踐上說是盡可能多的物質利益，從理論上說是盡可能多的科學知識。阿芬那留斯則乾脆就把哲學和科學稱作「按照費力最小的原則對世界的思維」。而且，有時他們甚至就將「滿足思維方便原則並且只需思維作出最小的努力」作爲知識或眞理的標準。由此不難看出，石里克的「思維經濟原則」與馬赫和阿芬那留斯的「思維經濟原則」是非常不同的。爲了滿足石里克所謂的「思維經濟原則」，我們必需作出最大限度的努力，以盡量減少所使用的解釋原則和基本概念；而

是說，我們只使用最一般的名稱但卻能對個別的事物（事件）作出單義的表示（eindeutige Bezeichnung）。石里克認為，給出這樣的表示絕非易事。比如，在上面關於狗的例子中，雖然我用「我的狗圖拉斯」單義地表示了那條站在我面前的狗，但在石里克看來，這種表示還不能說是嚴格意義上的科學知識。同樣，如果我們用一個普遍適用的最為一般的名稱成功地表示了某個個別的事物（事件），但卻未能同樣成功地單義表示它，那麼這種表示也不構成真正的科學知識，因為構造出一個適用於世界上的所有現象的一般的概念並不是什麼困難的事情。例如，古希臘哲學家泰勒斯（Thales，約西元前 624-前 547）認為水是萬物的本原，在世間萬物中我們都能再次發現水。石里克認為泰勒斯的這種斷言就不構成真正的知識，因為它不能幫助人們通過一般性的名稱「水」單義地並且完全地確定一塊大理石和一塊木頭之間的個體差異。

(三)表象和概念：日常生活中的認識和科學中的認識的區別

從上面我們看到，按照石里克的觀點，所謂認識就是「再認識」或者「再發現」。那麼，「再認識」或者「再發現」又是什麼呢？石里克認為它不過是一種把被認識的東西（was erkannt

---

為了滿足馬赫和阿芬那留斯的「思維經濟原則」，我們所要做的則是盡量縮短我們的思維時間，盡量減少我們的思維強度，以使我們的思維過程變得愜意、舒服。因此，如果說石里克的「思維經濟原則」是一種邏輯原則，它處理的是概念之間的歸約關係，那麼馬赫和阿芬那留斯的原則則是一種生物學——心理學的原則，它所說的是我們的表象和意志過程（Vorstellungs-und Willen prozessen）。

wird) 和它被認識成的東西(das, als was es erkannt wird)
等同 (gleichsetzen) 起來的行爲。因而，爲了深化對於認識的
本質的上述理解，石里克認爲我們有必要對這種等同行爲做進一
步的分析。正是在進行這種分析的過程中，石里克認爲他找到了
日常生活中的認識和科學中的認識的不同之處。

　　顯然，「發現相同的東西」(Gleichfinden) 這種行爲預設了
比較 (Vergleichung)。那麼，在認識過程中被比較的東西是什
麼呢？石里克認爲，就日常生活中的認識過程（和一小部分科學
認識）而言，這個問題不難回答。在那裡被比較的東西一般說來
就是表象（或譯觀念，Vorstellungen）。那麼表象又是什麼呢？
石里克告誡我們，不能不加分析地將心理學中對表象的規定全盤
接受下來，而是最好通過具體的例子來理解這個概念。比如，當
我看到大海或貓時，或者當我聽到某個人說出「大海」或「貓」
等語詞時，我的意識中就會出現一些現象，一些精神產物，石里
克就將這些現象、這些精神產物稱作表象。在他看來，表象——
正如所有精神對象一樣——是不能定義的，而只能經驗或體驗。
它們是與感覺—知覺（即直觀）密切相關的經驗(經驗內容)。對
表象石里克還作出了如下區分：當表象爲感覺或知覺所直接引起
時，石里克稱其爲知覺表象 (Wahrnehmungsvorstellung)；
如果我只是在思想中構想出一個事物的形象，或者藉助於記憶再
生出它的表象，石里克便將其稱爲記憶表象 (Erinnerungs-
vorstellung）。另外，石里克還區分開了簡單表象（如我關於
紅色的表象）和複雜表象（如我關於一把雨傘的表象）。後者是
由簡單表象構成的，如雨傘的表象就是由黑色的傘布的表象、帳
篷樣的形狀的表象和彎曲的傘把的表象構成的。石里克還區分開

了視覺表象、觸覺表象和聽覺表象等等。最後，石里克還區別了個別表象和一般表象，前者指只代表一個事物的表象，後者指代表一類事物的表象，如關於「狗」的表象。不過，在石里克看來，嚴格說來，並不存在這樣的一般表象（貝克萊（George Berkeley, 1685-1753）也是這樣認為的）。

在對表象做了上述分析和界定之後，石里克便開始用它來進一步深化他對日常生活中的認識過程的本質的分析。例如，當我認識到站在我面前的那條狗就是我的狗時，這個認識過程之所以能夠發生，是因為我關於我的狗的記憶表象，也即當我想到我的狗時在我的意識內出現的東西，和我關於我面前的那條狗的知覺表象是相同的，我發現這兩個表象是類似的。在確立了這種同一性之後，我便作出了如下判斷（或者只是在心裡想到它）：「這個動物是我的狗」。這裡「這個動物」一語意指的是僅僅由當下瞬時的知覺表象所代表的對象。「我的狗」意指的是在我的意識中由關於我的狗圖拉斯的記憶表象所代表的動物。在上面那個判斷中，兩個動物被確定為或者被認識為相同的，它們是同一個動物，因為既然那兩個表象實際上只是同一個表象，它們中的每一個又只代表一個完全特定的對象，因此它們也就是同一個對象即同一條狗的表象。

但是，在對表象進行比較以便確定它們相同與否時我們遇到了一個嚴重的困難。一般說來，為了發現和確定這種相同性，表象需是輪廓絕對分明而又絕對確定的構造物。因為如果它們模糊不清，我們如何能確實地確定它們之間的相同性呢？我們如何能肯定地說我們沒有忽略微小的差別甚至是顯著的偏差呢？我們從經驗中得知，實際上所有記憶表象都是暫時的、易逝的，都不具備清

楚分明的界限，都有如迷霧一般。比如，當人們讓你描畫一下你
經常看到的、位於馬路那邊的那座房子的外貌時，你開始會認
爲你對它有清楚不過的表象並能立刻認出它或回想起它，但是如
果我讓你能說出這個視覺表象的細微之處時，你大多會不能勝任
的：你也許不知道它有多少窗子，不能回想起它的準確的顏色等
等。再如，在我的所有表象中，沒有比我對我的家庭成員的表象
更爲清楚分明的了，但是如果我們深究下去的話，我們就會發現
卽使這樣的表象也並非就那麼清楚、確定。每一個人都會呈現給
我們完全不同的視覺形象，這取決於我們觀察他的角度、他恰巧
採取的姿勢、他的心境、以至他所穿的衣服，等等。在某個人所
呈現給我們的衆多的視覺形象中，我的記憶表象只能存留下極少
的一部分，而且卽使這些也不能完全清楚地存留在那裡。例如，
在你關於你父親的記憶表象中，你多半不會發現有關他的鼻子的
準確形狀、眼睛的準確顏色的清楚分明的視覺表象。

由此看來，我們的表象整個說來是模糊不清的。這樣，表象
間的比較也就不可能絕對地可靠、確實。因此，人們會情不自禁
地認爲，以對這樣的表象間相同與否的比較和觀察爲基礎的認識
也必是極爲不可靠、極端成問題的。但是經驗告訴我們，日常生
活中的認識又確實是以這樣的方式建立起來的，而且這樣的認識
僅從實際效用方面看是有著某種程度的精確性和確實性的，而這
種精確性和確實性足以滿足人們的日常需要。不過，這種以表象
的比較爲基礎的認識在日常生活中無論怎麼實用和夠用，它也不
可能完全避免因表象本質上的模糊性、非確定性而來的缺點，它
不可能具有絕對的準確性、嚴格性和確實性。由於科學的主旨恰
恰是達到盡可能高程度的準確性、嚴格性和確實性，所以適用於

科學的嚴格精確的認識概念絕不能經由表象的認同和再認識而建立起來。那麼，我們應該如何建立起它呢？石里克認爲，爲此我們必須能夠找到這樣一種東西：它界限分明，輪廓清晰，我們總能絕對確實地認同（identifizieren）它，並且用這種東西取代從本性上講就注定總是模糊不清、不能給以精確的認同的表象。石里克認爲，這種東西就是概念。

那麼什麼是概念？哲學史上對此有各種各樣不同的理解。一般認爲，它是人們借以將一種事物與另一種事物區別開來的東西，因此有些哲學家便將其規定爲：反映事物的特有屬性（固有屬性或本質屬性）的思維形式或存在形式。它或者是作爲一種理念、作爲一種理想物而有其客觀的存在，或者是人們經過抽象作用（Abstraktion），抽出事物的本質屬性概括而成的。石里克不同意對概念的諸如此類的界說。那麼他自己的界說又是怎樣的呢？

上面我們看到，石里克之所以設定概念主要是爲了取代人們在進行日常認識時所常常使用的那種模糊不清、界限不明的表象。因而，他的概念首先應具有下述特點：它絕對確定、界限分明，不包含任何不穩定的因素。由此看來，我們似乎可以對其做如下的界定：概念就是具有牢固地加以確定了的內容的表象。但在石里克看來，這種界說是不可取的，不能成立，因爲它自相矛盾：表象按其本質就不可能是嚴格確定的，根本不存在具有確定內容的表象，而這在所謂的一般表象的情況下更其如此。概念不是表象，不是任何種類的實際的心理構造，進一步說來，它根本就不是什麼實際的東西，而只是一種思想之物，是我們設想出來用以取代「具有牢固地加以確定了的內容的表象」的東西。石里克將構成一個概念的內容的全部特性稱爲它的標誌（Mermale），

它們都由特定的規定加以明確地確定，這些規定的總和便構成了這個概念的定義。一個概念只代表它的定義所規定給它的那些內容。人們經由定義而獲得了那種表象所不具備而又爲科學認識所必需的絕對的穩定性和確定性。這時，爲了獲得認識，我們不再需要將所要認識的對象與模糊不清的表象加以比較，而只需確定它是否具備經由定義加以明確地規定了的那些特性，藉此我們便最終認識了它，也就是說，我們也就能給予它以正確的名稱了。基於以上的分析,石里克斷言：「概念就是一種記號（Zeichen），它代表所有這樣的對象，在其特性中我們可以找到該概念的全部標誌」❸。（注意，在這裡石里克是在最廣泛的意義上使用「對象」和「特性」等語詞的。對象指人們能夠思想、表示和標記的一切東西，因而，它不僅包括一般意義上的「事物」，而且包括了「過程」、「關係」、甚至任意的「虛構」,因此也包括「概念」。同樣，「特性」的意義也非常廣泛，它意指能表徵一個對象並能幫助人們對其加以規定的一切東西，它可以是有形的東西、關係，也可以是人們想像出來的東西等等，不一而足。）

因爲概念就其本身而言是某種非實際的東西，我們必須用某種實際的東西代表它、表示它。在無言語的思想中某種直觀的表象常常起到了這樣的作用；在說話時概念又由語詞、由名稱加以表示，而爲了將概念傳達給別人或者將其固定下來，我們可以用文字符號對其加以表示。當然，語言中的語詞不僅用作概念的記號，而且有時也被用來表示直觀的表象（特別是在前科學的語言中）。一般說來，在科學語言中，語詞都是表示眞正的概念的，

---

❸　Moritz Schlick, *Allgemeine Erkenntnislehre*, 2nd.ed., p. 19.

因此有的邏輯學家乾脆就將概念定義爲「語詞的意義」。

由於概念不是實際的東西，它既不是思想者的意識中的實際的構造，也不是屬於它所表示的實際的對象中的某種實際的東西，因此石里克斷言：嚴格說來，根本就不存在什麼概念，只存在某種可被稱爲概念的功能 (eine begriffliche Funktion) 的東西，而這種功能在實際中根據不同的情況可以由表象（或其他的心理行爲）、名稱或者文字符號加以行使。

> 它〔概念〕的認識論意義恰恰在於表示 (Bezeichnen)，但表示在這裡只是意味著配置 (Zuordnen)。當人們就某些對象說「它們屬於某某概念」時，這只是意味著他們將這個概念配置給了這些對象。❹

從上面的分析可以看出，石里克實際上是將概念看作是人們設定出來的一種縮略性的說話方式，他否定了概念的實存性，認爲它只是一種功能性的存在。這與中世紀唯名論者奧康(William Ockham, 約 1300-1350) 的觀點有些相似，而與柏拉圖主義者或實在論者的觀點形成了鮮明的對照。在後者看來，我們斷不可否認概念的實存性，否則我們就無法正確地解釋僅以純概念和它們之間的相互關係爲對象的數學和邏輯的本性，而只能像奧康那樣作出如下荒謬的結論：數學是建立在虛無基礎之上的，因此也源於虛無。不過，他們也意識到，概念的存在不能是像感覺對象那樣的實際的存在 (das wirkliche Sein)。在他們看來，它們

---

❹ *Ibid*. p. 22.

的存在是一種理想的存在 (das ideale Sein)。石里克認為，如
果上述觀點只是作爲一種表達方式而提出的（這時，它只具有術
語學上的意義），那麼我們也未嘗不可以這麼說。但是這種說話
方式極易混淆人們的視聽，導致極端錯誤的觀念，即柏拉圖式的
形而上學。這也就是說，如果接受了它，那麼我們就會不知不覺
地設置一個與實際的世界相對立的、由理想的存在物構成的世界
—— 理念之域、價值和眞理之域，也即由概念構成的非時間性的
世界。它似乎是一個永恒不變的、自我存在的世界，概念和眞理
一成不變地端座於其中，即使實際的世界不存在了，它也依然故
我地存在在那裡。比如，即使一切實際的東西都消失了，那麼2
和2之和依舊會是4。但另一方面，如果眞的存在著這樣一個世
界，那麼便產生了如下困難的問題：它與現實的、實際的世界的
關係是怎麼樣的？理想之物與實際之物究竟如何關聯起來？實際
上，幾千年來的哲學思辯很大程度上就是圍繞著諸如此類的似是
而非的僞問題而展開的。柏拉圖爲此而提出了他的著名的理念的
「分有說」(theory of participation)。但這種理論由於其明
顯的缺點和漏洞而遭到了後人們的拒絕。人們一般都設想理想的
對象必須能夠由實際的過程而加以把握或理解 (erfassen, erg-
reifen)：概念通過表象而得到把握，眞理通過判斷行爲而加以
理解，而且人們還特地爲這種把握和理解行爲發明了一個名稱，
即「觀念化」(Ideation)。但是兩者的關係並沒有因之而得到澄
清而是變得愈發混亂。石里克認爲，只要我們從一開始就清清楚
楚地認識到下述之點，那麼所有這些混亂都會自然而然地得到化
解：我們根本就不能將所謂的理想的存在與實際的存在加以類比
和對照，認爲理念之域能獨立於實際的世界而存在是毫無意義的

妄斷，概念和眞理是不能獨立於作爲概念和判斷的形成者的人而存在的。它們從本性上說就是記號，因此無論如何它們都預先假設了希望表示什麼、希望建立配置關係的人的存在。只有在欲指稱什麼的人的意識中概念功能才有其位置。因此，認爲概念能作爲理想物獨立於有意識的人而存在的想法是荒謬的。當然，正如我們已經說過的，我們也不能將它們看作是某一特定的意識過程的一個部分或一個方面，因爲那樣我們就將它們看作是心理的實在了。實際上，它們絕不是什麼實際的東西。

在石里克看來，關於概念還存在著另外一種十分嚴重的錯誤，那就是人們認爲概念和屬於它的對象間存在著一種遠比表示更爲親密的關係，這種關係就是：概念是通過「抽象作用」而從事物那裡直接抽取概括出來的。石里克堅決反對這種「幼稚」的想法，他的論證是這樣的：如果概念果眞是如此形成的，那麼人們也就必能通過給某個概念添加一些完全確定的特徵的方式而從它那裡構成一個實際的事物。但顯然這是荒謬的，因爲通過添加那麼多特定的特徵的方式我們最多能從一個概念構成一個關於某個個體事物的概念，但絕不會構成這個事物本身。（同樣，通過給一個概念添加某些特徵的方式我們也不能從其構成一個表象而只能構成一個關於表象的概念，因爲表象畢竟也是某種實際的東西，它是一種實際的心理構造。）因此我們並非是通過去掉事物的某些特徵的方式而構成關於它們的概念的。另外，石里克還從下面這個角度論證了他的看法：一般說來，我們根本就不能在思想中把一個事物的某個性質去掉而還能夠使該事物的其他性質保持不變。比如，我們就不能通過下述方式來形成數學上的「球體」概念：想像一個實際的球體，然後抽象掉它的所有物理性質，

如顏色等。因爲從視覺上說我們只能想像一個有著任意顏色的球體，而絕不能想像一個沒有任何顏色的球體。因此，我們不可能通過去掉事物或表象的某些特徵的方式而達到概念，而只能通過將事物或表象的特徵相互區分開並逐個地給其以表示的方式達到它們。

總而言之，概念不是什麼實存物，

> 而是思想之物（Gedankendinge），它們使得人們爲了達到認識的目的而對對象進行精確的表示成爲可能，正如那些環繞著地球的假想的經緯線構成的格網並非是實際的存在，但卻使得對地球表面任一地點的單義的表示成爲可能一樣。❺

我們已經說過，石里克之所以引進概念是爲了超出日常生活中的認識而達至確實、嚴格的科學認識。從科學實踐的角度看，概念的使用在某種程度上確實起到了這種作用。只要我們具有了適當定義的概念，那麼最終總會達至實踐上說毋庸置疑的認識。下面我們就看一個例子。

當人們給我看一塊金屬時，一般說來，僅從我對它的知覺（表象）我還不能嚴格確實地知道它是否是純銀。因爲我關於銀的記憶表象並不十分清晰確切，我通常是不能確切地將其與我關於其他類似金屬（如鋅或某種合金）的表象區分開來的。但當我知道了關於銀的科學概念後，情況就大不一樣了。在科學中，它

---

❺ *Ibid.* p. 25.

被定義爲這樣一種材料：其比重爲 10.5，原子量爲 108，具有確定的導電性等等。爲了嚴格確定我看到的這塊金屬是否就是銀，我只需通過實驗觀察一下它是否具有上述定義性質（標誌）卽可。因此通過概念我們確實獲得了一定的嚴格性、確實性。

但是，另一方面，如果細究起來，我們就會發現在這裡我們又遇到了我們開始時所遇到的同樣的困難。因爲爲了確定我面前的這塊金屬是否具有銀的定義特徵（卽其標誌），我就必須通過實驗觀察，而這到頭來又需要對知覺表象和記憶表象進行比較，只不過這時需加以比較的表象不是關於這塊金屬本身的，而是關於其特性的罷了。這樣，通過概念的認識最後又需借助於表象，我們本欲通過引進概念而加以消除的困難只是表面上暫時地被消除了，實際上它並沒有被消除掉，而只是被巧妙地推移到了較後的階段，或者說被轉移到了其他的地方。一句話，概念並非就一定能幫助我們獲得絕對嚴格和確實的認識。對於這種「可悲」的結局石里克是有著清醒的認識的，並力圖給以適當的解釋。下面我們就看一下他是如何對此作出解釋的。

首先，石里克認爲，通過引進概念我們畢竟還是有所收穫的，那就是通過適當的定義我們將我們的困難轉移到了非常有利的地方，在那裡所有可能的差錯都被確實地加以排除了，而這種確實性足以滿足個別科學的一切目的。比如，在魚的概念的定義特徵（標誌）中包含有如下內容：它是卵生的、用鰓呼吸的動物，而鯨的概念中包含有如下內容：它是胎生的、用肺呼吸的動物。只要我們知道了上述之點，那麼在正常情況下我們絕不會將鯨錯誤地認作爲魚，因爲對某個事物究竟具有這兩個概念所包含的不同的定義內容中的哪一個，通過精確的觀察和研究我們一般

是不會搞錯的。而且卽使對於我們上面討論的「銀」這個概念的定義特徵（標誌）而言，一般情況下我們也是能夠嚴格、確實地再次認識它們的。石里克堅信，這種嚴格性、確實性足以滿足我們的一切實際需要及個別科學的需要，儘管這種認識最終還是離不開感性表象的幫助。

不過，儘管我們的科學的需要能夠以這樣的方式得到滿足，但我們的認識論要求卻斷不能借此而得到滿足。對於它而言，問題始終是：我們能否最終擺脫感性表象的「糾纏」而達到絕對嚴格精確的概念決定，因而達到絕對確實的認識？對這個問題的回答似乎毫無疑問地是否定性的，因爲一個概念的本質是由其定義決定的，而按照傳統的理解，所謂定義就在於給出它的規定性特徵（標誌）。但是，爲了精確地確定這些規定性特徵我們又需對它們作出進一步的界說，將它們化解爲其他的特徵，如此類推，我們似乎應作出無窮多個定義。這樣，也就使概念的精確確定成爲不可能了，因而定義系列必須有一個終止。事實上，在實際的概念決定中，我們很快就會達到這樣的特徵，它們絕對不允許再加以定義了，表示這些最後的特徵的語詞的意義只能通過直接的體驗來加以指示，通過某種被人們稱爲「實指定義」的東西加以展示。比如，我們只能通過直接觀看藍色的東西或通過體驗喜悅才能理會（Kennen）什麼是「藍」、什麼是「喜悅」，而不能通過眞正的定義（卽語詞定義）知道這點。因而，結論似乎只能是：在尋找概念的決定的過程中，我們最終必然會被引向直接的所與，被引向直觀和體驗。因爲這些東西原則上說終歸具有某種模糊性，因此絕對精確概念的獲得似乎就是不可能的了。這樣，無懈可擊的、絕對確實的知識的獲得也就成爲可疑的了。

面對這種困境，哲學家們可以作出三種不同的反應：其一，斷然否認下述觀念，即認為只要訴諸了直觀表象，那麼我們就不可能獲得絕對嚴格的概念，而認為直觀表象也能夠給予概念以完全清楚和確實的內容；其二，承認求助於直觀表象會給概念的精確確定帶來嚴重的、甚至是不可克服的困難，但認為除了上面那種傳統的概念決定方式（即定義方式）之外，還存在著另一種概念決定方式，而它是能夠幫助我們獲得絕對嚴格的概念、進而知識的；其三，認為一切概念決定都必然具有一定程度的模糊性，我們不可能達到絕對嚴格、絕實的知識，追求絕對的確實性是沒有意義的。

顯然，石里克是不會作出第一種反應的，因為在他看來，表象本質上具有的模糊性使得它絕不可能給我們帶來絕對精確的概念決定，而只會為此而製造麻煩。另外，他也不同意第三種態度，因為它過於極端。因此，剩下可供選擇的只有第二種立場了。事實上，石里克的確採取了這種立場。在他看來，並非一切概念的內容最後都只能通過直觀的所與來確定，事實上，還存在著另一種概念決定方式（即定義方式），它能幫助我們最終獲得絕對精確的概念，這就是隱定義（die implizite Definition）。那麼，何謂隱定義？

隱定義首先是在數學幾何學的研究中引進的。我們都知道，在歐氏幾何中，「點」、「線」、「面」這些基本概念都是被直觀地加以引進的，因此關於它們的公理也是以直觀、以所謂的「自明性」（Evidenz）為基礎的。不止於此，實際上，歐氏幾何中的很多證明（定理的推演）也求助了直觀。由於直觀（表象）本質上講是模糊不清、界限不明的，因此以其為基礎的公理和定理推演也

就不可能具有絕對的確實性。這樣便使得一向作爲嚴格、確實的典範而倍受人們稱頌的歐氏幾何系統成爲不可靠的了。爲了挽救幾何學，使其保持住嚴格科學的典範的地位，長期以來數學家們做了不懈的努力，最後終於在十九世紀末找到了將幾何學建立在眞正確實可靠的基礎之上的方法，這就是徹底改變它的基本概念的引進方式或規定方式，而將其定義爲這樣的東西：滿足幾何學公理的一切東西。石里克就將這種通過公理（公設）而進行的定義稱作「隱定義」。更爲一般地說，隱定義就是這樣的定義，它通過一個概念與其他概念的 關係而對其加以規定 。 衆所周知，希爾伯特（David Hilbert, 1862-1943）在他的《幾何基礎》(*Grundlagen der Geometrie*) (1899) 一書中就是這樣引入幾何學基本概念的。他首先給出了一系列命題(卽公理)，在其中包含有如下幾何學基本概念：「點」、「線」、「面」、「在……之間」、「在……之外」等等。這些概念一開始並沒有什麼意義和內容（也卽不具有歐氏幾何所歸屬給它們的那種直觀的意義和內容），只是通過這些公理它們才獲得了它們的意義，而且它們也只具有這些公理賦予給它們的那些內容：它們的全部本質就在於作爲這些公理中所規定的概念關係的承擔者（關係項）而出現在其中。這樣，幾何學的所有基本概念便由幾何學公理嚴格精確地加以規定了。以這樣的基本概念和公理爲基礎，幾何學便變成爲一種嚴格形式化的公理系統。在其中，所有定理的推導卽證明都只依據公理和明確陳述出來的推演規則而進行，我們關於幾何學基本概念的直觀表象不起任何作用。對於這樣的嚴格的演繹結構而言，重要的只在於隱定義中所規定的東西，卽在公理中所表達的基本概念彼此之間的關係，而我們關於點、線、面等概念所形成的直觀

表象則只具有圖示說明的作用，它們完全可以被其他的東西，甚至是非直觀的東西所取代。比如，在解析幾何中，「點」這個概念就只相當於由三個數構成的三元組。至於這三個數可以被直觀地解釋爲代表了它的空間坐標這一點，則對於它們彼此之間的關係以及通過它們而進行的演算來說都是無關緊要的。

關於隱定義有一點需特別加以注意，那就是並非任意一組公設都可以被當作是出現於其中的一組概念的隱定義，爲了成爲隱定義這組公設還必須滿足某些特定的條件，最起碼它們應互相一致，不包含矛盾。如果給定的公設彼此不相容，那麼就絕不會存在滿足所有這些公設的概念。

隱定義與通常的定義的區別是非常明顯的。如果說通常的定義最後必導致實指定義，因而最終會將概念與實際聯繫在一起的話，那麼隱定義則相反，它始終停留在概念的領域之中，也正因如此，它才能幫助我們獲得嚴格確定的概念（石里克將經由隱定義加以決定的概念稱爲「純粹」概念），並借此絕對確實可靠的知識才成爲可能。毫無疑問，數學和邏輯這樣的純形式科學（Formswissenschaft）是最適宜於隱定義發揮作用的場所，因此只有在它們之中我們才能獲得絕對確實的知識。在其他科學，卽經驗科學或實際科學（Wirklichkeitswissenschaft）之中，隱定義雖然也有著重要的作用，但由於它們勢必要接觸到實際，因此光有隱定義還遠遠不夠，我們還需大量使用其他的定義方式或概念決定方式，我們最終還不得不求助於實指定義，因而最終擺脫不了感性表象的「糾纏」。因此，在經驗科學或實際科學中總的來說我們是不能獲得絕對確實的知識的。

（四）認識和判斷

　　在獲得了表象和概念之後，我們的認識活動還遠沒有完成，因爲表象和概念還不就是知識，它們無所謂眞假而只有可應用與否的問題。爲了成爲眞正的知識，它們還需被以一定的方式聯結在一起而構成判斷。

　　　　事實上，我們上面一再提到的那些再認識過程，那些對表象和概念的比較和認同的過程以及所有可能屬於認識過程的其他的東西，最後都終止於判斷，正是在判斷中我們的認識成果得到了最終的表達。❻

　　那麼，具體說來，什麼是判斷？

　　我們上面已經看到，按照石里克的理解，概念的本質僅僅在於：它們是我們在思想中配置給我們所思考的對象的記號。由此，人們會自然而然地認爲判斷的本質也只在於它是一種記號。那麼，它是什麼東西的記號呢？換言之，它表示的是什麼？在石里克看來，判斷所表示的是對象間的某種關係的存在（das Be-stehen einer Beziehung Zwischen Gegenständen）。這也就是說，它所表示的是下述事實：在它們之間發生了這種關係。因此，判斷是事實的記號，而且它不僅可以表示實際的事實，而且也能表示抽象的事態，即概念間關係的存在（如2乘2等於4）。

❻　Moritz Schlick, 'What is Knowing?' in *Philosophical Papers*, Vol.I. p. 135.

　　由於事實或事態總是複合體，總是可以分析為諸多關係項和關係本身，因此一個判斷為了成為某個事實的記號也必須是複合體，在其中必須包含著與構成事實的諸要素相配置的那麼多的要素，即記號。

　　我們上面已經說過，概念只有出現在判斷中才能完成其認識使命，概念必然要經由判斷而結合在一起。但另一方面，判斷也只有通過概念才能彼此相關，同一個概念在不同的判斷中的共同出現便將它們聯繫在了一起。因此，我們不妨說每一個概念都構成了一個點，都有一組判斷（即有其出現的判斷）會聚於其上，它就像關節一樣而將它們牢牢地關聯在一起。我們的科學系統可以說構成了一個網絡，在其上概念是網結，而判斷則是將它們聯繫在一起的網線。在實際的思想中，概念的全部意義就在於：它們是判斷的關聯中心，只有作為判斷的結合點並且出現在判斷中它們才有生命力。

　　既然一切認識最後都必終止於判斷，都必表達於判斷之中，那麼我們能否反過來說一切判斷都是認識呢？石里克認為我們不能這樣說。比如，下面這樣的判斷就不能說是認識：它將一個新記號給予了它所表示的事實（也就是說，在這個判斷中出現了這樣一個概念，它就是為了表示這個事實而被發明出來的）。顯然，這樣的判斷只是一個定義。只有當一個判斷僅僅使用了在其他情況下已被使用過的概念時，它才表達了一種認識。因此，「認識判斷（Erkenntnisurteil）是純粹舊概念的一種新組合」❼。

---

❼　同❸，p. 62.

（五）認識和表達

從（一）至（四）節的分析我們看到，所謂認識就是將一個對象（或概念）歸約為另一個對象（或概念），進一步說，就是用舊概念表示新事實的判斷。這是二十年代中期以前石里克對認識的基本看法。二十年代中期以後，石里克並沒有改變他以前對認識的這種基本看法，而只是認為他以前的表述方式存在著一些問題，它過多地使用了表象、概念和判斷這樣一些心理學意味很濃的傳統哲學中的術語，而沒有充分地認識到認識和語言間的密不可分的關係。在 1933-1934 年的一次講課筆記中，在談及認識的本質問題時他寫道；

> 我們這裡始終在談論符號和語詞，而從未談及概念。實際上，為了理解生活中或哲學中所發生的一切，「概念」這個詞是完全不需要的。僅僅這個發現本身，即我們無需談論概念，而只談論語詞和符號就足夠了，就表明我們已經走上了解決柏拉圖問題的道路。不過，這並不意味著概念僅僅是語詞。❽

有鑒於此，二十年代中期以後，當他再度談及認識的本質問題時，石里克就很少使用「表象」、「概念」和「判斷」之類的說法了，而更多地使用起作為它們的代表的語言對應物：「符號」、「語詞」、「命題」（「陳述」、「語句」、「描述」）等。

---

❽　Moritz Schlick, *The Problems of Philosophy in Their Interconnections*, p.67.

無論在何處，真正的知識進步都具有同樣的特徵：它僅僅在於根據某種其他東西對某種東西給出一種描述，也卽這樣一種描述，它是由舊符號的一種新的組合而構成的。**❾**

認識就在於從一個到另一個的符號歸約。**❿**

無論在何處出現了知識，我們都是在用舊符號來表達一種新的事態。**⓫**

由於在石里克看來，表達 (expression) 的本質也恰恰在於「用舊符號表示 (symbolize) 新事態」**⓬**，因此他認為我們可以將認識看作是表達的一個實例。「認識只是一種表達」**⓭**。

……表達包含著這樣的可能性：它通過舊符號的新組合來表示和傳達一個事實。因此我們斷言：一切真正的知識都是表達。這當然不僅僅是一個巧合，不僅僅是一個有趣的事實，它恰恰構成了日常認識和科學認識的本質。**⓮**

因此，「沒有不可表達的知識」**⓯**。既然認識和表達的關係如此之密切，為了更為深入地了解認識的本質，我們就有必要比較全面地考察一下表達的本質。

---

❾　Moritz Schlick, 'Form and Content', in *Philosophical Papers*, Vol.II. p. 315.
❿　同❽, p. 65.
⓫　同❽, p. 66.
⓬　同❽, p. 57.
⓭　同❽, p. 67.
⓮　同❾, p. 315.
⓯　同❾, p. 316.

1.表達的本質

石里克認為，表達首先是作為一種傳達（Mitteilung, communication）手段而產生的。實際上，人類的整個文明都取決於思想傳達（或交流）的可能性。如果人類不能借助於某種手段而互相傳達各自的想法，那麼他們之間也就不可能有真正的合作，因而人類也就無法存在；而如果知識不能代代相傳也就不會有文學、藝術和科學。為了進行傳達首先就需要將要加以傳達的想法通過表種方式表達出來，這也就是說，傳達是以表達為基礎的，「可表達性（Ausdrückbarkeit）是可傳達性（Mitteilbarkeit）的條件」⑯。那麼究竟什麼是表達？

石里克認為，所謂表達就是存在於一個事實與另一個事實之間的一種描畫關係（die abbildende Beziehung）或表示關係（die bezeichnende Beziehung）。它可以採取多種多樣的形式：繪畫、雕塑、手勢、唱片的槽紋、摩爾斯電碼、話語和文字符號等等。在生活和科學研究中表達的主要手段是語言（話語和文字符號），石里克將這樣的表達稱作語詞表達（verbal expression），它通常是以陳述（命題）—— 它們都是事實 —— 的形式出現的。石里克關於表達本性的探討主要是針對於語言而進行的，但他所獲得的結論具有一般性，也適用於其他一切表達形式。

我們都知道，語言的一個重要特徵是它的無窮的表達能力，它只使用有限的符號就能表達任何事實。特別令人驚奇的是它能用舊符號表達新事實，甚至未知的、未發生的事情乃至純粹想像

---

⑯ 同⑧，p. 55.

的情形。而且對於我們所聽到或看到的任何命題（表達）（即使是我們以前未曾遇到過的表達或命題），爲了知道它究竟是表達什麼樣的事實（或事態）的，我們只需知道構成它的那些特殊的符號是表示什麼的以及它們的排列次序就可以了。因此，如果說簡單符號（如名字）的意義需被分別地加以解釋的話，那麼我們便可以說「一個表達（命題）的意義則是解釋自身的」⓱，它「自己就陳述出了它自己的意義」⓲。用維根斯坦的話說，一個表達或命題「顯示它的意義」⓳。比如，當我早晨起床後，看到布告欄上寫道：「西班牙發生了戰爭」，於是我便知道了在一個遙遠的國家正在發生的事情。因此，布告欄上的符號表達了某種與它們本身似乎完全不同的東西，而且正是借助於它們其他人才知道了這種東西。這裡，值得注意的是：我們面前有一個事實，即布告欄上的符號序列，通過它我們知道了另一個與它似乎毫不相干的不同的事實。那麼，我們爲什麼能用舊符號表達新事實呢？換言之，我們爲什麼能用有限的符號表達任何事實呢？或者，我們爲什麼能理解一個我們從未聽見或看見過的表達（命題）呢？上述問題總起來說就是表達的可能性問題。

對於這個問題，人們可能會作出這樣的回答：一個事實（命題或語句）之所以能表達另一個事實完全是任意約定的結果，正如一個語詞、一個名稱能代表它所代表的東西只是因爲任意的約定或偶然的使用的結果，也如正在指揮打仗的將軍可以用放在地

⓱ 同❾，p. 290.

⓲ 同⓲，p. 57.

⓳ Ludwig Wittgenstein, *Tractatus Logico-Philosophicus*, 4. 022.

圖上的小木塊代表他的正在行進著的部隊一樣。因而，爲了理解
一個表達我們只需知曉關於它的約定即可。顯然，按照這種觀
點，語言表達和信號指示就沒有什麼區別了。但是事實當然不是
這樣。僅僅通過下述方式：任意規定下個別的語詞與世界中個別
的事物以及個別的語句（命題）與個別的事實之間的配置關係，
是不能眞正地建立起一種語言的，因爲以這樣的方式我們不能表
達一個以前從未有發生過的新的事實，也不能理解一個以前從來
沒有碰到過的命題。

> 因此，眞正的言說和對於已知其意義的符號的簡單的重複
> 相比是某種全新的東西。一隻鸚鵡可以發出一組在我們看
> 來不無意義的聲音，但就「言說」這個詞的眞正意義而言
> 它並沒有「言說」什麼。⑳

同樣，螞蟻和蜜蜂雖然能使用一系列的符號或信號代表某些特定
的事實，如「那裡有花粉」，「那裡有食物」等等，但這些信號
或符號絕不可被看作是我們所說的語言，因爲它們只是指示了某
些特定的事實，而並沒有眞正的表達它們。

　　在石里克看來，表達之所以可能是因爲我們能在表達者（命
題）與被表達者（事實）之間建立起某種「自然而然的、而非任
意約定的對應關係」㉑。這種對應關係就是兩者的組成成分在排
列次序上的共同性，而語言符號所具有的無窮多樣的排列可能性
爲這種對應關係、這種共同性的建立提供了根本的保證。「表達

---

　⑳　同❾，p. 288.
　㉑　同❽，p. 58.

的可能性依賴著排列符號的可能性」㉒。正是因爲符號具有這種無窮多樣的排列可能性，因此當我們遇到一個新的事實時，只要我們知道了組成它的那些特殊部分都是用什麼符號加以表示的，並且也知道了它們的排列次序，那麼只需將這些符號以與組成該事實的那些特殊部分的排列次序相同的次序加以排列，我們就可以把該事實唯一地表達出來了。反過來，如果我們聽到或看到了一個以前從未聽到或看到過的表達（命題），那麼只要知道了它的組成符號（語詞）都是表示什麼的以及這些符號（語詞）在該表達（命題）中的排列次序，然後在世界（或思想）中找到由這些符號所代表的事物以這樣的次序排列而成的那個（或那些）事實（或事態），我們就理解了這個表達（命題）。綜上所說，我們可以說：

> 一個語句只是因爲它的符號出現的次序才說出了一些東西；㉓

> 表達者和被表達者之間所共同具有的東西，一個事實爲了能夠表達另一個事實，一個事態爲了能夠複製另一個事態，在它們之間所必須存在的那種自然而然的密切關係就是次序……；㉔

> 表達的本質特徵就是次序。㉕

那麼，這是一種什麼樣的次序呢？話語是以符號的時間次序

㉒㉓ 同❽，p. 59.
㉔ 同❽，p. 60.
㉕ 同❾，p. 290.

爲基礎的，而文字則是以符號的空間次序爲基礎的。當我們大聲朗讀一個寫下的語句時，它的空間次序也就相應地被轉變成了說出的語句的時間次序。這樣的一種轉換的可能性就說明，不同語言的特殊的時空特徵對於表達而言是無關緊要的。對於它而言，具有本質意義的次序必然具有更爲一般或更爲抽象的特徵，它必須是這樣一種東西：它不僅屬於文字，而且屬於話語，或者屬於任何種類的其他語言（甚或其他的表達方式）。因而，我們所需要的不是空間次序，也不是時間次序，也不是任何一種其他的特殊次序，而只是一般的次序。石里克認爲這種次序就是邏輯通常所關心、所處理的東西，因此也就是邏輯次序，或者，簡而言之，形式或結構。

這裡石里克特別提醒人們注意，一個事實或事態的結構（形式）並不是自動地依附於其本身之上的什麼東西。實際上，只有當我們以某種方式將其明確地連接起來（articulated）、已經找到了其顯著的特徵的時候，它才獲得了它所能獲得的許多結構中的一個。同樣，一個表達的結構也並非僅僅是由其語句形式的語言學語法結構，卽它的語詞的結合方式所唯一決定的。爲了確定它我們還需考察它的語詞的意義。因此，一個表達的結構實際上也包括了關於它的所有語詞的應用規則。

在石里克看來，形式（結構）是任何事實之作爲事實而不得不具備的東西。當我們說一個事實（或表達）具有一個結構時，實際上我們並沒有就它而作出什麼斷言；而僅僅作出了一個同語反覆式的陳述。因此，談論什麼不具有結構的事實（或表達）是自相矛盾的，是沒有任何意義的。

石里克關於表達的上述觀點顯然直接取自於前期維根斯坦。

在《邏輯哲學論》中，維根斯坦認為命題之所以能描述事實是因為它與事實具有相同的邏輯結構（形式）。

2.形式和內容

從上面的介紹我們看到，石里克所謂的形式就是指構成一個事實或一個表達的諸要素的結合方式或排列次序。由於形式必是一定內容的形式，因此要想眞正地理解形式，我們就必須對內容有很好的了解。那麼什麼是內容呢？這個問題的答案似乎不難尋求：旣然形式（結構）意指的是特定的排列次序，那麼內容似乎就應該是指被排列、被給以次序的東西。但石里克所謂的內容並非指這種意義上的內容，他用「內容」一語所意指的東西實際上是：實在（事物、事實或事態）的本然的當下狀態，特別是主體對這種狀態的當下的直接經驗、體驗或感受狀態，即主體所具有的一切意識材料或意識內容（如顏色、聲音、觸覺和味覺等感覺性質以及快樂、悲傷、失望等情感體驗）。

石里克認為，只有形式才是可表達（ausdrückbar）、可傳達的（mitteilbar）❷，而內容是不可表達、不可傳達的。「內容

---

❷　在《邏輯哲學論》中，維根斯坦斷言，命題為了能够描畫（描述）事實而必須與之共同具有的邏輯形式（邏輯結構）是不可說的（不可表達的），而只能以某種方式加以顯示。但石里克卻斷言，只有（邏輯）形式（結構）才是可以表達的，這顯然與維根斯坦的觀點正相反對。為了求得與維根斯坦的觀點的「和諧一致」，石里克對他所說的「表達」做了如下詮釋：「如果你認為命題能够像我們談論對象和表達事實那樣談論或表達邏輯結構，那麼你就嚴重地誤解了我們的陳述。嚴格地說，我們關於綠色樹葉所作出的任何陳述都沒有表達綠色的內在結構〔邏輯結構〕，但它們以某種方式揭示（reveal）了它，或者用維根斯坦的話說，它們顯示（zeigen, show forth）了它。「綠色」的結構顯示於我們使用「綠

不可談及，不可表達」❷，「每種傳達都總是結構而非其他東西的傳達」❷。而且內容的表達或傳達的這種不可能性是一種邏輯的不可能性，是內容的本質和表達的本質使然，而並非人類的表達或傳達能力的局限性所致。

> 表達就是要將內容排除於考慮之外。原物借以與它的所有可能的圖像、複製或表示區別開來的東西是它的內容。如果我們要使用過時的哲學術語來表示它的話，那麼我們不妨將它比作經院哲學家們的「haecceitas」〔即「thisness」，個體性，「此」性，殊性〕或者將它稱為「principum ind-ividuationis」（個體化原理）。一個圖像〔即表達〕如果不是原物本身，那麼它就不能具有與之相同的內容……，而如果它是原物本身，它也就不再是它的表達了。❷

因此，石里克認為，當他斷言內容不可表達時，他只是說出了一個盡人皆知的「自明之理」（truism）或者說「同語反覆式」（tautology），他實際上並沒有斷言什麼，也沒有傳達任何知識。

> 我只是試圖與你在使用我們的詞項（特別是「內容」這個

色」一詞的各種各樣的可能性之中，它被它的語法所揭示了。一個語言當然不表達它自己的語法，但它顯示自身於該語言的使用中。」(*Philosophical Papers,* Vol.II. pp. 294-295)

❷ 同❾，p. 299.
❷ 同❽，p. 153.
❷ 同❾，p. 301.

成問題的詞項本身)的方式上達成一致。如果你願意的話，我們可以說這只是個定義問題。不可表達性並不是內容的一個偶然的屬性，只是在我們熟悉了它有一段時間後才發現它具有它，實際上，如果我們不知道這個屬性恰恰屬於它的本性，那麼我們根本就不能熟悉它。❸⓪

正因為內容本質上說是不可表達的，當我們

談及內容的表達時，我們便陷入了自相矛盾之中，正如想演奏沒有聲音的音樂或描繪沒有顏料的油畫的人一樣。我們之所以不能做這些事情並不是因為它們太困難了，超出了我們人類的能力，而是因為根本就沒有這樣的東西。我們借以談論它們的那些語句沒有意義，正如談論什麼「圓的方」沒有意義一樣。❸①

由於內容不可表達、不可傳達，只有結構（形式）才可表達、才可傳達，但另一方面，我們人類彼此之間事實上又能相互理解，互相知道對方所要表達或傳達的意義，因此石里克斷言：意義、理解只與結構有關，而與內容無涉。

我們的語詞的意義被完全包含在了直觀內容的結構之中。❸②

即使在人們的心靈的內容之間沒有任何相似之處，他們也

---

❸⓪　同❾，p. 300.
❸①　同❾，p. 302.
❸②　同❾，p. 322.

能完全相互理解，我們斷言：理解和意義完全獨立於內容，與它沒有任何關係。[33]

正因如此，我們也就不能絕對地說盲人不能理解我們關於有色事物的表達或傳達了。實際上，只要盲人能夠建立起與顏色系統所具有的結構相同的結構，那麼我們就可以說他理解了它們。比如，他可以設想在他的一個直覺空間中有一個這樣的框架（framework）：對他來說，這個框架的每一個位置都代表一個特定的色度，因此所有這些位置的多樣性（multiplicity）將恰好對應於顏色系統的多樣性。通過這樣的方式他便能發現每個顏色命題的意義了。誠然，一般說來，盲人是不能建立起這樣的結構的，因而通常我們的確可以說盲人不能理解關於顏色的命題，但借此我們只是斷言了某些結構沒有出現在他們的經驗之中，而並沒有說他們不能獲得顏色命題所「傳達」給我們的那種內容。事實上，一個關於某種顏色的命題向盲人所傳達的東西和它向正常人所傳達的東西是一樣的，即只是結構：它是具有某種結構的東西或者它屬於某個內在關係的系統。「關於一個有色對象的描述並沒有向任何人傳達內容，不管是盲人還是看得見東西的人」[34]。

　　在石里克看來，雖然任何表達（命題）都只是結構之事，它們能夠向人們傳達的只是事實的結構，但它們卻能在理解了它們的人那裡引起（anregen, arouse）或喚起（hervorrufen, evoke）內容意識，促使他們為它們傳達給他們的結構填充上豐富多彩的內容。比如，就顏色命題而言，視力正常的人和盲人就

[33]　同[9]，p. 298.
[34]　同[9]，p. 296.

會給其填充上完全不同的內容: 前者會給其填充上他們通過視覺經驗而獲得的內容; 而後者則只能給其填充上他們通過其他的感覺而獲得的內容。

關於表達（或傳達）存在著這樣一種廣爲流傳的觀點, 卽認爲詩歌、藝術（音樂、繪畫、雕塑、戲劇）和宗教（甚至還有精神科學, 如歷史等）具有無比高超的表達能力, 它們能表達通過一般的途徑所無法表達的東西, 特別是體驗內容。對此石里克反駁道: 他上面關於表達（或傳達）的看法是普遍適用的, 沒有任何限制, 不僅適用於日常的說話方式和自然科學, 而且適用於詩歌、藝術、宗教和所有精神科學。這也就是說, 卽使通過詩歌、藝術、宗教和所謂的精神科學我們 也不能將內容表 達或傳達出來。

> 我們的所有陳述, 從最爲普通的日常話語到最爲複雜的科學斷言, 都只是反映了世界的形式關係, 而絕對沒有任何體驗的性質進入它們之中。儘管這聽起來有些荒謬, 但它確確實實是真的。㉟

> 卽使對於藝術、宗教、倫理學和美學等等而言, ㊱

這也沒有例外 「因爲如果某物不能言說, 那麼它也就不能以任何方式被言說」㊲。比如, 當一個詩人說,「碧綠的草原」或「蔚

㉟　Moritz Schlick, 'Erleben, Erkennen, Metaphysik', in *Kant-Studien* 31 (1926), p. 149.

㊱㊲　同⑧, p. 165.

藍的天空」時，這裡出現的「綠」、「藍」等語詞眞正說來並沒有表達或傳達他看到那片草原或天空時所體驗到的東西，而只是表達了一種形式關係，借此所有被稱爲「綠」或「藍」的對象都被聯繫在了一起。換言之，「綠」和「藍」卽使在這裡也只是表達了綠色、藍色與其他顏色之間的內在關係，卽它們的結構。因此，「綠」和「藍」在詩人那裡的意義絕不比在物理學家那裡的意義更爲豐富，相反，倒更爲貧乏。同樣，當其他表面上看來似乎只是代表內容的語詞，如聲音、感受、歡樂、悲傷等，出現在詩歌、藝術、宗教和所謂的精神科學中時，和它們出現在其他場合下（日常話語和自然科學）一樣，也只是表達了（內容的）結構（形式）。因此，我們可以說：「如果我們在我們的語言中談到了任何性質〔卽內容〕，那麼借此我們只能建立起與下述事實有關的東西，卽這些性質被安排在了一個特定的系統中」❸。當然，石里克也不否認詩歌、藝術、宗教和某些精神科學的確具有一種獨特而偉大的魅力。但是，在他看來，它們之能具有這種魅力並不是因爲它們具有什麼神奇的表達能力，能表達內容，而是因爲它們所採取的獨特的表達形式能在我們的心靈中產生強烈的震顫，能引起我們的強烈的共鳴，換言之，它們能喚起我們的強烈的情緒體驗，卽內容意識。而正是這一點將詩歌、藝術、宗教等與科學根本區別開來了。科學的表達形式最終雖然也能引起我們的內容意識，促使我們爲其塡充上體驗內容，但這種體驗內容與詩歌、藝術和宗教等在我們的心靈中喚起的體驗內容是根本有別的，後者要強烈、深沉、凝重得多。而且根本說來，科學的最終

---

❸　同❽，p. 141.

目的並不是引起人們的內容意識，而是爲了獲得知識，爲了通過結構的傳達而完善地表達實際的事實；相反，詩歌、藝術和宗教的最終目的則恰恰是「引起並喚起體驗，從某些方向上充實體驗之域」[39]，而表達不過是達到這個目的的手段而已。

這裡，也許有的讀者會提出如下質疑：既然內容從本質上說就是不可表達、不可言傳的，那麼石里克自己爲何還對它們一直陳說不已呢？對此石里克回答道：他是不得已而爲之。實際上，我們最好不談論內容，甚至連「內容」一詞都不去使用。但爲了使讀者認識到內容的不可言傳性，他又不得不強不說以爲說，因爲只有這樣才能使讀者看清事情的原貌，並幫助他們找到通往「希望之鄉」的正確道路。他告誡讀者：不要把他的那些

> 包含有「內容」一詞的句子看作是關於某個叫作「內容」的東西的命題，而要把它們看作是更為複雜的句子的縮寫，在其中這個語詞不再出現了。[40]

形式和內容的區分是石里克哲學中最爲獨特、最爲有趣的部分，它在他的整個哲學中占有一個非常重要的地位，是貫穿其整個哲學的主線。他甚至於認爲傳統哲學中的幾乎所有問題都可借助於這個區分而得到最終的解決或消解 (dissolution)。

> 我們關於哲學問題的解答所要說的一切肯定的東西都是以這個區分為基礎的。[41]

---

[39] 同[35]，p. 150.
[40] 同[9]，p. 307.
[41] 同[8]，p. 148.

這個區分所模模糊糊地指示出的東西對於哲學的根本重要
性無論怎麼強調也不過份。如果我們時刻記住「不可表達
的東西是不可表達的，即使哲學家也不能將它們表達出來」
這個道理，那麼我們就能避免傳統哲學中的一切典型的錯
誤。❷

具體說來，內容和形式的區分在石里克哲學中起到了如下作用:
首先，以這個區分為基礎石里克提出了「所有知識都是關於純形
式的」這個對他的整個哲學而言 具有至關重要意義的論斷；其
次，借助於這個區分他進一步論證了他以前就已經作出的認識和
理會（體驗）的區分；再次，借助於形式和內容、認識和理會
的雙重區分石里克對形而上學概念、命題和問題的「無意義性」
(Unsinnigkeit) 進行了深入而細致的論證和剖析；最後，借
助於這兩個區分他雄辯地證明了精神科學（文化科學）與自然科
學本質上的統一性，從而為維也納學派的「統一科學綱領」奠定
了堅實的基礎。

3.所有知識都是關於純形式的

從上面的介紹和分析我們看到，所有的知識都是表達，而所
有的表達又都只是結構（形式）之事而非內容之事，因此我們可
以說：「所有知識按其本性就是關於形式和關係的知識，除此而
外別無其他種類的知識」❸，「認識從本性上說就是針對於純形
式的」❹。這也就是說，只有形式（結構）才是可以認識的，而

❷　同❾，p. 291.
❸　同❸，p. 151.
❹　同❸，p. 150.

內容是不可認識的 。「談論什麼關於自然的內容的知識是自相矛盾的，這樣的短語毫無意義可言」⑮，「……認識實在的內容是不可能的，這一點構成了我們的分析的知識概念的本質部分」⑯。

石里克認爲十九世紀末到二十世紀二三十年代的科學進展充分地證實了他的上述斷言的正確性。在他看來，此間日臻完善的理論物理學構成了人類知識的最爲高級、最爲完善的形式；因而在考察知識的本性和科學的特徵時我們最好把它作爲例證來加以分析。（儘管純數學具有絕對的確實性和嚴格性，但實際說來，

> 它沒有包含任何真正的知識。它不是科學，而是科學的工具，科學家們用它來表達科學的真理並恰當地表示出它們之間的聯繫。它自身並不表達什麼東西，而是等值的表達式之間相互轉換的純分析性的方法或技巧。⑰

因此，石里克認爲，在考察知識的本性和科學的特徵時我們不能將純數學作爲範例加以分析。）

理論物理學作爲一個完成的知識系統是由不定數目的被稱作自然律的命題組成的。這些命題彼此被邏輯地聯繫在了一起，它們中的每一個都可以從某些其他的命題中推導出來。理論上說，我們總能夠從它們之中選出這樣一組命題，從它們我們便可將該系統的所有其他命題推導出來。這組作爲推導前提的自然律被稱作公理。公理的選擇在某種程度上講是任意的，我們可以把任一

---

⑮　同❾，p. 336.
⑯　同❽，p. 164.
⑰　同❾，p. 327.

組命題（自然律）作為公理看待，只要從其中可以推演出該系統的所有其他命題（自然律）即可。因此也就存在著對於該系統的多種不同的表述形式。在這些不同的表述形式之間並不存在什麼本質上的差異，因為它們都是對世界中的相同的事實的表達。在選擇公理時我們只需考慮到系統的簡單、經濟、優雅就可以了。一般情況下，我們應使作為公理的命題盡可能地簡單，應使公理的數目盡可能地少。

另外，關於理論物理學還有一點需特別加以注意，這就是：它不僅表現為公理系統，而且還表現為形式化的公理系統。理論物理學家的工作完全是用筆和紙完成的，他們所做的一切演算都只是將數學規則運用於純粹符號之上。只要他只是在進行演算，也即在考慮該系統內的命題之間的邏輯推演關係，那麼他就不必去考慮他的符號的意義。對於他的演算來說，符號究竟意味著什麼一點也不重要，他只要求它們要滿足該系統的公理，換言之，只要求它們滿足關於它們的某些數學方程。除此而外的一切對於理論物理學的公理系統來說都是不必要的。因此，該系統中的語句和公式嚴格說來根本就不能被稱為命題，而應被稱為命題函項，它們只是空洞的形式，只有當我們將某種確定的意義賦予給了組成它們的符號時，它們才能成為真正的命題。還沒有被賦予以意義的符號通常被稱為變項。形式化的理論物理學的公理系統可以說斬斷了與實在的所有聯繫，它是沒有任何內容的純粹的結構。

這樣的純粹演繹系統通常被稱作「假設—演繹系統」（the hypothetical-deductive system）。由於它是純形式的，因而不能直接應用於實際。為了將其應用於實際，我們就必須對其加

以解釋。所謂解釋就是指找到這樣一組個體，它們能滿足該假設
─演繹系統。顯然，對每一個假設─演繹系統我們都可以找到許
多組能滿足它的公理的個體。所有這些組個體只在下述一點上是
共同的：它們都具有該系統諸公理所表達的那些性質，而在所
有其他性質上彼此盡可以是完全不同的：一組可能是由顏色構成
的，另一組可能是由空間的點構成的，等等。

石里克認爲，任何科學當它發展到一定程度時都必然具有像
理論物理學那樣的假設─演繹系統的形式。這說明他的「所有的
知識都是關於純形式的」斷言是正確的。但對他的這個斷言人們
大多會心存疑慮，甚至會起而攻之的，因爲乍一看來它與通常人
們關於知識的理解不甚吻合。下面我們就看一看石里克是如何反
駁人們對於他的知識斷言的諸多懷疑和批評的。

(1) 一般說來，知識都必是和實在相關的，都與我們的經驗
密切相關，都在我們的實際的生活中有其應用。這樣看來，知識
不可能只與形式有關，作爲空洞的框架的假設─演繹系統必須被
加以解釋並且最終需被塡充以內容。這也就是說，內容必進入科
學之中，它應在我們的知識系統也卽科學中占有一個不可動搖的
重要地位。

對這個反對意見，石里克回答道：作爲空洞的框架的假設─
演繹系統要想成爲包含有眞正的知識的科學當然還必須被加以解
釋並最終需被塡充以內容。在實際的科學研究中，這種內容的塡
充是由經驗觀察而完成的。但問題是，我們在對假設─演繹系統
做解釋時並非就將內容倂入其中了：經過解釋而具有了意義的符
號並非就因此而指稱了內容；經過解釋的命題函項 ── 這時它們
變成爲眞正的命題 ── 並非眞的就內容而說了些什麼。符號和命

題的意義始終只與形式（結構）有關，而與內容無涉。而且最後
在通過經驗觀察而給經過解釋了的假設—演繹系統填充內容時，
我們也並沒有因之就將內容眞的引進於其中了。因爲畢竟每個觀
察者都只能給經過解釋了的假設—演繹系統的符號和命題傳達給
他的結構填充上他自己的獨特的（經驗）內容。我們旣不能說所
有的觀察者都具有相同的內容，也不能說他們都不具有相同的內
容，這倒不是因爲我們的無知，而是因爲這兩種說法都沒有意
義。

　　所有不同的個人都相互傳達結構形式、圖式 (the patte-
　　rns)。關於這些東西他們能達成共識。但是每個人都必須
　　獨自發現它們對於世界的可應用性，每個人都必須參考自
　　己的經驗，並借此……給結構填充上內容，……。而關於
　　這個不可言說的內容，他們旣不能彼此一致也不能彼此不
　　一致。❹

這說明各個不同的觀察者給經過解釋的假設—演繹系統填充上的
內容不可能是主體間的 (intersubjective)。由於科學的一切成
分都必須是主體間的，甚至可以說是客觀的，因此我們給科學
系統填充上的內容眞正說來不應算作科學之內的東西。簡言之，
「內容不進入科學中」❹這也就是說，科學只能是有關純形式、
純結構的知識。石里克認爲這並不是因爲我們的科學知識還不夠
完善的緣故，而是知識的本質使然：「它本質上講就是結構之事，

---

❹❹❺　同❾，p. 334.

追求內容的人實際上並不是在追求知識而是在追求與知識完全不同的東西」❻。

（2）石里克的「所有知識都是有關純形式的」斷言還會引起這樣的反對意見：僅僅給出了一個事物的結構（形式）並非就意味著已達到了對於該事物的眞正本性的認識，至此我們的認識還遠未完成，還有待進一步完善。但石里克認爲不然。在他看來，對於事物的結構的認識也就等於對於事物的眞正本性的認識，從認識角度看，結構和事物的眞正本性是一樣的，兩者間沒有任何區別。

> 如果你在研究引力的本性，那麼愛因斯坦的方程式便對你關於引力而可能提出的任何問題作出了解答──你當然不能期待比這更多的東西，你不能指望人們會對你提出的不可能的、無意義的問題作出解答。針對於引力的「內在」本性──它不同於愛因斯坦方程式（它們當然是純粹形式的）所揭示的那些性質──而提出的任何問題都是無意義的。所謂事物的「內在」本性和「外在」本性的區別沒有任何意義。「電的本性」的最好的表達就是理論物理學家的方程式……。❺

（3）對石里克的「所有知識都只是關於純形式的」斷言的另一種反對意見是這樣的：如果我們將理論物理學那樣的純形式的假設─演繹系統作爲科學知識的典範，那麼這說明我們只考慮到

---

❺　同❾，p. 335.

了我們的經驗（世界）的數量方面，而完全忽視了它的性質方面。對此石里克反駁道：在自然界或者我們的經驗之中，根本不存在所謂的數量方面和性質方面的區分，在其中只存在性質（及性質關係），它們是唯一的實在。「存在和作爲性質（Qualitäts-ein）是一回事」[52]，而「數量只是一種抽象」[53]。這種抽象之所以可能（卽我們的計數之所以可能）則只是因爲如下事實：在構成經驗或世界的無窮的性質之間存在著各種各樣的類似性，而這些類似性總是一再地重複出現。因此，「數量的」（quant-itative）這個形容詞嚴格說來只適用於一種方法，卽所謂的「數量方法」(the quantitative method)（它的特徵是通過數來表示邏輯結構，無論是從理論上說還是從實踐上說，它都是極好的認識方法），而並不適用於世界或經驗本身。正因如此，我們也就不能說科學只是「選出」了事物的「數量方面」，而完全忽視了它們的性質方面，好像它們不存在一樣。石里克認爲，人們之所以認爲科學忽視了性質，僅僅是因爲如下事實：科學家們常常能成功地發現與他們所研究的性質關係（卽非度量的關係）相對應的時空結構，而時空結構總是能夠很容易地加以數量化（quantification），卽通過數加以表示。

在反駁了對於他的知識觀的上述種種反對意見之後，石里克進一步指出：當他說知識僅僅與形式有關時，他並非意在限制我們的認識領域，這裡的「僅僅」（或「只」）一詞並不具有它通常所具有的那種限制性意義，他之所以使用它只是爲了將他的知識觀與某些其他流行的知識觀相對照而已。因此，下述似乎是他

---

[52][53] 同[3]，p. 259.

的知識觀的自然而然的結論的論斷，實際上極爲嚴重地誤解了他的思想：在世界中存在著兩個領域，一個是形式之域，一個是內容之域，我們的認識能力只能認識前者，而無力滲透到後者之中，我們只能可憐巴巴地站在它的門前「望洋興嘆」。此外，還存在著另一種對石里克的知識觀的更爲嚴重的誤解，這就是：認爲內容之域的大門對於人類的心靈並非永遠是封閉著的、永遠不可開啓的，實際上，詩歌、藝術、宗教和形而上學中的每一種都握有打開它的鑰匙。科學之所以被拒之於門外了，完全是因爲它探取了不適當的方法的緣故。這種方法儘管在發現事物的外部結構方面功勛卓著，但當人們企圖用它去認識事物的內在的內容時，它就顯得力不從心了。顯然，上述觀點與石里克的思想是絕對不相容的，因爲：其一，石里克雖然在理論上作出了形式和內容的區分，但他認爲，在實際的世界中，

並不存在兩個這樣的領域，一個是形式之域，一個是內容之域，在它們之間並沒有什麼將它們彼此分離開來的壁障，因而也就沒有什麼門。只有一個世界，那就是我們始終都在「體驗著」（erleben, enjoy）的這個世界。但只有在我們表達了它的結構或次序（不管是爲了它自己的緣故，如在純科學中；還是爲了實際的或美學的目的，如在日常生活中）的範圍內我們才認識了它，因爲被我們稱爲認識的東西恰恰就是這種次序的表達。⑭

---

⑭ 同❾, p. 341.

其二，正如我們前面所看到的，根據石里克的觀點，無論採取何種方式我們都不能將內容表達出來、傳達出來，在這方面即使詩歌、藝術、宗教也無能爲力。在這裡求助於形而上學也無濟於事，它也同樣不能將內容表達或傳達出來（關於此後面將有詳述）。由於認識即表達，所以詩歌、藝術、宗教和形而上學也不能認識內容。石里克認爲，人們之所以認爲它們能認識內容完全是因爲他們混淆了兩種根本不同的東西，即認識和理會（體驗）。

(六)認識和理會

從上面的論述我們看到，只有形式（結構）才可表達、才可認識，而內容不可表達、不可認識。但另一方面，我們似乎又與實在的內容（即事物或事實的當下的本然狀態、特別是我們自己的意識內容）有著最爲親密、最爲直接的關係，可以說它們直接呈現給了我們。石里克將一個主體與內容間所具有的這種獨特的關係稱爲「理會」（kennen）。通過「理會」主體便與內容溶爲一體了，他內在地體驗（erleben）了它們。那麼我們能不能因此就說他通過理會而「認識」(erkennen) 了它們呢？換言之，理會是不是就是一種認識呢？對此石里克給予了斷然的否定回答。在他看來，理會與認識是全然不同的，因爲所謂認識就是再認識、再發現，也即將一個歸約爲另一個，在一個中發現另一個，因此它就必然是一種兩項關係，必然包含著兩個成分，即被認識的東西和被認作的東西。但理會正好與此相反，通過理會主體與內容達到了溶合爲一的狀態，在其中我們再也找不出什麼兩項關係了，而只有一種體驗境界。如果說認識是一種排序和配置的話，那麼理會則是被排列和被配置的材料。換言之，認識是一種建立

什麼或解釋什麼的過程，而理會則只是內容的單純呈現。儘管這
種呈現可以說構成了一切認識活動的前提和最終的基礎，但我們
不能因此就說它本身就是認識。比如，當我仰望藍天時，可以說
我在體驗著藍色，我的心靈被它完全「占有」了，我和它溶而爲
一了。但我們不能因此就說，通過這種單純的意識狀態即理會我
們便認識了什麼是藍。實際上，即使僅僅爲了給我正在看的顏色
以一個名字，我就已經不得不超出單純的理會，不得不將這個顏
色再次認識爲我曾經被告知叫作「藍色」的那個特殊的顏色，而
這顯然就涉及到比較或關聯行爲，其結果便是我們一般所謂的眞
正知識：「這是藍色」。除此而外，我們還可以從認識和理會所要達
到的目標上將它們區別開來：認識的目的是在雜多的事物中找到
我們的位置，並預測它們的行爲。顯然，這只有通過揭示事物的
次序，也即通過在世界的結構之中給每一個事物都指定一個適當
的位置的方式才能達到。但理會的最終目標則是達到與事物溶合
爲一的體驗境界，因而也就是生活本身。最後，由於理會的對象
是內容，而內容是不可表達的，因而它也必是不可表達的，而認
識的本質如我們上面所說恰恰在於表達。由此看來，認識和理會
是截然有別的，我們絕對不可將它們混同起來。但不幸的是，哲
學史中卻充滿了這樣的混淆，毫不誇張地說，很大一部分哲學論
爭就是建立在這樣的混淆基礎之上的。所謂「直觀（或直覺）知
識觀」便是這種混淆的範例。

「Intuition」（直觀或直覺）一詞來自於拉丁文「intueri」，
其原本的意義就是「觀看」（anschauen），因而與其相對應的德
文詞是「Anschauung」。就其哲學意義而言，在歷史上不同的哲
學家給出了不盡相同的界說：在笛卡爾（René Descartes, 1596-

1650）那裡，它是指發現作為推理起點的、無可懷疑而清晰明白的概念的理智能力；在斯賓諾莎（Benedict Spinoza, 1632-1677）那裡，它是指高於推理並完成推理知識的理智能力，通過它人類才能認識無限的實體或自然界的本質；而萊布尼茨則將其規定為人類認識自明的理性真理的能力，等等。石里克原則上不反對哲學家們在上述意義上使用「直觀」一語，但他認為我們最好在與它的原本意義最為接近的意義上使用它；也即將它界定為：內容（特別是意識材料）的單純呈現，或者說單純意識、直接意識。這樣，直觀便與他所謂的理會聯繫起來了，通過直觀我們理會了對象。因此直觀即是理會。由於理會不同於認識，所以直觀也就與認識有著根本的區別。

> 通過直觀，一個事物只是被給予了我們，但它並沒有因之而得到領會（apprehended）。直觀只是一種體驗，而認識則是某種不同的東西，它包含著比這更多的東西。直觀的知識——即這樣的知識，它同時又是直觀——是一種語詞矛盾。⑤

但是，哲學史上有許多哲學家卻斷言：直觀就是認識，而且它還是最為高級、最為完善的認識。因此，為了達到對事物的完全徹底的認識，即真正的認識，我們最終需對其加以直觀的把握（即理會）。這樣，直觀也就成了認識的最終目標，而人們通常所說的認識則只是為了達到這個目標而不得不進行的一種準備工

---

⑤ Moritz Schlick, 'Is There Intuitive Knowledge?' in *Philosophical Papers*, Vol.I. p. 146.

作，　或者在我們最終獲得直觀的知識之前而不得不採用的代用品。在哲學史上，中世紀的神秘主義者以最爲極端的形式表達了這種觀點。他們斷言；只有在我們與一個對象溶合爲一的情況下我們才能獲得關於它的完善的知識。關於上帝更其如此：只有在我們通過無限的愛心而與上帝溶爲一體的情況下我們才眞正地認識了他。在近、現代哲學家中，叔本華、柏格森和胡塞爾等人都堅定地堅持著這種知識觀，其中最爲突出的當屬後二者。在柏格森看來，科學所使用的那種數量的數學方法是不適合於認識事物的本質，尤其是意識內容的本質的，它只能提供表面的、甚至是虛假的知識。因爲它首先必須將實際的事物翻譯爲數學的數量語言，將它們用數字符號化地表示出來，因此它絕不能把握它們的眞正本性。只有直觀（直覺）才能做到這一點，因此只有它才是哲學和形而上學的正當方法。「哲學就在於借助於直觀將自己擺在對象本身之中」❺❻。和柏格森一樣，胡塞爾也認爲只有直觀——他將其稱爲「本質直觀」（Wesensschau）——才能認識事物的本質，而科學所採用的數量的數學方法是不能勝任這個任務的。

　　在哲學回到了其終極源泉的範圍內，它也就恰恰具有這樣的本質：它的科學工作是在直接的直觀範圍內進行的。因此，我們的時代不得不採取的最偉大的步驟就是要認識到下述之點，即正確意義上的哲學直觀的使用，對於本質的現象學把握，向我們開啓了一個無窮無盡的工作領域，它們使這樣的一門科學成爲可能：它不使用一切間接的符號

---

❺❻　Henri Bergson, *An Introduction to Metaphysics*, p. 37.

方法和數學方法，在其中沒有前提和結論這樣的設置，但卻仍然能夠獲得大量的最為嚴格、而且對於進一步的哲學研究來說具有決定意義的結論。(57)

胡塞爾的直觀知識論還特別明顯地表達在他的下面一段話中。

全部的事情都取決於人們能自己看到並完全獨立地發現下述真理：正如我們能直接地聽到聲音一樣，我們也能直觀到「本質」——本質的「聲音」，本質的「事物的外表」，本質的「幻象」，本質的「圖畫表示」，本質的「判斷」或「意志」，等等，而且在直觀中我們能作出一個本質的判斷。(58)

胡塞爾認爲，依照這樣的直觀方法，我們便可以建立起哲學家們一直夢寐以求而又始終未果的「作爲嚴格科學的哲學」了。

石里克將這種以對認識和直觀的混同爲基礎的直觀知識觀蔑稱爲「神秘的知識觀」(the mystical conception of knowledge)。實際上，直觀（理會、體驗）不僅不是什麼最爲完善的認識，而且它甚至連認識也不是。例如，當一個化學家要認識水的性質時，他當然不會採取所謂的直觀方法，設法將自己與水「合而爲一」，而只會「從它外面」對它做一系列的物理的和化學的測試。而如果我們眞的與水溶合爲一了，變成了水，那麼我

(57) Edmund Husserl, *Phenomenology and the Crisis of Philosophy*, p. 147.

(58) *Ibid*. p. 115.

們也不會因之而就認識了它，實際上，這時我們根本就不能談論什麼「認識」了。再如，如果直觀（理會、體驗）眞的是最爲完善的認識，那麼我們也就應該具有關於意識材料（或過程）的最爲完善的知識了，因爲毫無疑問對於它們我們是有著最爲切近的直觀（理會、體驗）的。但事實當然不是這樣。可以說，迄今爲止，我們了解的最少、認識的最不完善的領域大概就屬人的意識材料或意識過程了。以意識材料（或過程）爲研究對象的科學卽心理學

　　是最不完善的科學之一，因爲認識自己或者說意識的規律似乎是非常困難的。爲此我們需要實驗、觀察、比較等科學方法，而單純的直觀，如果它能夠做些什麼的話，也只是提供了需加以認識的材料，而絕對沒有提供關於它們的知識。❺⁹

總而言之，通過直觀我們是不能獲得任何知識的，「它不僅不是嚴格科學的方法，而且根本就不是科學的方法」❻⁰。

二、真理的本質

　　從上面我們看到，每一種知識都必然表現爲一個判斷（命題），但並非每一個判斷都必然表達了一種正確的認識，都是眞

---

❺⁹　同❾，p. 321.
❻⁰　同❺❺，p. 144.

正的知識。爲了成爲眞正的知識，它還必須是眞的，只有眞的判斷才有可能成爲知識。那麼，何謂「眞」？對此哲學家們給出了種種不同的解說，下面我們就看一下石里克是如何評判它們的。

(一)諸眞理觀批判

1.自明說

按照這種理論，眞理就在於一種內在自明性感受 (the fee-ling of inner evidence)。每當我們經過深思熟慮而作出一個判斷並判定其爲眞時，我們都會內在地直接體驗到這種感受；而每當我們作出了一個假判斷時，我們就一定不會有這種內在自明性感受。因此，眞假命題之間的區別僅僅在於這種只與判斷行爲聯繫在一起的內在自明性之存在與否。在石里克看來，這種將眞理等同於一種直接經驗、將內在自明性當作它的唯一標誌的觀點是極端錯誤的，因爲很明顯，即使在作出假判斷時我們有時也會體驗到這種內在自明性。經驗告訴我們，所謂的內在自明性感覺出現與否要取決於一系列心理因素，而這些心理因素必是個別的、時間性的，我們不能絕對地控制它們。因此，同一個判斷在一種場合下作出時，我們可能體驗到了這種內在自明性，而在另一種場合下作出時，我們並沒有體驗到它。另外，相關於同一個判斷，一個人在作出它時可能會體驗到內在自明性，而另一個人在作出它時卻沒有體驗到什麼自明性。這樣，同一個判斷也就既眞又假了。這當然是自明說堅持者所不願看到的結果，因此他們力圖對他們的理論作出「補充完善」。他們斷言：當出現上述情況時，人們所謂的內在自明性並不是眞正的內在自明性，而只是

「沒有自明性的確信」(assurance without evidence)。但是，細究起來，我們就會發現，這個斷言實際上是不能成立的。因為或者所謂的眞正的自明性體驗與假的自明性體驗（卽沒有自明性的確信）本質上有別，這樣我們也就不會輕易地將兩者混淆起來了，自明性幻覺也就不會出現，因此我們也就否認了我們欲用這個區分加以解釋的事實的存在；或者在這兩種體驗之間不存在任何明顯可見的差別，只有通過事後的研究我們才能確定我們具有的是有自明性的確信還是沒有自明性的確信。這樣，實際上我們也就承認了如下事實：根本就不能在自明性體驗中尋求眞理的標準，而只能到其他的經驗，卽事後的研究所確定的那種經驗中去尋求它。── 無論如何，自明性體驗是不能再次被當作眞理的標準的，若不然我們就陷入了循環論證的困境之中。由此看來，上述兩種可供選擇的可能都導致了與自明說相抵觸的結果。這說明有自明性的確信和沒有自明性的確信之間的概念區別只是一種人為的構造，是人們為了「捍衞」眞理的自明說而特別地設計出來的。但上面的論證說明它並沒有起到這種作用。

以往的哲學家們一般都喜歡用「自明性」來解釋「公理」的有效性。在他們看來，公理之所以是絕對有效的，只是因為它們具有「直接的自明性」，換言之，它們「在自身之內」就包含了它們的眞理性的保證。但事實上，公理並不一定必須具有這樣的自明性，它們可以是非常複雜高深的。而且人們通常認為是自明的公理常常被證明並非如此（如歐氏幾何中的第五公設），因為要想深入地理解它們通常需要了解它們所包含的概念所處的各種各樣的關係，而這些關係往往是非常複雜的。

因此，我們必須放棄眞理的自明說，「眞」不能經由「自明

性」而加以界說。不過，石里克告誡我們，不要因此就認爲「內在自明性」與眞理毫無關係了。實際上，在某種特定的意義上，它在眞理的檢驗和決定中仍然占有著重要的地位，對此稍後再行論述。

2.獨立說

　　與上述將眞理定義爲一種不可分析的心理體驗的觀點相反，獨立說認爲眞理是獨立於所有判斷、所有人或其他生物的東西，我們雖然能通過認識對它們間或有所把握，但根本說來它們是獨立於我們的認識活動或精神過程的。與概念和判斷一樣，眞理也不是什麼現實的東西，而是一種理想的存在物，它們共同構成了獨立於我們人類以及人類所居處的事實世界的「理念之域」。歷史上，許多哲學家都堅持過這種觀點，胡塞爾則是現代哲學家中該學說的最強有力的捍衞者。

> 　　每一個真理本身……都如其所是的那樣存留著，它保持著它的理想的存在：它並非懸浮於虛空中的什麼地方，而是無時間性的理念之域中的有效性的一個事例。它屬於絕對有效的東西所構成的領域……。❻

　　石里克不同意關於眞理的上述解說。在他看來，與概念和判斷一樣，眞理是不能脫離於作爲認識主體的人的精神行爲（如判斷行爲、推理行爲）而獨立存在的，根本就不存在什麼獨立的

---

❻ Edmund Husserl, *Logische Untersuchungen*, Vol.I., p.130.

「理念之域」。

　　很明顯，即使對於哲學家來說，也只有構成了我們的知識之一部分的 那些真理，除此而外再也沒有其他種類的真理。真理概念只有作為構成我們的判斷的內容的命題的一種性質，作為我們所把握、所認識或所理解的東西 —— 或者無論我們怎麼表達這一點 —— 對於我們來說才有意義，而這種行為 —— 只有它才使我們得以接近真理 —— 就已經給它印上了我們所無法抹去的主觀痕跡。㉒

3.價值說

　　按照文德爾班和李凱爾特等人的觀點，真理就在於一種「應當」(the ought, das Sollen)。當我們說「一個判斷是真的」的時候，我們的意思不過是「我們應當下這個判斷」。

　　如果我們的判斷只接受我們在判斷的必然性中直接體驗到的那種應當的指導，那麼這同時也就是說對應當的承認將我們所謂的真理性給予了該判斷，……因此，具有價值並不是一個真判斷的派生的屬性，只是因為它是真的，人們才不得不將其歸屬給它。寧可說真理只有借助於判斷所不得不承認的特殊的價值才能得到規定……。㉓

㉒　Moritz Schlick, 'The Nature of Truth in Modern Logic', in *Philosophical Papers,* Vol.I. p. 59.

㉓　Heinrich Rickert, *Der Gegenstand der Erkenntnis.*, 2nd. ed., p. 116.

在石里克看來，這種將眞理等同於倫理學的「應當」的做法是極端不適當的。就李凱爾特的觀點而言，當他說「應當」是「在判斷的必然性中直接體驗到的」時，顯然它屬於直接的心理經驗的範圍，這樣我們前面對自明說的批判同樣適用於價值說；而當他說他所謂的「應當」同時也是絕對的、超驗的，它獨立於我們人類的一切活動和意向 ——「這裡所謂的獨立是指不管有沒有認識主體感受到了這種應當或承認了它，它都具有效力」[64]，並且構成了一個純客觀的認識主題的時候，他實際上在堅持著一種獨立說，這樣我們上面對獨立說的批判也適用於價值說。另外，石里克認爲，價值說實際上是以循環論證爲基礎的，因爲當我們說「只有我們應當作出的判斷才是眞的」的時候，我們所謂的「應當」實際上是指下述事實：我們在那個判斷中發現了一種價值。但這種價值恰恰就是我們通常稱爲眞的東西。因此，我們上面的斷言的眞正的意義就是「眞隸屬於眞的判斷」，價值說的維護者只是用「應當」一詞替換了「眞理」而已。

4. 實用主義的眞理觀

眞理在我們的生活和科學中有著無比強大的功效，它們能夠幫助我們達到我們所預期的目標。如果沒有眞理我們人類就無法存活下來。這也就是說，眞理對於我們人類而言是非常有用的，是我們須臾不可離開的東西。「有用」構成了眞理的一個顯著的特徵，凡是眞理都必是有用的。那麼，我們能不能反過來說凡是有用的皆是眞理、「有用」構成了眞理的唯一的本質特徵呢？對

---

[64] *Ibid*. p. 125.

此，實用主義者給出了肯定的答覆。實用主義的代表人物詹姆斯（William James, 1842-1910）說:

> 只要相信某個觀念會給我們的生活帶來好處，那麼它就是「真的」；(65)

> 真理是所有這樣的東西的名稱：相信它們會被證明是有益的，而且我們能夠為此而找到確定的理由。(66)

> 真觀念是我們能吸收（assimilate）、證明、確證和證實的觀念。假觀念是我們不能吸收、證明、確證和證實的觀念。這就是具有真觀念給我們所造成的實際上的差別，因而也就是真理的意義，因為人們就是這樣看待真理的。一個觀念的真並不是寓居於其內的一個穩固不變的屬性。真理發生在一個觀念之上。它是變成為真的，是某些事件使其成為真的。它的真實性（verity）實際上是一個事件，一個過程：也即它自己證實自己的過程，它使自己成為真的過程（veri-fication）。它的有效性（validity）也就是人們使它成為有效的過程（valid-ation）。(67)

這裡我們看到，詹姆斯是通過「證實」來解釋眞判斷的有效性的。而所謂「證實」在他看來就是我們所討論的判斷的「某些實際後果」，也卽它對於我們的行爲的促進作用，簡言之，卽其有用性。（由此可以看出，詹姆斯所謂的證實和科學中的證實是相

(65) William James, *Pragmatism*, p. 75.
(66) *Ibid.* p. 76.
(67) *Ibid.* p. 201.

去甚遠的。）

對這種眞理觀，石里克做了如下批判：其一，當然誰都不會否認所有眞判斷都是有用的，都必須以某種方式「證實」它們自己的效用，但我們能否反過來說，所有有用的判斷、所有「證實」了它們自己的判斷都是眞的呢？當然不能，因爲「有用」、「得到了證實」或「可以證實」的外延比「眞」的外延要寬泛得多，很多有用的、可以「證實」或得到了「證實」的判斷我們並不能稱其爲眞。其二，很多命題在一種情況下得到了「證實」，但在另一種情況下卻沒有得到「證實」。通常我們是這樣解釋這種現象的：或者說第一種情況下的「證實」是值得懷疑的，或者說我們所討論的判斷包含著「眞理的內核」。但實用主義者就只能簡單地接受下這個事實並宣稱同一個命題在一種情況下是眞的，在另一種情況下是假的。因此，對於他們來說，眞理是一個變動不定的東西，這顯然與我們通常關於眞理的理解相悖。其三，將一個判斷的眞性等同於它的效用或結果的做法最終必然導致目的論或唯意志論，因爲所謂效用、所謂結果就在於獲得某種目的，但人們究竟期望獲得什麼結果則取決於他們的價值觀、他們的意志。因此，實用主義的眞理觀是不能成立的。

5.符合說

符合說可以說是有關眞理本性的最爲古老、最爲自然的界說。按照這種理論，眞理就在於某種符合 (correspondence)。那麼這究竟是什麼與什麼的符合呢？哲學史上，有的哲學家將其規定爲思想與事物之間的符合，有的哲學家將其規定爲思想與其本身（卽理性規律）之間的符合。顯然，石里克是不會同意後一

種規定的，因爲它有悖於他所堅持的經驗主義原則。至於前一種
規定，石里克認爲它過於模糊，有待進一步說明。首先，我們需
弄清楚包含在其中的「事物」一詞究竟應該在什麼意義上加以理
解。有的哲學家將其理解爲「物自體」，有的將其理解爲通常所
說的對象、事物，有的將其理解爲經驗（或事實）。石里克認爲
只有最後一種理解才是正確的。其次，我們還應清楚地認識到，
只有判斷（或者命題、陳述）才可以是眞的或假的，而概念、表
象等無所謂眞假。因此，我們應將眞理規定爲「判斷（命題、陳
述）與事實（經驗）之間的符合」。但是，至此我們的眞理規定
還遠沒有達到完全令人滿意的程度，因爲我們還不知道「符合」
究竟是什麼意義上的符合。在我們的語言的日常用法中，「符合」
只是意味著「相同」。比如，當我們說兩種顏色、兩種意見等彼
此符合時，我們的意思只是：它們是相同的。顯然，出現在眞理
規定中的符合不能是這種意義上的符合，因爲判斷和它們所配置
的事實（經驗）是完全不同的（只有將思想與存在等同起來的形
而上學家才會對此提出質疑）。既然判斷與事實之間的符合不能
是彼此相同意義上的符合，那麼我們能否說它是在彼此相似意義
上的符合呢？石里克認爲我們也不能這樣說。因爲「相似」在這
裡只能意味著「部分相同」，因此爲了能夠說判斷與事實（經驗）
之間的符合是彼此相似意義上的符合，我們就必須在它們之間找
到某些共同的東西：　事實（經驗）的某些成分也出現在判斷之
中。但顯然這是不可能的，因爲出現在判斷中的概念當然不同於
它們所表示的實際的對象；而且甚至判斷所表達的概念之間的關
係也不同於事物之間的關係，因爲在後者之中總會出現時間性的
（很多情況下還是空間性的）要素，而概念關係則是非時間性、

非空間性的。比如，在「凳子在桌子的右邊」這個判斷中，凳子的概念當然沒有出現在桌子的概念的右邊，而是相反。旣然我們不能將出現在眞理規定中的「符合」解釋爲「相同」或「相似」，那麼我們該如何解釋它呢？下面我們就看一下石里克是如何回答這個問題的。

(二)眞理的本質:「眞在於單義的配置」

到目前爲止，關於眞理我們已經獲得了如下重要的認識：它只在於判斷與事實間的符合。現在留給我們的任務是如何進一步規定這種「符合」關係。

在石里克看來，由於判斷不過是我們配置給事實的一種記號，是我們用以表示事實的，因此對這種符合關係的進一步規定可以通過對判斷與事實之間所存在的那種配置關係（Zuordnungsbeziehung）或表示關係（Bezeichnungsbeziehung）的本質特徵的探討來完成。而對後者的探討又可以通過對一般的記號與被表示的東西之間的配置關係或表示關係的本質特徵的探討而進行。那麼，一般說來，配置關係或表示關係的本質特徵是什麼呢？顯然，一個記號爲了能起到表示它所欲表示的事物（事件）的作用，它必須滿足一個很重要的條件，這就是：在特定的情景下，它的所指應是唯一的，它不應同時表示若干個不同的對象，這也就是說，它必須是單義的（eindeutig）。由此，我們便可以將配置關係或表示關係的本質特徵規定爲它的單義性（Eindeutigkeit）。而這自然而然地也適用於判斷與事實（經驗）之間的配置關係或表示關係，它們也必須是單義的。由此我們可以進一步斷言：構成眞理的本質的那種符合就在於這種配置關係（表示

關係）的單義性。因此，眞理就在於單義的配置：「單義地表示了一個事實的判斷就是眞的」⓺。

　　既然「眞」在於「單義的配置」，那麼自然而然的推論便是：「假判斷就是這樣的判斷，它導致了配置的多義性（Mehrdeutigkeit der Zuordnung）」⓻。我們看一看下面這個判斷：「光線是由快速運動的粒子流構成的」。從物理學研究所提供給我們的事實中，我們很快就會發現這個判斷並沒有導致任何單義的配置。在這裡，同一個判斷被配置給了兩組不同的事實：一組是眞正涉及到快速運動的粒子的事實；另一組是有關光的傳播的事實。這樣便產生了多義性。因此這個判斷是假的。

　　由上面的介紹我們看到，在對眞理做正面規定時，石里克特別強調了配置的重要性，正因如此，他將自己的眞理規定稱爲「配置說」（Zuordnungstheorie）。

　　石里克認爲，配置說是普遍適用的，它不僅適用於通常所謂的事實眞理，而且也適用於理性眞理，如邏輯和數學眞理。比如，「A是A」之所以是眞的就是因爲在這個判斷中所進行的配置（A與A）是單義的。

　　對配置說，人們自然而然會提出如下反對意見：如果眞理只在於表示或配置的單義性，那麼爲什麼我們只能將其歸屬給判斷而不能將其歸屬給概念呢？對此石里克的答覆是：判斷雖然和概念一樣也是記號，但兩者有著本質的區別，如果說概念所表示的只是對象或對象間的關係的話，那麼判斷則表示了對象間關係的存在，即事實。因此，嚴格說來，判斷不僅僅是一種記號，在作

⓺　同❸，p. 55.
⓻　同❸，p. 57.

出判斷的同時我們總是在思想中實際作出了某種表示，實際進行了某種配置，而正是這種表示的實際作出、配置的實際進行才有所謂真假。因此，作為單純記號的概念無所謂真假。但另一方面，我們也應看到概念在真理規定中的重要作用：正是概念與對象間的配置的單義性才最終導致了判斷與事實間的配置的單義性，卽真理。對配置說的另一種反對意見是這樣的：關於假判斷我們根本就不能談論什麼多義性，因為並非是有很多事實與它們相配置，而是相反，根本就沒有它們所欲配置的事實。對此石里克回答道：當然不存在假判斷所欲配置的事實，「假判斷不『適合』任何現存的事實」[70]。但是，一個假判斷之為假的恰恰在於：儘管不存在它所欲配置的事實，但判斷者仍然企圖用它去表示或配置一個特定的事實。而如果人們允許了這個表示或配置，那麼就會出現我們上面所說的那種多義性，這樣用以保證單義性的配置規則也就遭到了破壞，混亂和矛盾也就應運而生了。從這種多義性中我們就可以看到，根本就不存在假判斷按規則能夠配置於其上的事實，因此我們完全有理由將這種多義性看作是一個判斷之為假的特徵。

石里克自認為他的真理定義的最大優點是它只使用了純粹的配置這樣一個最為簡單、最為一般的關係。但正是這個「優點」引來了人們的下述非議：配置說過於拘泥於形式了，因為對於真理而言只有被判斷對象間的實質性（sachlich）的關係才是最為重要的，判斷的作用便是對這種關係作出正確的描述。對於這種責難，石里克反駁道：「在我們的理論中實質性關係（Sachbez-

---

[70] 同❸，p. 58.

iehungen）得到了充分的重視」❼ 。因爲爲了建立起單義的配置，我們就需使同樣的記號總是對應於「同樣」的對象，而這只有在下述情況下才有可能，即我們區別開了每一個對象與所有其他的對象，並且每一次都將它作爲同一個對象而再次發現或認識出來。這就是說，配置是以再次發現爲基礎的，沒有對象的再次發現也就沒有配置。由於所謂再次發現不過就是對事物間的實質關聯的揭示，所以最終說來配置要以事物之間的實質關係爲基礎，沒有對實質關係的充分把握也就不會有配置。

現在，我們看一下以上述方式定義的眞理概念與知識之間的關係。毫無疑問，知識必然是眞的判斷（或由眞判斷組成的判斷系統），但我們能否反過來說所有的眞理，即所有的眞判斷都必然是知識呢？通常我們是這樣認爲的，因爲眞理既然是認識的最終結果，它必然就是知識。但石里克不這樣認爲，在他看來，眞理不一定就是知識。比如，假設一個物理學家發現了一種新射線，他將它稱作 Y-射線。這時，「那個物理學家發現的那條射線是 Y-射線」這個判斷當然是眞的，因爲它單義地表示了它所欲表示的事實。但我們卻不能說它意味著眞正的知識進步，因爲爲了表示這個新的對象，我們只是簡單地使用了一個新的語詞。如果我們簡單地將眞理與知識等同起來，那麼科學認識的任務也就再簡單不過了。我們只需爲每一個特殊的對象、每一個特殊的事實分別發明一個特殊的記號並注意不要給不同的對象、不同的事實配置上相同的記號即可。因爲以這樣的方式我們便單義地表示了世界上的所有事實，因此便獲得了關於世界中所有事實的眞

❼ 同❸，p. 63.

理。由此我們對於世界的認識似乎也就最終完成了。但事實當然不是這樣，借助於上述的方式我們根本就不能獲得任何關於事實的知識，而只能獲得一系列彼此完全獨立的真理，它們好似一系列完全離散的點，而並沒有構成任何互相關聯的系統。但是，恰恰只有在這樣的系統中認識才是可能的，因爲認識不過是一個在另一個中的再次發現，而再次發現就預設了一種不間斷的關聯。

　　知識要要比單純的真理多得多。真理只要求配置的單義性，對於它來說，爲此我們使用什麼樣的記號都無所謂；與此相反，知識則意味著通過完全特定的記號（卽這樣的記號，它們在其他地方已被使用過了）而完成的配置。[72]

(三)眞理的標準

　　石里克在眞理的本質和眞理的標準之間作出了明確的區分。前者是指由眞理的定義所規定的那些特徵的總和，而後者則是指我們藉以判定一個給定的判斷是否具有那些特徵的程序或方法。從上一節我們已經知道，眞理的本質只在於判斷與事實之間的配置的單義性。因此，我們可以說：眞理的標準就是這樣的程序或方法，借助於它我們便可以確定一個給定的判斷是否單義地表示了它所欲表示的事實。石里克認爲，科學早就爲我們提供了這樣的方法，這就是它常常使用的證實方法。在第二章我們已經知道了石里克是如何從意義標準角度論述這個方法的，現在我們著重看一下他又是如何從眞理標準角度論述它的。

---

[72] 同❸，p. 61.

石里克認為，作爲眞理標準的證實方法具有下面這樣的一般形式：假設給定了一個任意的有關實際的判斷U，現在我們要判定它是否是眞的。爲此，我們首先選擇這樣一個判斷 U'，從 U' 和U我們可以推論出 U_1。這個 U' 或者是一個有關實際的判斷，或者是一個定義，或者是一個純概念判斷（我們暫且假定它的眞實性已得到了絕對的確立）。現在，我們再選擇這樣一個判斷U"，從它和 U_1 可以推導出 U_2。至於 U"，也存在上述三種可能：它或者是一個有關實際的判斷，或者是一個定義，或者是一個純粹概念判斷。同樣，我們可以再選擇一個判斷 U"'，從它和 U_2 可以推導出 U_3，等等。照這樣的方式，我們可以將這種推導過程一再地進行下去，直到最後我們達到了這樣一個判斷 U_n：「在某某時間，在某某地點，在某某條件下，我們會觀察到或體驗到某某事情。」現在，我們通過某些特定的實驗手段和技術，在這個判斷所說的時間、地點和條件下進行實驗觀察和體驗，並且通過下述方式將我們的觀察和體驗的結果表達在一個知覺判斷W之中：以再認識行爲爲基礎將觀察和體驗到的結果歸屬在它們所屬的概念中並用慣常的名字對它們加以命名。如果W和 U_n 是相同的，那麼這就說明 U_n 得到了證實，並因此原來的判斷U也就得到了證實。因爲我們發現，儘管我們是以完全不同的方式將判斷與事實互相配置起來的，但在這兩種情況下同一個判斷卻表示了同一個事實，因此配置也就具有了單義性，由此而建立起來的判斷也就是眞的了。既然上面的判斷鏈之中的最後一項導致了單義的配置，卽眞理，因此我們就可以斷言：判斷鏈中的其他各項，特別是它的初始項U也必導致單義的配置。這也就是說，U也必是眞的，U因此而得到了最終的證實。在石里克看來，海王星的

發現過程爲我們提供了這種證實方法的應用實例。導致這個發現
的推理是由下面兩組前提爲基礎的：第一組由力學原理和牛頓定
律構成；第二組由一系列關於受到「干擾」的天王星軌道的判斷
（因而也就是關於觀察到的事實的判斷）組成。通過純粹的數學
變換，人們便可以從這些前提推論出，必有一個至今爲止還不知道
的引力在影響著天王星的運動。法國天文學家勒威耶（U. J. J.
Leverrier, 1811-1877）又進一步推測到：這個引力來自於圍
繞著太陽運轉的另一個行星，它位於天王星軌道的外圍。由此他
推出了這樣的結論：在某個時間，人們會在空間的某個位置發現
一個新的行星。從這個命題他便能恰當地推出一個具有下述形式
的新判斷了：「在某一個確定的時間和地點，當一個觀察者觀看
一個大致指向如此如此方向的望遠鏡時，他就會具有如此這般的
視覺知覺。」隨後，柏林天文臺臺長加勒（J.G. Galle, 1812-
1910）進行了觀察，以此爲基礎他作出了一個知覺判斷，而這個
知覺判斷與上述判斷恰好相同。這樣勒威耶關於新行星的存在的
斷言便得到了最終的證實。此後，人們又進行了無數次同樣的觀
察，結果每一次都同樣證實了它。

通過上面的分析可以看出，對於證實來說最爲重要的事情就
是建立兩個判斷的「同一性」（Identität）。當我們發現我們用
以表達直接知覺到的事實的判斷與以前經由邏輯推導而得出的關
於這個事實的判斷是相同的的時候，我們就會確信：被檢驗的命
題是眞的。而且，在石里克看來，我們也沒有其他的方法達到這
樣的確信，因爲作爲眞理的本質的配置的單義性的本質決定了它
最後只能以這樣的方式表達自身。

毫無疑問，對於所有事實判斷（綜合判斷）來說，證實方法

是普遍適用的。那麼，對於概念判斷（分析判斷）來說，證實方法也有效嗎？石里克認爲是這樣的。顯然，這是由他關於眞理本性的看法決定的：不僅事實判斷的眞理性在於單義的配置，而且概念判斷的眞理性也在於單義的配置。下面我們就具體地看一下石里克是如何解釋證實方法對於概念判斷（即分析判斷）的適用性的。

石里克認爲，在理解、解釋一個普遍的概念判斷的時候，也即在判明它的眞理性的時候，實際上發生了下述過程：我們首先將這個判斷應用於一個（或者是幾個）直觀的實例，並將經由這樣的應用而得到的判斷建立起來；然後將我們在這個直觀的實例中直接體驗到的情景直接表達在一個判斷之中。如果這個判斷和前面得到的判斷相同，那麼這就說明我們所要判定的普遍概念命題是眞的。很明顯，上述過程就是我們前面所說的證實過程。因此，證實不僅是事實判斷的眞理標準，而且也是概念判斷的眞理標準。

這裡我們要注意，雖然石里克認爲我們可以爲事實斷言和概念判斷找到統一的眞理規定和統一的眞理標準，但他並沒有因之就忽視了它們之間的本質區別。

> 在注意到它們之間的這種一致性〔即它們的眞都可由同一性體驗而加以確立〕之外，我們也不應忽略這兩類判斷之間的重大區別。它像一道鴻溝一樣將它們彼此分離開來了，任何邏輯和認識理論都不能跨越這道鴻溝。❼⓷

---

❼⓷ 同❸，p. 154.

關於這兩類判斷（實即綜合判斷和分析判斷）之間的詳細區別我們稍後再行介紹，這裡我們只從證實角度討論一下兩者間的區別。

當我們要證實一個通過某種推理得到的事實判斷（如一個關於歷史人物的性格的判斷或者一個關於某種化合物的性質的判斷）時，與導致這個判斷的建立的思想過程相比，證實無疑是某種全新的東西。它是這樣一種行為：通過它我們便對我們周圍的世界採取了某種立場，並且我們也期待著從這種行為中獲得某種特定的結果。而至於這種結果是否能最終達到則要取決於實際的世界及其規律。因此，我們也就不能保證我們的判斷必然能得到證實，也不能保證它們總能得到證實。也許它們在我們已考察的很多情況下都得到了證實，但我們不能由此就斷言它們在將來也必會得到證實。由於只有必能得到證實或總能得到證實的判斷才是真的，而只在有限情況下得到了證實的判斷不能稱為真，因此我們也就無從獲得關於實際世界的絕對真理，而只能獲得某種程度的或然性（Wahrscheinlichkeit）。就概念命題而言，情況正好相反。在對一個概念命題進行證實的時候，與推導過程相比證實過程並不是某種新東西，並不是獨立於它而存在的某種東西。相反，無論是從邏輯上講還是從心理上講，它們都依賴著相同的材料，證實過程絕沒有以任何方式超出於推導過程之外而進入陌生的實際世界中。因此，只要我們理解了一個概念命題的推導過程，我們也就能夠確定它是否符合單義的配置原則，也即它是否是真的，因之我們也就證實或否證了它。這說明：

在分析判斷〔即概念判斷〕的情況下我具有關於它們的真

理性的絕對保證，我確信它們總會獲得證實。(「總會」在這裡的意思是，只要我思考了這個判斷，如果我沒有思考它或根本就不能思考它，那麼這個問題也就沒有意義了。)因此，萊布尼茨將概念真理稱作 vérités éternelles (永恒真理) 是完全正確的。 **⑦**

顯然，在對一個判斷進行證實的過程中，當我們最後確立了兩個判斷(其中一個是由所要證實的判斷推導出的判斷，另一個是表達直接經驗、感覺材料的知覺判斷)的同一性的時候，在我們之內必會產生某種「同一性體驗」(Identitätserlebnis)，而它可以說構成了一個判斷之為真的終極標準。石里克認為，如果我們將人們通常所說的那種「自明性感受」(Evidenzgefühl)理解為出現在證實過程中的這種同一性體驗，那麼我們便可以有道理地說「真理在於自明性」了。

> 無論我們所處理的是什麼樣的判斷：無論在什麼地方一個真理在我們看來似乎是自明的，無論在什麼地方我們對自己說「沒錯」、「必然是這樣的」，那麼在這裡所發生的總是這樣的一種同一性體驗。另一方面，一切假的東西都通過某種非同一性體驗(Ungleichheitserlebnis) 而表達了自身。 **⑦**

三十年代初，在考慮知識的基礎問題，石里克又進一步深入

---

⑦ 同**❸**，p. 156.
⑦ 同**❸**，p. 153.

探討了證實和眞理的終極標準問題，並將這種標準規定爲「斷定」(Konstatierung)。稍後我們將對此做詳細的介紹。

(四)後期眞理觀:「眞在於結構之符合」

「配置說」是二十年代中期以前石里克關於眞理的本性的基本看法。我們看到，它是以對判斷（命題、陳述）與事實之間的表示關係（配置關係）的本質的分析爲基礎的。二十年代中期以前，石里克認爲這種配置關係的本質在於其單義性。後來他認識到這種看法是錯誤的，因爲很明顯，多義的配置並不總意味著假。比如「這本書放在桌子上或床上」這個命題在下述兩種情況下都是眞的：這本書放在桌子和這本書放在床上。而在同語反覆的情況下事情就更其如此了，可以說任何一個同語反覆式都對應著無數的事實。實際上，判斷與事實之間的配置關係的本質是兩者結構上的同一性，卽「同構性」（Isomorphism），而配置的單義性則只是這種結構上的同一性的一種結果而已。或許是因爲這個原因他後來放棄了配置說，轉而接受了下面這樣的眞理觀：一個命題是眞的當且僅當它與它所試圖表示（表達）的事實具有相同的結構（形式）。（注意：這裡所謂的「結構」或「形式」並非指語言學上所說的那種語法結構，而是指與內容相對的結構，卽邏輯結構。）另外，石里克還放棄了他以前關於眞理的下述觀點：我們可以對眞理的本質和眞理的標準作出統一的規定，無論是事實眞理，還是形式眞理（卽眞的概念命題，分析命題），其本質都在於單義的配置，而其標準都在於證實。現在，他認識到我們應該從定義上就嚴格地區分開這兩種不同的眞理；如果說事實眞理的本性在於符合（結構的符合）而它們的標準在於證實的話，那

麼形式眞理的本質則在於「融貫」(Kohärenz, coherence) 而它們的標準則在於邏輯證明。石里克認爲，以這樣的方式我們便很好地解決了符合說與融貫說(Kohärenlehre, the coherence theory)之間的曠日持久的爭論，給它們中的每一個都找到了它們的恰當的位置。那麼，具體說來，什麼是融貫說呢？

　　按照融貫說，一個命題是眞的當且僅當它與所有其他命題的系統一致(Übereinstimmung, agreement)。那麼這裡所謂的「一致」是指什麼意義上的一致呢？顯然，它不能是「相同」的意思，因而它只能是指邏輯上的一致，卽無矛盾性。因此，融貫說的要義便是：眞理只在於無矛盾性。這種眞理說由布拉德雷(Francis H. Bradley, 1846-1924)所首倡，紐拉特、亨普爾等人也堅持這樣的眞理觀。石里克認爲，融貫說總的說來是不能成立的，因爲它忽視了形式眞理和事實眞理間的重大區別。它只適用於形式眞理（如邏輯和數學眞理）而完全不適用於事實眞理。如就純幾何學命題而言，爲了確定它們是否是眞的，我們只需看一下它們是否與幾何學公理一致，卽它們是否能從這些公理中推導出卽可。但在事實命題（綜合命題）的情況下我們就不能這樣說了。爲了確定它們是否是眞的，我們需對其加以證實，需將它們與事實（實在）加以比較。只有在與事實相符合（卽與其具有相同的結構）的情況下它們才是眞的。（當然，如果願意的話，我們也可以用「和其他命題一致或無矛盾」來描述這個事實。但爲此我們需對這裡所說的「其他命題」作出特別的限定，也卽用它特指這樣的命題，它們恰巧記錄了「直接觀察的事實」。而一旦做了這樣的限定我們也就有充分的理由說「事實命題的眞在於其與實在的一致（符合）」了。這樣，融貫說也就失去了其

原來的意義，而墮變爲「符合說」了。）如果我們堅持認爲融貫說也適用於事實眞理，那麼我們就不得不承認卽使編造出來的童話小說中的命題也可以是眞的了，—— 只要它不包含內在矛盾。借助於大膽的想像，我們可以描繪一個荒誕離奇的冒險世界，只要我們充分注意到了我們的描述的內在一致性並注意不要與對於世界的通常的描述發生任何衝突，那麼融貫說的堅持者就不得不相信我們的敍述的眞理性。而且，嚴格說來，我們也沒有必要這般謹愼，我們同樣能很有理由地堅持要求別人的敍述與我們的敍述相一致，而不是相反。在這種情況下，別人甚至都不能提出我們的敍述與觀察相矛盾這樣的反對意見，因爲按照融貫說這裡根本就涉及不到什麼「觀察」，而只涉及到諸相關命題之間的一致性。由於無論如何誰也不會相信童話故事或我們的幻想產物的眞理性，所以融貫說是錯誤的。另外，石里克還進一步斷言，融貫說必導致相對主義，甚至約定論。面對一組含有內在矛盾的事實命題，我們可以採取多種方式來達到一致性，也卽達到眞理：在一種情況下，我們可以選出某些命題並對它們加以修正或乾脆就放棄它們；而在另一種情況下，我們又可以讓它們保持原樣而選取與它們相矛盾的另一組命題來加以修正或乾脆就放棄它們。按照融貫說，這些不同的選擇都是容許的，它們都爲我們提供了眞理，因而它們具有同等的地位，儘管它們彼此互相矛盾。顯然，這樣極端的相對主義或約定論結論無論如何是不能接受的。

三、知識的有效性問題：對康德的先天知識觀的批判

(一)歷史的回顧

知識的有效性(Gültigkeit)問題是認識論的首要問題之一。它實際上包含著下面幾個互相關聯的問題：普遍必然性的知識（或絕對確實的知識）可能嗎？如果它究竟還是可能的，那麼我們是在一切領域中都能獲得這樣的知識，還是只在有限的領域中才能獲得這樣的知識呢？在哲學史上，除極端懷疑主義哲學家及極端經驗主義哲學家之外，大部分哲學家都肯定了普遍必然性知識（或者說，絕對確實的知識）的存在。但在普遍必然性或絕對確實的知識的範圍問題上不同的哲學家給出了極為不同的回答。極端的唯理主義哲學家斷言，我們人類能獲得關於一切領域（無論是觀念之域也罷，還是實際世界也罷）的普遍必然的知識，因為一切知識都來自於人類的理性，都是理性的設置或「投射」(projection)的結果。比較溫和的唯理主義哲學家和經驗主義哲學家則斷言，只有在有限的領域（如數學和邏輯）中我們才能獲得普遍必然的知識，而在實際世界的情況下我們是不能獲得這樣的知識的。洛克（John Locke, 1632-1704）、休謨和萊布尼茨都屬於這樣的哲學家之列。洛克斷言，人類有關於觀念之間相符合或不相符合的絕對確實（普遍必然）的知識，有關於自己存在和上帝存在的確實的知識，數學和倫理學也是絕對確實的。但是，他斷言人類沒有關於外在世界的存在以及關於事物性質的必

然聯繫的知識: 自然科學（經驗科學）中沒有眞正的知識（即絕對確實的知識）。休謨明確區分開了人類理性或探究的兩種對象，即觀念間的關係和實際的事情 (matters of fact)。他斷言: 我們人類只能獲得關於前者的普遍必然或絕對確實的知識 —— 因爲單憑思想作用我們便能發現這種知識，而絕不能獲得關於後者的普遍必然或絕對確實的知識。人類不能認識事物之間的必然聯繫（如果有這樣的東西存在）、實體或自我，更不能認識上帝，相關於它們我們只能達到某種程度的或然性認識。萊布尼茨明確區分開了兩種眞理: 理性的眞理和事實的眞理。理性的眞理來源於我們的理性，它們就內在於我們的理性之中，而不依賴於任何經驗，是先天的; 它們都可經過定義而被歸約爲「同一命題」，因而它們的否定必包含著矛盾，是不可能的; 它們的最終根據是矛盾律。這些特點充分保證了理性眞理的普遍必然性或絕對確實性。在萊布尼茨看來，純粹數學、邏輯以及形而上學和倫理學，乃至神學、法學都充滿了這樣的眞理。事實眞理則與理性眞理形成了鮮明的對照: 在某種意義上說它們都導源於經驗，因而是後天的; 它們的否定完全是可能的; 它們的根據是充足理由律。以上特點說明，事實眞理是偶然的，而且它們的適用範圍極爲有限。

　　在哲學史上，對知識的有效性問題論述的最多而又論述的最爲深入的哲學家無疑要數康德了。在康德看來，無論是經驗主義者，還是唯理主義者，都是片面的、獨斷的: 前者雖然注意到了人類知識的經驗來源，但卻忽略了理性在認識過程中的巨大作用，因而他們無法正確地解釋絕對確實的知識的存在，爲了首尾一貫只能像極端經驗主義者那樣否定它的存在，認爲一切知識都源自於經驗，都是或然的; 後者雖然充分注意到了理性在認識中

的巨大作用，「令人滿意地」解釋了絕對確實（普遍必然）知識的存在，但卻忽略了感性經驗的作用，因而最終也就無法解釋絕對確實（普遍必然）的理性知識何以能與實際相符合並在實際中獲得應用。因此，如何克服兩者的片面性、獨斷性而將它們中的「合理因素」令人滿意地結合在一起，以正確地解釋人類知識之由來，便構成了康德的批判哲學的首要任務。

　　爲了很好地完成這個任務，康德認爲我們有必要首先作出下述雙重區分：「先天的（知識）」（a priori）和「後天的（知識）」（a posteriori）；「分析判斷」（analytische Urteile）和「綜合判斷」（synthetische Urteile）。下面我們分別看一下這兩個區分。

　　「a priori」和「a posteriori」這對術語最先出現在亞里士多德的哲學著作中。在他那裡，它們基本上還保留著它們各自的字面意義，卽「先於」和「後於」：A在本性上先於B當且僅當沒有A B就不能存在；A在認識上先於B當且僅當不知道A就不能知道B。此外，他還斷言：根據在先的東西（what is priori）認識某物意卽根據可以證明的因果關係來認識它；而根據在後的東西（what is posteriori）認識某物時就涉及不到這樣的證明，因爲這時認識就形式而言將是歸納的。在通向康德的「先天的」和「後天的」區分的道路上，萊布尼茨是一個不可忽視的重要環節。上面我們看到，他在區分理性眞理和事實的眞理時就使用了「先天」和「後天」。他實際上是將先天眞理和後天眞理分別等同於理性眞理和事實眞理了。此外，他還對「先天」與「後天」做了如下規定：先天地認識實在就意味著通過揭示所定義事物的原因或可能的產生而認識它；後天地認識實在就意味

著從世界中實際發現的東西中認識它，也卽憑感覺、憑實在在經
驗中的後果來認識它。由此看來，在萊布尼茨那裡，「先天的東
西」和「後天的東西」的區分實際上就是「獨立於經驗的東西」
和「依賴於經驗的東西」的區分。而這也就是康德的「先天的」
和「後天的」之區分的要義所在。

　　　　這樣的知識〔卽獨立於一切經驗，甚至獨立於一切感官印
　　　　象的知識〕被稱爲先天的，它們區別於經驗的知識，後者
　　　　的來源是後天的，也卽，經驗的。❼⑥

　　康德認爲，我們可以從以下兩個方面將「先天的知識」和
「後天的知識」區別開來: 其一，

　　　　如果有這樣一個命題，每當我們思考它時，我們就認識到
　　　　了它是必然的，那麼它就是一個先天的判斷; ❼⑦

其二，

　　　　經驗從不會給予其判斷以真正的或嚴格的普遍性，而只能
　　　　經由歸納給其以假設的、比較的普遍性。因此，嚴格說
　　　　來，我們只能說直到目前的觀察為止，還沒有對這個或那
　　　　個規則的例外。於是，如果一個判斷是以嚴格的普遍性，也
　　　　卽以這樣的方式: 它不容許有任何可能的例外，被加以思

---

❼⑥　Immanuel Kant, *Critique of Pure Reason*, pp. 42-43.
❼⑦　*Ibid*. p. 43.

考的，那麼它就不是得自於經驗的，而是絕對先天地有效的。經驗的普遍性只是一種任意的擴展，它將在大多數情況下成立的有效性擴展到了在所有情況下都成立的有效性，如在「所有的物體都是有重量的」這個命題中。相反，當嚴格的普遍性成為一個判斷的本質時，這便表明了一種特殊的知識源泉，卽一種先天的知識能力。**⑦**

因此，必然性和嚴格的普遍性便成了先天知識的可靠標準。康德斷言，先天知識是實際存在著的。比如，所有數學命題便都是先天知識，而「每種變化都必有其原因」也是不折不扣的先天知識。

康德不僅將「先天的」和「後天的」的區分應用於判斷（命題、陳述或斷言）之上，而且將其應用於概念之上。按照他的解釋，獨立於任何經驗的概念是先天的，反之則是後天的。例如，當我們從我們關於一個物體的經驗（後天）概念中將那些僅僅是經驗的特徵（如顏色、硬度、重量，甚至不可入性等）一個一個地去除掉，那麼最後將仍然剩下一個東西，卽該物體所曾占有的空間，而它無論如何是不可去掉的。康德認為，它便是先天概念。如果在一個先天的判斷中出現的所有概念都是先天的，也就是說，在其中沒有攙雜任何後天的、經驗的成分，康德就將其稱作純粹的判斷。如數學命題便是純粹的先天命題。

「先天的知識（判斷）」和「後天的知識（判斷）」的區分是從來源上對知識（判斷）所作的劃分。此外，康德還從內容上對

---

⑦ *Ibid*. p. 44.

知識（判斷）做了嚴格的區分。

> 各種判斷，無論其來源以及其邏輯形式如何，都按其內容
> 而有所不同。按其內容，它們或者僅僅是解釋性的，對知
> 識的內容毫無增加；或者是擴展性的，對已有的知識有所
> 增加。前者可以稱之為分析判斷，後者可以稱之為綜合判
> 斷。⑦⑨

由於康德深信一切判斷本質上都具有主謂判斷的形式，所以他又
從主謂項關係的角度對這個區分作出了進一步的界說：分析判斷
就是這樣的判斷，它的謂項概念已經明顯地或隱蔽地包含在主項
概念之中了；而綜合判斷恰恰相反，它的謂項概念並沒有包含在
主項概念之中。康德認為，「所有的物體都是有廣延的」就是分
析判斷，因為只需分析一下我們就不難發現，「物體」這個概念
中已包含了「有廣延」這個特徵；相反，「所有的物體都是有重量
的」則是綜合判斷，因為它的謂項概念「有重量」並沒有包含在
它的主項概念「物體」之中，無論經過怎樣的分析我們也不能從
「物體」概念中抽取出「有重量」這個概念。因為

> 一個肯定的分析判斷的謂項既然事先已經在主項的概念裡
> 被想到了，那麼從主項裡否定它就不能不陷於矛盾；同樣
> 道理，在一個否定的分析判斷裡，它的反面也必然要從主
> 項而被否定，當然也是根據矛盾律。⑧⑩

---

⑦⑨　康德：《任何一種能够作爲科學出現的未來形而上學導論》，頁18。
⑧⑩⑧①　同⑦⑨，頁19。

因此，我們可以說：「一切分析判斷的共同原理是矛盾律」[81]。但綜合判斷的反面（即其否定）並不包含或導致矛盾，也就是說，僅僅根據矛盾律我們還不能判定一個綜合判斷的眞假。「綜合判斷除矛盾律外，還要求另外一種原理」[82]。

　　如果我們將先天判斷和後天判斷的區分與分析判斷和綜合判斷的區分結合起來，那麼就有下面四種判斷形式：先天分析判斷；先天綜合判斷；後天分析判斷；後天綜合判斷。很明顯，後天分析判斷是不存在的，因為無論是為了作出一個分析判斷，還是為了證明一個分析判斷，我們都無需超出於概念之外而求助於經驗，為此我們只需分析一下它的主項概念並且根據矛盾律從其中將謂項概念抽取出來即可。由此看來，任何分析判斷必然都是先天判斷，先天分析判斷是存在著的（康德認為所有邏輯判斷都屬於這樣的判斷）。不過，（先天）分析判斷雖然都是普遍必然有效的（絕對確實的），但由於它們不能擴展、增加我們的知識，因此康德認為它們並不構成眞正的知識。至於後天綜合判斷，雖然某種意義上講它們能增加我們的知識，但它們缺乏普遍性、必然性，因而也不能構成眞正的知識。這樣，最後只剩下一種可供選擇的判斷形式了，即先天綜合判斷（die synthetische Urteile a priori）。在康德看來，眞正的知識只能存在於這種判斷之中，因為它們既具有普遍性和必然性（絕對確實性），同時又能增加我們的知識。那麼，這樣的判斷（知識）究竟有沒有可能呢？對此康德作出了肯定的回答：它們當然是可能的，因為它們是實有的，它們的存在是不容爭辯的事實。首先，所有的（純粹）

---

[82]　同[79]，頁20。

數學判斷都是先天綜合判斷，因爲一方面，它們是普遍必然有效的、絕對確實的，因而是先天的；另一方面，「數學在命題裡必須超出概念達到與這個概念相對應的直觀所包含的東西」[83]，因而它們又是綜合的。對於數學判斷的先天性質（卽其普遍必然性或絕對確實性）一般不會有人懷疑（除極端懷疑論者和極端經驗論者以外），但對於它們的綜合性質，大部分哲學家都會表示出深深的不解。在他們看來，數學判斷最終都可歸約爲同一陳述，它們的唯一根據就在於矛盾律，因此它們只能是康德意義上的分析判斷（萊布尼茨和休謨的觀點實際上就是這樣的，儘管他們還沒有使用「分析判斷」這個術語）。康德認爲，這嚴重地誤解了數學判斷的本性。比如，就「七和五之和等於十二」這個算術命題而言，從它的主項概念「七與五之和」我們無論如何也分析不出「十二」這個概念來。爲了作出或理解這個算術命題，我們必須超出這些概念，借助於相當於這兩個數目之一的直觀，比如說，用五個指頭，或者用五個點，把直觀所給的「五」的各單位一個、一個地加到「七」的概念上去。這樣，我們就通過「七與五之和等於十二」這個命題實際上擴大了我們的概念，並且在第一個概念上加上了一個新的概念，而這個新的概念是在第一個概念裡所沒有想到過的。

因此算學命題永遠是綜合的，而且隨著我們所採取的數字越大就越明顯，因爲那樣我們就看得清楚，無論我們把我們的概念翻轉多少遍，如果不借助於直觀而只是一個勁兒

---

[83]　同[79]，頁23。

地把我們的概念分析來分析去，我們是一輩子也得不到和
數的。⑧

在康德看來，純粹幾何學的一切公理也同樣不是分析的，而是綜
合的。

> 「直線是兩點之間最短的線」，這是一個綜合命題。因為我
> 關於「直」的概念絕不包含量，只包含質。所以「最短」
> 這一概念完全是加上去的，用任何分析都不能從直線的概
> 念裡得出來，在這上面必須借助於直觀，只有直觀能使綜
> 合成為可能。⑧

這裡，人們也許會提出這樣的反對意見：數學中也包含「a＝a」
（整體等於其自身）和「(a＋b)＞a」（整體大於部分）之類的命
題，而它們顯然是分析的，僅僅根據於矛盾律。對此康德答覆
道：諸如此類的命題

> 只作為在方法上連接之用，而不作為原理之用，……而
> 即使是這些命題，儘管單從概念上來說它們被認為是有效
> 的，但在數學上它們之所以被承認，也僅僅是因為它們能
> 夠在直觀裡被表象出來。⑧

---

⑧　同⑦，頁21-22。
⑧　同⑦，頁22。
⑧　同⑦，頁23。

此外，康德認爲，所有純粹自然科學的基本原理也都是先天綜合判斷。比如，下面這兩個判斷就都是先天綜合判斷：「在物質世界的一切變化中物質的量始終保持不變」；「一切發生的事情永遠按照經常不變的法則事先被一個原因所規定」（卽因果原則）。因爲一方面，它們是必然的、普遍適用的（絕對確實），任何自然現象都必須受制於它們，因而它們是先天的；另一方面，它們又是綜合的。就上面的第一個判斷來說，在物質的概念中我們無論如何也想像不到（分析不出）它的恒常性，而只能想像到（分析出）它在它所占有的空間中的存在性（卽其廣延性），在作出這個判斷的時候，我們必已超出了物質概念之外而在思想中先天地給它附加上了某種它所不曾包含的東西。因爲同樣的道理，上面所舉的第二個判斷也是綜合的。

我們看到，先天綜合判斷的可能性已由其實有性加以保證了，但它們是如何成爲可能的呢？換言之，純粹數學是如何可能的？純粹自然科學是如何可能的？回答這個問題並不容易，可以說康德的整個批判哲學主要就是圍繞著這一問題而展開的。爲了解答它，康德認爲我們有必要首先考察一下我們的認識的官能，考察一下它的能力、可能性和限度。認識以心靈爲必要條件。沒有需加以思維的東西，我們不能思維。除非有通過感官所獲得的對象，除非心靈有接受能力或有感受性，我們沒有思維的對象。感受性提供對象或知覺（直觀，康德有時稱之爲經驗的直觀）。此外，這些對象還必須被知性（Verstand, understanding）所思維、所理解，由知性中產生概念。沒有感覺或知覺以及思維或理解就不可能有知識。知識的這兩種必要條件根本不同，卻又相互補充，知覺和概念構成人類一切知識的要素。沒有概念，則知覺

是盲的; 沒有知覺, 則概念是空洞的。知性所能做的是對感受性所提供的材料進行加工、整理和排列。由此看來, 先天綜合判斷 (或先天綜合知識) 如何可能? 這個問題實際上可以分解爲下面兩個問題: 感性或感官知覺如何可能? 知性如何可能?

　　1.康德首先探討了人類的感性或感官知覺能力的必要條件。顯然, 爲了有所知覺, 就必須有感覺。但是, 單純的感覺還不是知識, 感覺僅僅是意識的變化, 僅僅是由某種別的東西使人產生的主觀狀態。感覺一定要涉及到時空, 涉及到時空中的特定的位置: 感覺必被知覺爲某種外在的東西, 它位於其他東西旁邊, 在某種東西以前或以後, 或和它同時發生。因此, 人們的感覺必都被排列在時空的秩序中。感覺爲知覺提供了材料或內容, 而對時間和空間的直觀則爲它提供了形式: 感覺提供原料 (顏色、聲音和質量), 這種原料由感性給排列在時空的格局或形式中, 於是成爲知覺。心靈不僅接受感覺, 而且由於它有直觀能力, 還知覺這種感覺: 它看見顏色、聽見聲音在它以外, 在空間中, 在時空秩序中。感性具有先天地知覺空間和時間的能力, 我們的心靈是這樣構成的, 即使沒有物體呈現, 它也知覺時空, 它不僅知覺在時空中的物體, 而且還知覺時空本身。康德將這種意義上的知覺稱爲純粹知覺或先天知覺。

　　把感覺排列在時空中的功能或形式本身不是感覺。它們不是經驗的或後天的直觀形式, 而是心靈本身所固有的, 因而是先天的。時間是內在感覺的直觀形式, 就是說, 我們不能不把人類的心理狀態理解爲在時間的連續中的彼此相隨。空間是外在感覺的直觀形式, 從空間上說, 我們只能理解那影響人類感覺器官的東西。

　　在康德看來，時空不是實在的，或獨自存在的東西，也不是爲事物所擁有的眞正的性質和關係。它們是感性理解事物的方式，是感覺的形式或功能。因而，如果世界上沒有能夠直觀或知覺時空的人，這世界也就不再具有空間和時間性質了。我們永遠不能設想沒有空間，雖然我們能設想空間中沒有物體。這也就是說，我們不能不借空間而知覺和想像。空間是對象或現象之能成爲對象或現象的必要的先決條件，因而是必要的純粹先天觀念。沒有空間，我們不能思考事物；沒有事物，我們能夠思考空間。因此，空間也是我們關於對象或現象的表象或認識之所以可能的必要的先決條件（邏輯前提）。凡是必要的先決條件必定是心靈的先天形式。康德認爲，類似的話也完全適用於時間。既然一切所與或呈現於感官者都是意識的變化，從而屬於內在的感覺，那麼時間也就構成了一切表象或現象（對象）的必要的先決條件。

　　由於數學（在康德看來，它主要包括幾何和算術兩部分）恰恰是關於作爲感性的純粹直觀形式的空間和時間的科學，它是以對空間或時間的先天知覺（純直觀，純粹知覺）爲基礎的：幾何學是建立在先天的空間知覺之上的；算術是建立在那表達先天的時間知覺的數的概念之上的，因此它的命題必然也構成了對象（現象）之能成爲對象（現象）以及我們關於對象（現象）的表象或認識之所以可能的必要的先決條件（邏輯前提）。我們的感性世界中的一切對象必然要極其準確地同我們的數學命題（算術命題和幾何學命題，特言之，歐氏幾何命題）符合一致。這樣，先天綜合的數學判斷（知識）便最終得以成爲可能了。

　　2.通過感官知覺（感性）我們獲得了一系列處於時空中的對象的知覺。但是，僅僅沒有關係、沒有聯繫的知覺（或直觀表

象、直觀的雜多）還不就是知識，而且即使我們（作爲能思維的主體）將它們聯繫在一起了，我們也不一定就獲得了知識，而獲得的有可能僅僅是只具有主觀有效性，而不具有客觀必然性的個別的知覺判斷。只有當我們以某種特殊的方式將它們聯繫在一起時，我們才能獲得眞正的知識，即具有普遍必然性（絕對有效或絕對確實）的「經驗判斷」（Erfahrungsurteil）── 先天綜合判斷。在康德看來，這種方式就是：將它們置於某個（或某些）純粹知性概念之下，這個（或這些）知性概念規定了有關直觀的一般判斷的形式，把直觀的經驗的意識連結在一個一般的意識裡，從而使經驗的知覺判斷具有了普遍必然性。比如，我們有了關於太陽的知覺，隨後又有了關於熱石頭的知覺，然後將它們聯結在一起作出下述判斷：「太陽曬石頭，石頭熱了。」顯然，這不是什麼知識，它還沒有必然性，儘管我和別人曾經多次地知覺過這個現象，但這些知覺僅僅是通常這樣結合起來的。只有當我們將「因果性」這個純粹知性概念加到知覺上去（它將「熱」的概念必然地連結到了「太陽曬」的概念上）而形成「太陽曬熱了石頭」這樣的判斷的時候，我們才獲得了眞正的知識。這也就是說，爲了獲得眞正的知識，我們必須對對象加以適當的聯繫、連結或思維。因此，沒有一個起綜合統一作用的、能思維的心靈，即知性，知識或判斷是不可能的。我們必須使知覺爲人理解，或置知覺於純粹知性概念之下，同時又要使知性概念聯繫到感性，或者給予它們以知覺的對象。知性不能獨立直觀或知覺任何事物，感覺不能獨自思考任何事物。只有將兩者結合起來才可能有知識。

　　康德將這樣的純粹知性概念稱爲範疇。它們是先天的，是知

性本來就具有的，並非來自於經驗，它們的唯一職責就「在於給一個直觀規定出它能夠供判斷之用的一般方式」❽。那麼，這樣的範疇一共有多少呢？換言之，知性思維或連結或聯繫直觀表象即知覺的形式一共有多少種呢？知性表現於判斷之中，實際上，知性就是判斷能力：思維就是判斷。因此，思維的形式就是判斷的形式，要發現這種判斷的形式，我們就必須分析判斷，檢查判斷所表現的形式。邏輯的判斷表可以引導人們去發現範疇。判斷表中有多少可能的判斷，就說明有多少心靈的純粹概念或範疇。康德斷言，總共有十二種可能的判斷形式，因而相應地也就有十二種範疇：全稱判斷、特稱判斷、單稱判斷，在這些判斷中我們用量的範疇來思考事物，即總體性、多樣性、單一性；肯定判斷、否定判斷、不定判斷，這些判斷表示質的範疇，即實在性、否定性、限制性；直言判斷、假言判斷、選言判斷，這些判斷表示關係範疇，即實體性、因果性、共存性（相互作用性）；或然判斷、實然判斷、必然判斷，這些判斷表示模態範疇，即可能性、實存性、必然性。

我們看到，純粹的知性概念或範疇導源於心靈卻被運用於經驗之中。我們把那獨立於經驗，即並非來自於經驗的範疇注入到了經驗中，注入到自然世界之中。這如何可能？我們有什麼權利這樣做？對此康德作出了如下證明（他將他的這個證明稱爲「純粹知性概念的先驗的演繹」）：如果沒有使用範疇進行判斷的知性的思維活動，沒有一個正在進行這樣的思維活動的統一的和有統一作用的意識或自我意識，簡言之，如果沒有憑藉範疇而活動

---

❽　同❼，頁67。

的先驗的、統一的統覺（Apperzeption），那麼就不會有經驗對象——因爲所謂對象（或現象）就是指出現在時間空間裡並由範疇聯結起來，處於一定的關係中的東西，也永遠不會有關於經驗對象的經驗或知識。由此康德斷言：範疇構成了經驗對象以及對經驗對象的認識或經驗的可能性的先天條件或原則。

> 判斷，在僅僅被視爲提供出來的表象在意識裡結合的條件時，就是規則；規則，在把這種結合表現爲必然的結合時，就是先天規則；在上面再沒有更高的規則可以由之而推出時，就是原則。說到全部經驗的可能性：如果僅就思維的形式來說，除了把現象（按其直觀的不同形式）安排在純粹理智〔知性〕概念之下的那些經驗判斷的條件，上面再沒有什麼條件了，那麼純粹理智〔知性〕概念就是可能經驗的先天原則。⑱

由於自然界不過是可能的「經驗的一切對象〔即現象〕的總和」⑲，所以範疇也構成了自然界之所以可能的先天的條件或原則。換言之，它們構成了自然界的普遍法則。正是因爲如此，範疇才能被正當地運用於經驗中，運用於自然世界中。由於作爲可能經驗的原則的純粹知性概念或範疇同時也是自然界的普遍法則，而這些純粹知性概念或範疇當然是能夠加以先天地認識的，所以自然界的普遍法則是能夠加以先天地認識的，進一步，自然界本身也是能夠加以先天地認識的：關於自然的先天綜合知識，

---

⑱ 同⑲，頁73。
⑲ 同⑲，頁60。

卽純粹自然科學也就以這樣的方式而成爲可能了。

(二)石里克對康德的先天知識觀的批判: 不存在先天綜合知識

　　石里克關於知識的有效性問題的探討主要是以對康德上述觀點的批判爲中心而展開的。下面我們就看一下他是如何進行這種批判的。

　　1.首先，石里克認爲，康德的提問方式本身 —— 先天綜合判斷（知識）是如何可能的？ —— 就是錯誤的，因爲它是以存在著先天綜合判斷這樣的假設爲基礎的。但實際上這樣的判斷（知識）根本就不存在。一個判斷（命題），如果它是先天的，那麼它只能是分析的，也就是說，只有僅僅根據單純的概念分析便可建立起來的命題才有獨立於經驗的有效性（客觀有效性），因而才是先天的，先天命題與分析命題彼此是完全重合的；同樣，一個命題，如果它是綜合的，那麼它也只能是後天的，也就是說，只有來源於經驗的命題其有效性才不能僅僅通過概念分析或定義建立起來（加以確定），後天命題和綜合命題彼此是完全重合的。因此，先天綜合判斷（或先天綜合知識）是不可能的，「先天綜合判斷（命題）」是一個自相矛盾的語詞組合。「一個先天綜合判斷就是這樣的一個命題，它表達了一個事實但又不依賴於這個事實 —— 這與表達的本質相悖」❾。康德所謂的先天綜合判斷實際上根本不是什麼先天綜合判斷，一經縝密的分析即可發現它們或者雖是先天的，但非綜合的（如算術和純幾何命題），或者雖

---

❾ 同❾，p. 343.

是綜合的，但非先天的（如所謂的因果原則）。

首先讓我們看一下算術命題。石里克認爲，康德對「七與五之和等於十二」這樣的算術命題的「綜合性」的證明是非常表面化的，毫無說服力，可以說是他的整個理論中最爲糟糕的部分。即使我們不考慮弗雷格（Gottlob Frege, 1848-1925）和羅素（Bertrand Russell, 1872-1970）的宏偉計劃 —— 算術（甚至整個數學）可以歸約爲邏輯 —— 的對錯，現在也沒有多少人認爲，爲了獲得或建立一個算術命題我們需要超出於算術的基本概念和公理之外而求助於什麼（純）直觀。比如，我們只需分析一下「七」、「五」、「十二」以及「和數」這些語詞的含義就可知道「七與五之和等於十二」的正確性了。因此，算術命題只能是分析的、先天的，但非綜合的。

至於幾何學命題，情況則要複雜一些。石里克認爲，我們首先應嚴格區分開物理幾何和數學幾何（純粹幾何）。前者是關於實際世界的空間關係，也卽剛體間位置關係的經驗科學；而後者則以純形式的關係爲對象，是一個純形式化的演繹系統，組成它的命題並不是眞正的命題，而是命題函項。物理幾何命題由於對實際有所斷言，單靠概念的分析是不能建立起來的，因而必是綜合的，但顯然不是先天的；而數學幾何（純粹幾何）命題由於對實際無所斷言，與實際無關，僅憑概念分析或定義卽可建立起來。因而是分析的，並因之也是先天的，但不是綜合的。數學幾何經過解釋可以應用於實際的世界。這時它也就轉變成爲物理幾何了。在石里克看來，從純粹幾何到物理幾何的轉變相當於從語言理論到語言應用的轉變，「純粹幾何是物理幾何的語法」**⑨**。

⑨ Moritz Schlick, *Philosophy of Nature*, Chap. 6.

但究竟哪一種形式的數學幾何可以應用於我們的實際的世界（或其某一部分）則要由經驗和某些實際的考慮（如簡單性）所決定。康德認爲，歐氏幾何公理表達了我們的直觀能力的構成方式，因而必然適合於整個可以知覺和可以想像的世界，是先天的。但是，根據愛因斯坦的廣義相對論，爲了描述這個世界我們必須使用非歐幾何，因爲在有引力場的領域，空間的性質不再服從歐氏幾何，而遵循著非歐幾何。現實的物質空間不是平直的歐幾里德空間，而是彎曲的黎曼空間。以上的分析說明，幾何命題無論怎麼看都不可能具有先天綜合性質。

最後，被康德當作爲純粹自然科學的基本原理的那些命題也不具有先天綜合性質。它們雖然都是綜合的，但非先天的。如就因果原則而言，它當然是綜合的 —— 因爲僅僅通過單純的概念分析我們永遠也得不到它，但卻並非是普遍必然有效的，也即不是先天的。現代自然科學的發展，特別是量子力學的新進展，充分證明了這一點（關於此我們將在第五章進行詳細的討論）。

2.石里克認爲康德對「先天綜合判斷是如何可能的？」這個問題所作的解答整個說來也是不能成立的，充滿了毫無根據的妄斷。

(1)康德爲了回答「數學命題作爲先天綜合判斷是如何可能的？」這個問題而提出了他的直觀形式理論，認爲先天綜合的數學命題之所以可能完全是因爲我們在作出或理解一個數學命題時必須借助於所謂的純粹的空間直觀或時間直觀，而正是這樣的純直觀使我們的數學命題具有了先天綜合特徵。但石里克認爲，並不存在這樣的純粹直觀（或先天直觀）。

首先，讓我們看一下幾何學命題。石里克認爲，爲了很好地

剖析康德的幾何觀，我們有必要嚴格區分兩種空間，卽直觀的心理空間和客觀的物理空間。直觀空間是主觀體驗的空間，是以空間知覺爲基礎的，正因如此，石里克又將它們稱爲知覺空間。顯然，我們有多少種空間知覺便有多少種知覺（直觀）空間；如視覺空間、觸覺空間、動覺空間，等等。這些不同的空間彼此完全不同，無從比較。客觀的物理空間則是用以表示實際世界或者說物理物體的次序的概念性的輔助手段 (ein begriffliches Hilf-smittel)，它是一種概念構造 (eine begriffliche Konstruk-tion)，借助於所謂的重合方法 (die Methode der Koinzide-nzen) 我們便可將其從個別的知覺中構造出來。比如，如果將主觀的知覺空間的個別要素彼此單義地配置起來，我們便構造出了客觀的物理空間的「點」的概念。客觀的物理空間的特徵只取決於下述考慮：要使自然律的表達盡可能地簡單、致密 (gesc-hloss)。顯然，對客觀的物理空間我們是不能進行感性直觀的，那麼我們可以對它們進行「純粹的（先天的）直觀」嗎？換言之，存在著純粹的（先天的）空間直觀（實卽牛頓的絕對空間）嗎？對此石里克作出了斷然的否定回答：根本就不存在什麼純粹的（先天的）空間直觀，只有一種空間直觀，那就是感性的空間直觀。但借助於感性的空間直觀我們至多只能建立起物理幾何——它雖是綜合的，但不是先天的，而不能建立起純先天、純分析的數學幾何。因而，無論從哪種角度看，幾何都不是以什麼「純粹的（先天的）空間直觀」爲基礎的，康德的幾何觀是不能成立的。

對所謂的純粹的時間直觀石里克做了同樣的分析。在他看來，正如在空間的情況下一樣，我們也應區分開兩種不同的時間：一

種是主觀體驗的直觀的時間，一種是客觀的或數學的時間。前者是一種直接的所與，是感性直觀的結果；後者則是一種純粹的概念次序、概念構造。主觀體驗的直觀的時間作為一種前後相繼和持續的體驗是不可定義、不可描述的，它是多變的瞬間，我們不能借助於它給予處於事件序列之中的距離以客觀的決定。它構成了關於「時間意識」的心理學研究的對象，借助於心理學研究我們可以作出一些關於它的經驗判斷 —— 綜合判斷。對於我們來說，主觀的時間只可用作估測時間的手段，而絕對不能用作測量時間的手段。相反，客觀的時間則總是以這樣的方式出現的：我們選定某些簡單的周期過程，將其用作為我們的體驗的連續過程的固定的參考點，並且用數字將它們表示出來。以這樣的方式我們便給所有的事件都配置上了一個一維的多樣體（eindimensionale mannigfaltigkeit）或一維連續統（eindimensionales kontinuum），一個純粹的概念構造物。借助於它，當初始點（Anfangspunkt）和參考系選定了以後，我們便可以給每一個過程都對應上一個用數字（通過日期、小時、分、秒等）加以表示的確定的位置。客觀時間或數學時間的形態（Gestaltung）只取決於下述考慮：更使自然律的表達盡可能地簡單、致密。顯然，這種意義上的時間不是直觀的，而且在石里克看來，它也不可能是純粹直觀的。實際上，只有一種時間直觀，那就是對於主觀體驗的直觀時間的感性直觀，而不存在康德所謂的純粹的（先天的）時間直觀（實即牛頓的絕對時間）。算術作為一種形式化的公理系統或演算系統，如果它與時間有什麼關係的話，那麼與它相關的也只能是客觀的或數學的時間（比如，我們可以把時間一維連續統看作是算術系統的一個解釋或一個模型）。因此，我

們可以斷言：算術不是以任何直觀爲基礎的，它的命題是關於隱定義所定義的概念的分析命題（先天命題），而不是什麼綜合判斷。

（2）爲了回答「純粹自然科學命題作爲先天綜合判斷是如何可能的？」這個問題，康德發明了他的「範疇說」。在他看來，作爲純粹知性概念的範疇是先天的，我們的一切經驗對象或者說認識對象都要受制於它們，某種意義上說都是它們造作的結果。那麼，事實是這樣的嗎？對此石里克給予了斷然的否定回答。在他看來，康德的這種觀點與概念的眞正本質相悖。我們已經知道，按照石里克的理解，概念只是一種記號，它們只有在被配置上了對象的情況下才有意義。因此，如果人們將先天的概念理解爲這樣的東西：它們不僅在不依賴任何其他概念和經驗對象（認識對象）的情況下就已經具有了一個意義，而且只有借助於它們經驗對象（認識對象）才得以出現，那麼我們不能不說它們包含著內在的矛盾。「斷言概念就先天地包含在理智之中是荒謬的，這正如下述想法是荒謬的一樣：某些事物必須用語言的某個特定的語詞加以表示……」[92]。總之，概念絕對沒有塑造經驗對象（認識對象）的功能，經驗對象（認識對象）是一種實際的客觀存在，它們是獨立於任何概念的。

按照康德的觀點，純粹知性概念或範疇不僅具有塑造經驗對象（認識對象）的功能，而且更具有連結、聯繫經驗對象或感官知覺（直觀雜多）而從其中做成先天綜合判斷（知識）的功能。它們將一個結構（Gestalt）給予了由直觀所給予、已經擺放在那

---

[92]　同❸，p. 329.

裡、但某種意義上講還不具有形式的質料，並因之而在它之中製作了這樣一些關係，它們使得對於它的先天的認識或經驗最終成爲可能。這也就是說，做爲一切判斷或認識（經驗）之基礎的那些關係、那些聯結並非如人們通常所認爲那樣已經存在在直觀所與的材料之中了，相反，它們要經過意識（有綜合統一作用的心靈）所獨具的思維功能或純思維形式即範疇加以制作。石里克認爲這是不折不扣的妄斷，沒有任何事實根據。實際上，相應於康德的範疇的那些關係（如因果關係 —— 它不過意味著事件的合乎規律的前後相繼）在這些範疇出現（如因果範疇）之前就已經客觀地存在於世界之中了。

顯然，石里克上面對康德先天知識觀所作的深刻批判也適用於新康德主義者柯亨和那托普等人的觀點。因爲他們只是更爲極端地發展了康德哲學中的先驗唯心論傾向：康德雖然認爲認識對象的構建和知識的最終獲得有賴於純直觀形式和純知性形式的幫助，但他還沒有完全否認感性知覺的重要性，沒有否認作爲感覺對象的外物（自在之物或曰物自體）的存在，而柯亨和那托普等人則完全否認了感官知覺在認識中的重要性，完全否認了外物的客觀存在性，認爲一切對象都只是純粹思維的造作，認識的起點和終點都是純粹思維本身。

正如我們已經強調過的，康德的認識理論是爲了調和經驗論和唯理論之間的矛盾而提出的。表面上看它確實起到了這樣的作用：它既注意到了感覺經驗在認識中的作用 —— 我們的認識必始自於經驗，始自於感官知覺，我們只能認識我們所經驗的東西，感覺爲知識提供了材料或內容；又充分地弘揚了理性的作用 —— 我們用以整理感覺材料或內容的純直觀形式（時間和空間）以及

用以連結、聯繫知覺對象的範疇都是我們的心靈或理性本來就具有的。但是，本質上說，它最終還是陷入了唯理論的泥淖，因爲按照它我們的「先天綜合知識」的「先天性」，卽其普遍必然性最終只能來自於我們的理智、理性或心靈。的確，如果我們堅持認爲先天綜合知識無論如何是可能的，甚至是實有的，那麼我們只能像康德（以及其他唯理主義者）那樣，到我們的理性或心靈之中尋求這種知識。

石里克認爲唯理論是極端錯誤的，只有經驗論才正確地解釋了日常生活和科學中的認識的本質。因爲所謂

> 認識就是借助於舊的詞項而對一個新的事實的表達，它是建立在對這個事實的構成成分的再次認識的基礎之上的。沒有這種再次認識就沒有知識，它不僅是先於知識的，而且構成了其邏輯基礎，它爲其有效性提供了根據。但很明顯，這個過程就是人們通常稱爲經驗的東西。無論在何處，只要我們使用了「經驗」這個語詞，那麼它就只能意味著這種再次認識出那個自己呈現給我們的原始材料並且對之加以命名的初始性的工作（及其結果）。若不然，它還能意味著什麼呢？材料先於我們能就它而談論的一切——它如何能不是這樣呢？一切知識都是經驗的，這個命題本身僅僅是一個同語反複式。❸

因此，唯理論和經驗論彼此是正相反對的，不可調和。石里克認

---

❸　同❾，p. 343.

爲，我們可以將承認不承認先天綜合判斷（知識）作爲唯理主義者和經驗主義者之間的區分標準：如果你承認先天綜合判斷（知識），那麼你就是一個唯理主義者；如果你不承認這樣的判斷（知識），那麼你就是一個經驗主義者。（過去曾有人用是否承認「一切知識都來自於經驗」或「不存在先天知識」來作爲區分經驗論和唯理論的標準，但石里克認爲它們都不中用，因爲前者過於模糊，而後者又是假的。）

從石里克對康德知識觀所作的上述批判中，我們不難看出他在知識的有效性問題上的態度。只有分析命題才具有絕對的有效性（卽普遍必然性或絕對確實性），因爲它們僅僅是建立在概念分析或定義（在這裡，主要指隱定義，不包括實指定義）的基礎之上的，沒有就實際而斷言任何東西，它們「所關心的是命題（也卽其他的事實）對事實的表達，特別是不同表達式之間的等值關係」[94]，因而它們也就永遠不會被實際所否證（當然也不會被實際所證實），它們是名符其實的「先天命題」。（而且嚴格地說，它們根本就不是命題，根本就沒有表達任何知識，我們盡可以將它們看成是我們借以形成和轉換語言符號的規則或定義。）由於所有的數學命題和邏輯命題都是分析性的，所以它們都是絕對有效的。與分析命題相反，所有的綜合命題都不具有絕對的有效性，都不是絕對地確實的，因爲我們不能僅僅通過概念分析或定義就建立起它們，爲了建立起它們，我們必須涉足於瞬息萬變的經驗領域，這樣它們也就總有被實際所否證的可能。它們是名符其實的「後天命題」。總而言之，只有沒有就實際而斷言什麼的眞

---

[94] 同[9]，p. 347.

命題才具有絕對的有效性；相反，我們關於實際的任何斷言（命題），卽使是眞的，也不具有絕對的有效性。這也就是說，不存在關於實際對象的絕對確實、普遍有效的知識。

　　這裡，也許有的讀者會提出如下這樣的問題：既然分析命題（特別是邏輯和數學命題）只處理符號而無關乎事實，那麼我們爲什麼能用它們認識世界呢？換言之，它們爲什麼能應用於事實世界呢？對此石里克回答道：既然認識就是表達，而表達就意味著符號的使用，因此作爲關於符號使用和轉換規則的分析命題在認識中的可用性也就不難理解了。

（三）論歸納的知識

　　從上面的介紹我們看到，按照石里克的觀點，不存在絕對確實或普遍有效的實際知識。換言之，我們絕不能作出有關實際的絕對確實或絕對有效的命題（特別是普遍命題）。我們不能從關於我們已觀察、已知覺過的事件或過程的命題演繹地推論出關於我們還沒有觀察或知覺過的事件或過程的命題。但另一方面，我們也看到，無論是在日常生活中還是在科學中，我們無時無刻不在毫無顧慮地作出這樣的斷言，可以說我們的整個生活無時無刻不在依賴著這樣的斷言的有效性。由此便產生了下述亟待回答的問題：

　　（1）我們究竟是如何從關於知覺到的情況的命題過渡到關於未知覺到的情況的命題的？換言之，適用於以前經驗到的事件的判斷如何也適用於還未被經驗到的事件？

　　（2）既然關於實際的普遍命題沒有絕對的確實性或絕對的有效性，那麼我們應該要求它們具有什麼樣的有效性呢？

（3）進一步說，我們有什麼權利作出這樣的要求呢？

顯然，上面這三個問題共同構成了傳統哲學中所謂的「歸納問題」。因為人們通常所說的「歸納」（Induktion）一詞的意義恰恰就是把一個命題從已知的情況推廣到未知的情況，將一個關於少數情況的真理推廣成為一個關於多數情況、甚至所有情況的真理，或者，如人們通常所說，從特殊到一般的推理。下面我們就看一下石里克是如何回答這些問題的。

（1）很明顯，思維或理性不能幫助我們從個別的、特殊的認識過渡到一般的認識，或者從關於過去和現在的事實的認識過渡到關於將來的或遙遠的事實的認識。來自於理性的推理按其本質就是分析的，它們只是將已經包含在作為前提的一般的真理中的特殊的真理抽演出來而已。思維沒有能力完成比這更多的東西，它只是將已經取得的知識通過演繹的推導而加以排列、加以聯結，以使它們成為一個知識的系統而已，它自己並不能憑空創造出任何知識。但歸納則給出了知識，而且我們的所有實際科學的內容都是借助於它而獲得的。既然歸納不能經由思維或理性而得到解釋，那麼我們能否借助於經驗而對其加以解釋呢？對此石里克回答道：如果我們不對「經驗」一詞進行進一步的限定的話，那麼我們也不能簡單地說歸納是從經驗而來的，因為所謂歸納恰恰就是將我們的認識擴展到我們還未曾經驗到的未來的或遙遠的事件或過程。對於歸納或者說歸納地獲得的命題的事實來源問題只有一種回答是正確的，那就是休謨的回答：根據經驗而來的歸納的唯一基礎是習慣，根據經驗而來的一切推論都是習慣的結果，「習慣是人生的偉大指南」❾❺。習慣是以某種聯想機制或過

❾❺　David Hume, *An Enquiry Concerning Human Underst-*

程爲基礎的，這種聯想機制或過程則可以說構成了我們人類的本能或本性，「它是一個生物學上講合乎目的的裝置，如果沒有它我們人類便無法生存下去，因爲不借助於它我們便無法進行維持生命所必需的活動」❻。石里克認爲，在下面這樣的世界中，歸納的知識無論如何是不可能的：在其中相似的經驗不曾一再地重複出現，因而在其中也就沒有形成習慣的機會。

> 認識過程是從原始的、直接的、生物學上講有用的過程發展而來的，它假設了與環境情況的適應，而這種適應只有在這些環境情況非常穩定以致它們使（個體和種族的）習慣成爲可能的場合下才能夠發生。❼

對休謨和石里克對於歸納來源問題的上述解說，人們可能會作出如下的反對：在科學研究中常有這樣的事發生，科學家們僅從一次觀察便作出了一個普遍的斷言，但是，很明顯，這裡缺乏聯想或習慣得以形成的條件。比如，當一個化學家在描述一個由他發現的新的化合物的性質時，他不會懷疑其他人在別的地方以同樣方式發現的同樣的化合物也具有他現在正在描述的同樣的性質，儘管他現在的判斷是以唯一的一次觀察爲基礎的。對於這個反對意見石里克批駁道：誠然，在上述情況下，我們不能根據一次觀察就建立起聯想或習慣，但是最終說來任何普遍的科學斷言還是要以聯想和習慣爲基礎，因爲它們無論如何還是假設了大量

---

anding, Chap. 5.
❻　同❸, p. 355.
❼　同❸, p. 356.

其他的前提，而這些前提是不能不依賴於聯想或習慣的。比如，在上面所說的例子中，當那個化學家作出關於他所發現的化合物的普遍結論時，他便假設了下面這樣一些前提，而這些前提只能是建立在習慣或聯想基礎之上的：該化合物的性質與貯存它的容器無關，並且也與試驗者的年齡或行星的狀態無關，等等。

(2) 對於第二個問題石里克給出了這樣的回答：關於實際的普遍命題或曰普遍的後天判斷所具有的有效性是一種或然的有效性 (wahrscheinliche Geltung)，它們都是假設，都有被新的事實否證的可能性。石里克認為，我們有必要明確區分開兩種不同意義的或然性：一種是主觀的或然性，它指一個命題在一個主體那裡引起的一種期待狀態，一種確實或不確實的意識狀態或感受，因而它是一種心理學的事實；另一種是客觀的或然性，它與主觀的意識狀態無關，而是命題本身（或者命題所描寫的客觀實際的行為）所具有的一種客觀屬性。而當我們說關於實際的普遍命題（普遍的後天命題）只具有或然的有效性時，我們所說的或然性只能是後一種意義上的或然性，也即客觀的或然性。

(3) 至於第三個問題，人們常常有這樣的意見：為了給歸納地獲得的判斷的有效性提供基礎，我們只需援引因果原則就夠了。因為借助於它我們便可以將每一個歸納推理都歸約為下面這樣的三段論式：迄今的觀察告訴我們 A 是 C 的前件；因為按照因果原則，相同的前件總有相同的後件相隨，因此 C 在將來在同一地點也將仍然是 A 的後件。這樣，A 和 C 之間的聯結的普遍有效性便得到了證明，從熟悉的東西到不熟悉的東西的過渡也就以邏輯上無疑義的形式完成了。對於這種觀點石里克反駁道：如果同樣的過程真的總是作為前件出現的話，那麼上面的證明無疑是正

確的。但眞正說來事實並非如此。每一個原因嚴格說來都是無限複雜的。自然中並沒有這樣的事情：在兩個事件中絕對相同的情況再次出現了，在這裡只存在著相似性，而不是完全的等同（而且卽使存在著這樣的完全的等同，我們也不能確實地認出它）。在「類似的原因跟隨著類似的結果」這樣的形式中，因果原則並不總是有效的，因爲衆所周知，原因中的微小區別有時便可以引起結果上的巨大差異。實際上，並非所有的前提情況都與原因有關，區別出眞正的原因與虛假的原因恰恰是歸納方法的任務所在。因此，因果原則不能爲由歸納所得的判斷的有效性提供根據。實際上，因果原則和歸納推理一樣，它的最終根據也是成問題的。

　　作爲經驗主義者，石里克當然不會接受唯理論者的觀點：因果原則和歸納推理的最終根據可以通過理性證明來提供。但他同樣也不滿意某些經驗主義者的下述主張：它們的有效性和可靠性是由經驗加以保證的。因爲經驗只能幫助我們從已觀察的東西推論到已觀察的東西，而不能幫助我們從已觀察的東西推論到未觀察的東西，也就是說，它最終還是不能幫助我們從特殊過渡到一般、從過去和現在過渡到將來。由於因果原則和歸納推理的有效性旣不能通過理性來論證，又不能通過經驗來辯護，因此有人便企圖另闢蹊徑。在這方面，康德的觀點特別值得注意。正如我們在上一節已經看到的，康德企圖通過「經驗的可能性」對因果原則的有效性作出先驗的演繹論證（邏輯證明）。後來，埃德曼（Benno Erdmann, 1851-1925）在其《論因果律的內容及其有效性》(*Über Inhalt und Geltung des Kausalgesetzes*) (1905) 一書中力圖證明：如果因果原則不具有我們所要求於它的那種有效性（注意，康德和埃德曼歸給它的有效性不是石里克

所說的或然的有效性，而是絕對的、先驗的有效性），那麼人類的思維活動、研究活動也就不可能存在下去了。因此，按照康德和埃德曼的理解，因果原則和由歸納而來的眞理具有「公設」（Postulat）的地位。

石里克認爲，康德和埃德曼等人這種到「經驗的可能性」中爲因果原則和歸納方法尋找根據的努力有其一定的合理性，——只要我們給予其以正確的「解釋」。人類的認識衝動根本說來有其生物學的根源，人類本身就是客觀實際的一部分。當他對實際的世界進行科學研究時，他所關注的是他與實際世界之間的實際的聯繫。而這些聯繫根本說來是實踐性的，只是爲了滿足他的情感生活和性生活等的需求他才對外在世界的作用作出反應，而如果沒有了這種需求，他根本就不會有認識它的欲望。正是爲了生活的緣故，經驗（卽實踐行動）才是必需的。爲了生存，人類不得不依靠經驗，而且也正是爲了生存，他才需要科學（至少是科學的可能性）。爲了在世界中生存下去，他必須對世界有所認識，世界也必須是可認識的。而經驗、認識或科學的可能性的基本前提便是自然的規則性（Regelmäßigkeit）和齊一性（Gleich-mäßigkeit），正是這種規則性和齊一性爲習慣和聯想的形成提供了可能。而習慣和聯想又爲因果關係的認識和歸納知識的獲得提供了契機。由此看來，從實踐的角度看，第三個歸納問題和第一個歸納問題的答案是相同的：對於因果原則和歸納方法的實踐的信念來自於聯想和習慣，來自於每時每刻都在控制著、維持著那個行動著的生命的本能。而這些基本的生命功能的結果對於生命來說是有效的，對於行動來說，除此而外再也沒有其他種類的有效性了。科學活動無疑也是一種生命行動，因此它也要受制於

因果原則和歸納方法。因為世界就是按照因果原則和歸納原理構建起來的，因此一切生命都不得不受制於那個本能。總之，如果因果原則和由歸納而來的普遍的經驗命題失去了我們要求於它們的那種有效性（或然的有效性），那麼生命（和科學）也就無以為繼了。因此，生命實踐 (die Praxis des Lebens) 為我們要求於歸納知識和因果原則的有效性提供了充分的根據和保證。但這裡我們要注意，這種根據和保證不是理論上的、邏輯上的，而是實踐上的。康德和埃德曼等人的錯誤也就在於他們混淆了理論上的根據和保證與實踐上的根據和保證，將本是實踐上的要求和保證當成了理論上的要求和保證。實際上，根本就不可能存在對於因果原則和歸納知識的有效性的理論（邏輯）證明。

顯然，石里克在知識有效性問題上的態度是以休謨的觀點為基礎的。其一，他的分析命題（先天命題）和綜合命題（後天命題）之分與休謨的關於觀念間關係的知識和關於實際事情的知識的區分是完全重合的；其二，他關於因果原則和歸納知識的有效性的觀點也直接源自於休謨。休謨認為，從原因到結果的慣常的轉移以及我們要求歸納而來的普遍的經驗知識應該具有的那種或然的有效性是人類一切思想和行動的基礎，除掉這種基礎，人類就不可避免地消亡和毀滅。因此，對於因果原則和歸納知識的有效性的信念在我們的生命實踐中有其最終的根據，它們對於人類的持續存在來說是不可或缺的。不過，這裡有一點需特別加以注意，那就是：在休謨看來，在有關實際的事情上我們之所以不能達到絕對的確實性，完全是因為我們人類的脆弱和盲目所致，因此當他作出上述斷言時還帶有深深的遺憾和不安。但在石里克看來，我們之所以不能獲得關於實際事情的絕對確實的知識，完全

是知識的本質使然，我們盡可以心安理得地接受這個事實。

四、知識的基礎問題

從上一節關於知識的有效性問題的討論我們看到，所有關於實際的命題都不具有絕對的有效性或絕對的確實性，而只具有某種程度的或然的有效性，換言之，它們都是假設。這個事實促使自笛卡爾以後（甚至可以說自古以來）的哲學家們去苦苦地尋求這樣一個不可動搖的知識基礎：它擺脫了一切懷疑，並爲我們提供了一個可以在其上建立起我們的搖擺不定的知識大廈的牢不可破的「自然基石」。那麼，這個「自然基石」究竟是什麼呢？

(一)笛卡爾的基礎觀:「我思，故我在」

笛卡爾認爲，這個自明的、不可懷疑的「自然基石」就是「我思，故我在」(cogito, ergo sum)。因爲假設我們懷疑了一切，那麼總有一件事是不能懷疑的，它是絕對確實的，那就是我懷疑或我思維這回事。在思維者進行思維的時候，設想思維者不存在，這是矛盾。懷疑意味著存在一個懷疑者，思維意味著存在一個思維者，卽一個思維著的東西或精神實體。通過這樣的方式，我們便把握了一個合理的、自明的命題。懷疑意味著思維，思維意味著存在，因而「我思，故我在」。在笛卡爾看來，對一個循序而進行哲學思維的人來說，這是首先出現、最爲確實的知識，它構成了我們的一切知識的終極基礎。

石里克認爲，「我思，故我在」這個命題是絕對不能充當知識的「自然基石」的，因爲一經分析卽可發現它的後件「我在」

是一個毫無意義的僞命題，因而它本身也必然是一個僞命題。而
僞命題當然不能提供任何知識，更不能充當知識大廈的基石。而
且，在石里克看來，卽使我們將「我在」重新表述爲「意識內容
存在」(cogitation est)，它也不會因此就變成爲一個眞正的命
題。因爲只有在一個材料（包括意識材料）經由描述（摹狀短語）
而被標記出來的時候，我們才能就它而作出一個存在陳述，如果
它只是經由直接的指示（指向）動作而給出的，那麼我們就不能
就它而作出一個存在陳述。用符號邏輯的語言來說，這也就意味
著：存在斷言必須包含有一個「運算子」(operator)，卽謂詞。
例如，在羅素的符號系統中，一個存在陳述具有如下形式：$(\exists x)$
$f(x)$（「有一個 x，它具有性質 f」）。因此，「有一個 a」（這裡
「a」是被直接指示的對象的專名，因而意指「這裡這個」）沒有
意義，在羅素的系統中我們甚至都無法寫下它。由此看來，笛卡
爾的「我在」命題──或者其改進了的表述形式「意識內容存在」
──是毫無意義的，它沒有表達任何東西，沒有包含任何知識。
因爲這裡出現的「我」或「意識內容」僅僅是作爲所與的名字而被
使用的，它的任何可檢驗的特徵都沒有在這個命題中得到斷定。
此外，石里克還根據意義證實法論證了「我在」或「（我的）意
識內容存在」（因而，「我思，故我在」）的無意義性。按照意義
證實方法，任何一個命題有意義當且僅當它可證實，卽當且僅當
我們可以給出其成眞或成假條件（情況）。但我們如何能給出「我
在」或「我的意識內容存在」的成假條件呢？顯然，我們所作出
的每一次努力都勢必會導致荒謬的結果，比如，導致如下這樣的
「命題」：「事情不是這樣的是這樣的」(Es ist der Fall, daß
nichts der Fall ist)。因此，我們不能給出「我在」或「我的

意識內容存在」的成假條件（情況）。這同時就說明，我們也不能給出它們的成眞條件（情況）。這也就是說，它們不可證實，沒有意義。

(二)卡爾納普和紐拉特的基礎觀：記錄命題

知識的基礎問題在現代是以關於「記錄命題」（Protokoll-sätze）的問題的形式出現的。卡爾納普是第一個系統地論及記錄命題的哲學家。在〈作爲科學的普遍語言的物理語言〉（Die Physikalische Sprache als Universalsprache der Wissenschaft) 一文中，他是以這樣的方式引入「記錄命題」概念的：記錄命題就是那些包含在物理學家或心理學家等的「原始」記錄中的命題，也卽指這樣的命題，它們直接記錄（描述）了我們的當下的體驗內容或現象，我們的直接的所與，或我們的直接的觀察結果，而沒有對它們進行任何形式的進一步的科學處理。關於記錄命題究竟具有什麼樣的具體形式這個問題，卡爾納普給出了三種可能的答案：「現在快樂」，「現在在這裡藍色，那裡紅色」；「現在紅色圓圈」；「在桌子上有一個紅色立方體」。他對第一和第三種回答都做了批評，但也沒有明確地斷定說第二種回答是正確的。不過，從上下中我們不難看出，他是傾向於接受第二種回答的。卡爾納普將純粹由記錄命題構成的語言稱爲「記錄語言」（Protokollsprache）或「體驗語言」（Erlebnissprache）或「現象語言」（phänomenale Sprache）。

由於記錄命題描寫的是主體當下的直接體驗、感受，或他的直接的觀察結果，所以不同的主體勢必有不同的記錄命題（卽使語詞形式相同，也具有不同的意義）。這也就是說，每一個主體

都有他自己的記錄命題（記錄語言）。但另一方面，所有的記錄命題（記錄語言）又都可以翻譯爲主體間的物理命題（物理語言），只不過不同主體的記錄命題（記錄語言）對應著統一的物理語言的不同部分罷了。正因爲這種翻譯的可能性，一個主體S_1才可以理解並使用另一個主體 S_2 的記錄。當然這種理解和使用必是間接的，只有在 S_1 和 S_2 的記錄都被譯成爲物理語言後它們才能發生。因此，嚴格說來，「每一個主體只能將他自己的記錄作爲基礎」。[98]

　　卡爾納普宣稱，記錄命題是「不需要證實的，它們構成了科學中其他一切命題的基礎」。[99] 當然，眞正說來，科學系統中的命題並不是從記錄命題中推演而來的，它們之間的關係要複雜得多。我們首先應區分開科學系統中的單稱命題或曰具體命題（在其中涉及到的是某一特定的時-空位置，如「在某某時-空位置溫度爲如此如此」）和自然律（即一般命題，從其中可以推導出單稱命題，如「鐵的密度始終是7.4」）。相對於單稱命題而言，自然律具有假設的特徵，它們絕不能從有限數目的單稱命題中嚴格地推導出來，而只能在這些命題中得到越來越多的驗證；進一步說來，任一單稱命題相對於其他單稱命題而言也具有假設的特徵；而相對於記錄命題而言，所有的單稱命題也具有同樣的特徵，一般說來，它們也不能從無論怎麼多的記錄命題中嚴格地推導出來，而只能從它們那裡得到越來越多的驗證。不過，的確存在著相反的推導可能，即借助於科學系統語言的推導規則並通過使用

[98]　Rudolf Carnap, 'Die Physikalische Sprache als Universalsprache der Wissenschaft', in *Erkenntnis* 2(1931), p. 461.

[99]　*Ibid*. p. 438.

自然律我們可以從足夠多的單稱命題中推導出記錄命題。而一旦我們進行了這樣的推導，我們便可以對推論的前提進行檢驗了，方法很簡單，只需看一下推導而來的記錄命題是否出現在記錄之中就可以了。當然，科學系統的命題並沒有以這樣的方式而得到嚴格的「證實」。由於任何命題都不能得到嚴格的證實，因此，究竟將什麼命題納入到科學系統之中也就不可能完全由客觀的經驗驗證決定，可以說，某種程度上這是一個個人決定的問題。因此，科學系統的構建也就總包含有約定的成分在內，系統的形式並不是由經驗完全決定了的，為此還必須有「決定」(Festsetzungen) 的作用。

卡爾納普稱他自己的上述觀點為「方法論的唯我論」(methodischer Solipsismus) 或「方法論的實證論」(methodischer Positivismus)，因為每一個主體都只能使用他自己的記錄作為構建和證實科學命題的最終基礎。另外，由於他同時認為物理語言構成了科學的普遍語言，即使記錄語言也能翻譯為物理語言，所以他又將自己的觀點稱為「方法論的唯物論」(methodischer Materialismus)。對於這些獨特的名稱，卡爾納普解釋道：

> 作為附加物的「方法」一詞所表達的是下述事實：這裡所處理的論題只關涉到某些語言變形和推導的邏輯可能性，而與「所與」、「心的東西」和「物的東西」的「實在性」或「非實在性」（「存在」或「非存在」）無關。⑩

⑩ *Ibid.* p. 461.

　　卡爾納普關於記錄命題的上述觀點一經提出便遭到了他那個
學派的另一個代表人物紐拉特的激烈反對。紐拉特專門寫了〈記
錄命題〉（Protokollsätze）一文，以系統地批評卡爾納普的觀
點。

　　第一，紐拉特認爲，卡爾納普關於記錄命題所應採取的形式
的規定是錯誤的。如果我們不考慮同語反複式的話，那麼科學可
以說全部是由實際命題（事實命題）組成的，而所有的實際命題
不是記錄命題便是非記錄命題。根本說來，記錄命題和其他的實
際命題具有相同的語言形式，只不過在它們之中多次出現了一個
人名──它與其他的詞項處於特定的關聯之中──罷了。因此，
一個完全的記錄命題將具有如下的形式：「奧托・紐拉特３點17
分時的記錄：（奧托・紐拉特３點16分時的言語-思維（Sprec-
hdenken）是：（３點15分時房間裡有一個由奧托・紐拉特知覺
到的桌子））」。不過，紐拉特認爲，下面這樣形式的命題並不是
記錄命題：「奧托・紐拉特３點16分時的言語思維是：（３點15分
時房間裡有一張奧托・紐拉特知覺到的桌子）」；「３點15分時房
間裡有一張奧托・紐拉特知覺到的桌子」。這裡，紐拉特特別強
調，一個完全的記錄命題必須包含有一個人名。因此，被卡爾納
普當作爲記錄命題的例證的「現在紅色的圓圈」這樣的命題絕不
是什麼完全的記錄命題。而且它甚至都不能作爲完全的記錄命題
的最內層的表達式出現，爲了使其能夠出現在記錄命題之中，我
們必須將它改寫爲「奧托・紐拉特現在看到了一個紅色圓圈」這
樣的形式。這也就是說，一個命題爲成爲記錄命題的一部分，它
必須包含有人名和知覺詞項。

　　第二，在對記錄命題的形式做了上述重新規定後，紐拉特自

然也就不會同意卡爾納普的下述觀點：不同的主體都各自具有他們自己的記錄命題。在他看來，「每一種語言就其自身而言就是『主體間的』」●。一個時刻的記錄必須能被併入到另一個時刻的記錄之中，正如甲的記錄必須能被併入到乙的記錄之中一樣。因此，像卡爾納普那樣，談論什麼不同的記錄語言——它們後來又被聯繫起來——是沒有意義的。如果一個人今天的記錄語言和他昨天的記錄語言在某些情況下可以被認爲是一樣的，那麼兩個不同的人的記錄語言在同樣的情況下也可以被認爲是一樣的。在普遍的科學語言（卽物理主義的語言）中談論什麼「自己的」記錄是沒有意義的，正如談論「現在」或「這裡」等是沒有意義的一樣。在這樣的語言中，甚至人名也將由坐標和物理狀態量值加以代替。在其中，人們不能再作出「自己的記錄」（eigenes Protokoll）和「他人的記錄」（fremdes Protokoll）的區分，而只能作出「奧托-記錄」和「卡爾-記錄」的區分。這樣，有關「自己的心」（das Eigenpsychische）和「他人的心」（das Fremdpsychische）的所有問題也就自然而然地得到了消解。

第三，紐拉特認爲卡爾納普的下述觀點也是錯誤的：記錄命題是絕對確實的，不需要進一步的證實，它們構成了我們的一切科學構造和證實活動的基礎。在他看來，由記錄命題和非記錄命題構成的科學系統始終處於不斷的變化之中，不是靜止的。某一個時代所認可的命題被後來的時代否棄掉了，並被新的命題所取代。實際科學中的任何命題都有可能遭受到這種命運，記錄命題

● Otto Neurath, 'Protokollsätze', in *Otto Neuraths Gesammelte philosophische und methodologische Schriften*, Band 2, p. 582.

當然也不例外。我們是否拋棄掉一個命題的標準就是看它是否和我們至今所接受的科學命題系統和諧一致。如果一個新的命題與我們所接受的科學命題系統發生了矛盾，那麼我們就可以將這個新的命題作為「無用的」或「假的」而拋棄掉。當然，在這種情況下，我們也可以通過修改我們的系統的其他命題的方式而保留住這個新命題，——如果我們願意的話。這時，我們就可以稱這個新命題為「真」的了。當在一個統一的科學系統內出現了兩個互相矛盾的記錄命題的時候（紐拉特認為這種情況是極有可能的，但卡爾納普似乎不承認有這種可能），我們就必須拋棄兩者之中的一個，或者乾脆將它們都拋棄掉。由此紐拉特進一步推論道：

> 如果在這樣的情況下我們必須拋棄掉記錄命題，那麼為什麼在下述情況下我們就不能這樣做呢？根據許多邏輯中間環節，我們發現，在記錄命題和由記錄命題與非記錄命題（規律等）組成的一個系統間存在著矛盾？按照卡爾納普的觀點，我們只能被迫改變非記錄命題和規律。但在我們看來，記錄命題的刪除也是可能的。在命題的定義中就已經包含了下述內容：它需要證實，因此也就能夠被刪除。⑩

最後，紐拉特斷言：

> 我們沒有任何辦法建立起有著最終保證的、整潔的（sau-

---

⑩ *Ibid.* p. 581.

bere) 的記錄命題以作為科學的出發點。……我們像船員一樣，他們必須在公海上修復他們的航船，而並非總能將船拖到一個港口拆開，並用最好的零件重新裝備它。⑱

第四，卡爾納普將自己的觀點「獨具匠心」地稱為「方法論的唯我論」、「方法論的實證論」或「方法論的唯物論」。紐拉特認為，這極易致人迷誤。實際上，給唯我論或實證論附加上「方法論的」這樣的標籤並沒有使它們成為可用的、可以接受的，這只說明了在卡爾納普的觀點中還留有唯心論形而上學的殘餘。

> 「方法論的唯我論」論題是不能科學地加以表述的，——這點卡爾納普大概也不會否認。它甚至都不能再用以指示一種與其他的立場相對立的特定的立場，因為這裡只有那個唯一的物理主義 (Physikalismus)。可以科學地加以表述的一切都已經包含在這種物理主義之內了。⑭

對紐拉特的上述反對意見卡爾納普在〈論記錄命題〉(Über Protokollsätze) 一文中做了詳盡的答覆。

關於紐拉特的第一個反對意見，卡爾納普是這樣回答的：紐拉特所給出的關於記錄命題的形式的規定與他在〈作為科學的普遍語言的物理語言〉中給出的規定並不相矛盾，而是平行的，可以說兩者分別代表了構造科學語言的兩種不同的方法，它們都是

---

⑱　*Ibid.* p. 579.

⑭　Otto Neurath, 'Einheitssprache des Physikalismus', in *Otto Neuraths Gesammelte philosophische und methodologische Schriften*, Band 2, p. 540.

可能的，都是有根據的。一種方法是將記錄命題置於科學的系統語言之外，同時建立起一些關於如何將記錄命題翻譯爲系統內命題的特殊的規則。這種方法對記錄命題的形式不做任何限制，它們既可以是我們自己的記錄命題（如，「這裡有一個紅色圓圈」、「這裡有一條狗」等等），又可以是一個土著人用我們所不熟悉的語言發出的言語表達（Äußerungen），也可以是一個小孩的表達，甚至可以是一個動物、一個裝置的「表達」，——只要我們在做了充分的觀察後爲它們建立起了適當的翻譯規則。另一種構造科學系統語言的方法是將記錄命題直接就置於系統語言之中，將系統語言中的某些具體命題直接就當作記錄命題，因而這時也就不需要什麼翻譯規則。此外，由於這時記錄命題屬於系統語言，因而它們首先要受制於系統語言的句法規定。堅持這種構造方法的人們在「究竟什麼樣的具體命題是記錄命題？」這個問題上是有著巨大的分歧的。一種觀點認爲只有某種特定形式的具體命題才可以是記錄命題；另一種觀點則認爲無論什麼樣的具體命題都可以是記錄命題。而就第一種觀點來說，又存在著對記錄命題的形式進行多種限制的可能。顯然，在〈作爲科學的普遍語言的物理語言〉一文中，卡爾納普選擇的是第一種構造方法，而紐拉特在批評卡爾納普時選擇的則是第二種構造方法。現在，卡爾納普認爲，兩種構造方法各有所長：第一種方法的優點是對記錄的形式沒有作出具體的要求，因而由此而構造出的語言形式也就具有較大程度的自由；第二種方法的優點是它只處理一個統一的語言，因而不需要翻譯規則。「究竟選擇兩者中的哪一個？」這個問題在卡爾納普看來是實際決定問題，與斷言的正確與否無關。因此，卡爾納普認爲，紐拉特對他的批評有失公正。在選擇了第

二種構造方法後，紐拉特又對記錄命題的具體形式作出了如下限制性規定：記錄命題必須包含有記錄者的名字和「知覺」、「看」之類的表達式。卡爾納普認為，只要我們選擇了第二種構造方法，那麼紐拉特的這個規定還是適當的。但他認為紐拉特所建議的那種帶有三個互相嵌套的子部分的記錄命題形式是不適當的，即使僅從句法角度看它就很成問題，因為在其中一個談論另一個命題的命題卻又將這另一個命題作為子命題包含在自身之內。

這裡，卡爾納普提醒人們要特別注意，與選擇不同的方式對記錄命題的形式作出限制性規定一事相關的不是斷言（Behauptung）的正確性問題，而是決定（Festsetzungen）的合目的性問題。就他自己而言，他寧願採取那種不對記錄命題的形式作出具體的限制的、比較自由的觀點。「物理主義系統語言的任何具體命題都可以用作為記錄命題」⑩。

假設 G 是一個規律（即系統語言中的一般命題）。為了檢驗它，我們從它推導出一些關於特定的時-空點的具體命題（比如，通過這樣的方式：用具體的量值取代作為自由變項而出現在 G 中的時空坐標 x、y、z、t）。然後，借助於其他的規律和邏輯-數學的推理規則從這些具體命題中推導出另一些具體命題，直到達於在我們所處理的情況下我們所認可的具體命題為止。但至於我們究竟應該將什麼樣的命題用作為這種歸約式推導的終點，也即用作為記錄命題，則取決於我們的決定（Entschluss）。只要我們願意——比如，當出現了懷疑或者當我們要使科學論題變得更為可靠時，我們便可將暫時作為終點看待的命題再度歸約為其

---

⑩　Rudolf Carnap, 'Über Protokollsätze', in *Erkenntnis* 3 (1932/1933), p. 224.

他的具體命題，並作出決定將這個或這些其他的具體命題當作終點，即記錄命題。當然，爲了達到檢驗的目的，無論如何我們也要使這個歸約過程有一個終點。但是，我們絕不是被迫採取某一個終點的，我們可以從任何一個暫時作爲終點的命題出發，將我們的歸約繼續進行下去。由此卡爾納普斷言：「對於科學的構造而言，不存在什麼絕對的初始命題（Anfangssätze）」**⑩**。這恰與他在〈作爲科學的普遍語言的物理語言〉一文中所堅持的觀點形成了鮮明的對照。在這篇文章中，他認爲記錄我們的當下直接感覺、知覺、感受或直接所與的命題構成了我們的一切科學構建和證實活動的基礎，只有它們才是名符其實的記錄命題。現在，他認爲，在我們上面所描述的歸約鏈之中，這樣的命題並不具有什麼特殊的地位，儘管在通常的科學程序中我們的歸約的確常常終止於它們，但這並沒有什麼根本的意義。事實之所以如此，只是因爲在通常的科學實踐中對於知覺命題的檢驗常常不是必要的，而且只是在非常關鍵的情況下我們才將我們的歸約進行到知覺命題階段，而在大多數情況下我們只需進行到關於觀察到的事物的命題（也即將它們作爲記錄命題看待）就可以了。因此，如果我們選擇了不對記錄命題的形式作出具體限制的觀點，那麼物理學家、生物學家、地質學家，甚至社會學家們在他們通常的科學實踐中所作的記錄都可以看作是嚴格意義上的記錄。這樣的記錄所包含的具體命題的形式是非常自由的，比如，它們可以是有關知覺或感受的，也可以是有關觀察到的過程或關於雖沒有觀察到但可以從已觀察到的過程推出的過程的，又可以是關於其他人

---

⑩　*Ibid.* p. 224.

所報導的過程的，等等，不一而足。

　　關於紐拉特的第二個反對意見，卡爾納普認為它也沒有構成對他的觀點的真正的反對。說到底是紐拉特不喜歡「我」、「自己的（記錄命題）」、「他人的（記錄命題）」（用內容的說話方式來說，「自己的心」、「他人的心」）這樣一些表述方式。的確，在歷史上這些語詞給哲學家們招致了諸多不幸的後果 —— 無意義的爭論，因而盡量避免它們也未嘗不可。但卡爾納普認為，只要我們時刻牢記有它們出現的命題也能夠翻譯為沒有它們出現的命題，那麼我們盡可以放心大膽地使用它們。卡爾納普雖然認為「每一個人都有他們自己的記錄命題」，但並沒有進一步說每個人的記錄命題都必是非主體間的：它們只對他自己有意義，只能為他自己所用、所理解。相反，在他看來，一個人的記錄命題對於其他的人來說也可以是有意義的，別人也可以理解、使用它們，因為它們畢竟都可以翻譯為統一的物理主義語言。

　　至於紐拉特的第三個反對意見，可以說卡爾納普完全接受了它。現在，他認識到，記錄命題，無論它們採取什麼樣的形式，都不是得到了最終的保證的、不可修改的、無需證實的，同其他具體命題和一般命題（即規律）一樣，它們也可遭受到被修改或被拋棄的命運。他認為，我們可以從以下兩個方面來說明這點：第一，假設我們採取了第一種構造系統語言的方法（即將記錄命題置於系統語言之外），並進一步假設我們按照記錄命題的翻譯規則而得到的系統內的命題被證明與我們所接受的其他命題發生了矛盾。這時我們一般會採取如下的步驟來消除這種矛盾：或者修改這些其他的命題 —— 特別是當它們不是經由翻譯而來的具體命題而是假設地建立起來的一般命題的時候，或者改變我們的翻

譯規則。這樣我們便保住了記錄命題。但是，我們也完全可以不採取上述步驟消除矛盾，而是直接就將相關的記錄命題當作「假」的刪除掉。在卡爾納普看來，「我們究竟應該採取什麼樣的步驟？」這個問題是實際決定問題，而不是有關斷言的正確與否的問題。第二，　假設我們採取了第二種構造系統語言的方法（即將記錄命題置於系統語言之內），並假設人們選出來作爲記錄命題的某個具體命題與我們已接受的其他的具體命題發生了矛盾，那麼我們便面臨著這樣的艱難選擇：或者修改這個記錄命題，或者修改相關的其他的具體命題，抑或修改它們借以從其中推出的那些規律。現在，卡爾納普認識到，第一種選擇也是完全可能的、適當的。而至於人們究竟會作出何種選擇同樣也完全是實際決定問題。

至於紐拉特的第四個反對意見，卡爾納普認爲，它和第二個反對意見一樣，也不構成對他的觀點的眞正反對，因爲紐拉特所反對的也只是他的某些語詞用法。卡爾納普承認，「方法論的唯我論」、「方法論的實證論」和「方法論的唯物論」這些語詞表達的確極易致人迷誤，如果我們願意，我們盡可以不使用它們，而只使用「物理主義」這個表達式。

(三)石里克的基礎觀：斷定

石里克關於知識的基礎問題的討論是以對卡爾納普和紐拉特關於記錄命題的上述觀點的批判爲基礎的。在作出這個批判之前，石里克認爲我們有必要首先澄清一下「知識的基礎」一語的正當用法。顯然，關於「知識的基礎」人們可以有兩種不同的理解。如果我們將科學看作是一個封閉的命題系統，並且只關心構

成這個系統的諸命題之間的邏輯關聯，那麼在這種情況下，當我們談論到它的基礎時，我們指的實際上是「邏輯的基礎」。這時，所謂的「基礎問題」便可按照我們的意願而加以回答，我們可以自由地選定該系統的任何命題作爲它的基礎，只要從我們所選定的命題中能推導出系統的所有其他命題即可。比如，我們可以將科學中最一般的命題（也卽那些通常被看作是公理的命題）當作是它的終極的基礎；但也可以反其道而行之，將最特殊的命題（相當於卡爾納普或紐拉特所說的記錄命題）當作是它的基礎；另外，我們還可以作出其他的選擇。但是，如果我們將目光從科學的諸命題之間的邏輯關聯轉移到它們與實在的關係上，並且認識到它的本質不過是一種手段，借助於它我們便能熟悉並應付繁雜的事實，並能得到證實的歡樂（Bestätigungsfreude）和終極性的感受（das Gefühl der Endgültigkeit），那麼「知識的基礎」問題便自動地轉變成爲關於知識和實在的不可動搖的接觸點（Berührungspunkte）的問題，也卽眞理的終極標準問題。進一步說，也卽這樣的問題：作爲個體觀察者，我們自己爲何接受了一個科學命題或系統爲眞？在石里克看來，這是一個心理學問題，因此能夠作爲這種意義上的知識的基礎的東西必須符合下述條件：一方面，對於我們每個人自己而言，它必須絕對確實，絕對有效；另一方面，它又必須相關於實在，也卽它必須是綜合的。

很明顯，第一種意義上的基礎問題可以說已經得到了解決，這裡亟待解決的只是第二種意義上的基礎問題。那麼，卡爾納普和紐拉特等人的記錄命題能夠充當這種意義上的知識的基礎嗎？石里克認爲，它們當然不能擔當此「重任」，因爲它們不滿足爲

成爲這種意義上的知識的基礎所必須滿足的必要條件之一，卽絕對的確實性、絕對的有效性。它們也是可以修改、可以刪除的，也是假設，因而本質上說它們與科學系統中的其他命題並沒有什麼區別。正因如此，卡爾納普和紐拉特才會得出如下結論：記錄命題是相對的，我們可以將（科學系統中的）任何單稱命題（具體命題）挑選出來作爲記錄命題，這完全是方便與否的實際決定問題，而與斷言的眞假無關。既然任何單稱命題都可以被看作是記錄命題，那麼記錄命題也就無法勝任起初人們引入它們時賦予給它們的那種神聖使命了：作爲衡量其他命題眞假與否的尺度。這時，我們還能把什麼作爲眞理的標準呢？卡爾納普和紐拉特（特別是後者）認爲，我們只能將眞理的標準規定爲命題之間彼此協調一致或無矛盾，這便導致了眞理的融貫說。而這個學說在石里克看來總的說來是不能接受的，因爲它不能爲我們提供無歧義的眞理標準，因而必導致相對主義和約定論。

　　既然所謂的記錄命題不能充當知識的基礎，那麼我們應該到哪裡去尋求這種基礎呢？由於這裡所謂的「知識的基礎」就是指眞理的終極標準，而在本章第二節我們已經看到，早在1910年所寫的〈從現代邏輯的觀點看眞理的本性〉和1918年寫的《普通認識論》中，石里克就已指出，眞理的終極標準就是指那種由表達直接的經驗、知覺等的判斷與從我們所欲證實的判斷推出的單稱判斷的「相同」而引起的「同一性體驗」，所以「知識的基礎」也就在於這種「同一性體驗」。三十年代初，石里克又對上述思想做了進一步的發揮。他將那種表達我們自己的當下直接的體驗、知覺或感受的命題稱爲「觀察命題」（Beobachtungssätze）、「基本命題」(Fundamentalsätze) 或「斷定」(Konstatierungen, affirmations)（在這些名稱中，他最傾心於最後一個），並認為它們總是具有如下的形式：「這裡現在如此如此」（Hier jetzt so und so）。例如：「這裡現在兩個黑點重合為一了」，或者「這裡現在黃色包圍了紅色」，或者「這裡現在疼……」，「這裡（現在）黃色」，「視覺場中有兩條黃色的線」，等等。按照石里克的理解，「斷定」具有如下獨特的特點：

第一，即使僅從形式上看，它們就與所有其他命題（包括卡爾納普和紐拉特所謂的記錄命題）截然有別。比如，在紐拉特所說的記錄命題中總有知覺詞項和人名出現，而在斷定中則不然。而且，嚴格說來，真正的斷定是不能寫下來的，因為每當我記下「這裡」和「現在」這樣的指示性語詞時，它們便失去了它們原來的那種特定的意義，而變得游移不定了。而且，石里克認為，我們也不能通過具體的地點和時間的說明（Orts-und Zeitangabe）來取代它們，因為一旦我們做了這樣的替代，那麼，斷定就不可避免地被記錄命題所取代了。

第二，斷定是絕對確實、絕對有效的，它們不可修正（incorrigible），不容許任何懷疑。當我的斷定與其他人的實際斷言（事實命題）發生矛盾時，我無論如何也不會放棄它們，而只會採取下述立場：只承認那些毫無保留地、原封不動地接納了它們的知識系統。為了進一步說明斷定所具有的這種確實性，石里克把它們和分析命題做了一番比較。我們已經知道，分析命題是絕對確實、絕對有效的，也可以說它們是先天有效的。為了確知它們的正確性我們無需求助於經驗，因為它們根本就沒有就經驗對象而談論什麼。因此，它們所具有的是「形式的真理」，它們之所以是「真」的，並不是因為它們正確地表達了任何事實，而僅

僅是因爲它們符合我們事先隨意建立起來的定義。這也就是說，分析命題的眞僅取決於出現於它們之中的語詞的意義或定義。因此只要我們把握了一個分析命題的意義，也即理解了它，那麼我們也就知道了它是眞的。與此形成鮮明對照的是，對於一般所說的綜合命題而言，理解了其意義卻絕對不意味著因此就知道了其眞假，其眞假只有通過與經驗的比較才能得到最終的確定。因此，對於一般的綜合命題而言，了解意義的過程與確定其眞假的過程是完全不同的。但石里克認爲，這裡有一個唯一的例外，那就是他所謂的斷定。前面我們已經看到，斷定都具有「這裡現在如此如此」這樣的形式。因此，所有的斷定都包含有指示性 (hinweisende) 的語詞，而這些指示性語詞又都具有一種當下手勢 (gegenwartige Geste) 的作用，也即它們的使用規則明確規定了：在作出有它們出現的命題的過程中，發生了一種經驗，注意力指向了所觀察到的東西。「這裡」、「現在」、「這個這裡」等語詞的意義是不能通過一般的語詞定義而給出的，而只能通過這樣的定義並借助於指示 (Aufweisungen) 或手勢 (Gesten) 而給出。例如，「這個這裡」只有與一個手勢聯在一起使用才有意義。因此，爲了理解一個這樣的斷定的意義，我們必須同時作出某種手勢，必須以某種方式指向實際的世界。換言之，我們只能通過下述方式才能理解一個斷定的意義：將其與事實加以比較，也即進行所有綜合命題爲了得到證實都必須進行的過程。但是，儘管在所有其他綜合命題的情況下，意義的確立與眞理的確立是獨立的、可以清楚地加以區別開的過程，而在斷定的情況下，正如在分析命題的情況下一樣，這兩個過程則完全是重合爲一的。在斷定的情況下和在分析命題的情況下一樣，下述問題都

是無意義的：我是否會弄錯它們的眞理性？因此，斷定和分析命題一樣也是絕對確實、絕對有效的。

第三，由於斷定具有絕對的確實性（有效性），它們總是能得到最終的證實，因此它們完全不同於假設。另外，我們還可以從下述之點進一步確定斷定和假設的區別：從語法角度看，當我們給斷定附加上「大槪」、「或許」、「似乎」、「可能」之類的語詞的時候，它們便被轉變成了毫無意義的語詞組合。然而，相關於假設，我們卻總可以正當地使用這些語詞，而且在許多情況下我們還必須這樣做。

因此，相關於斷定，存在著這樣一種用法規定：對於它們而言，談論什麼錯誤或欺騙是荒謬的、無意義的。顯然，所有具有假設特徵的命題都可以（而且只可以）在兩種情況下是假的：一爲在其中出現了錯誤，一爲在其中出現了謊言。但所謂「虛假」的斷定只能是謊言。例如，當某個人說「這是鐵」或者「昨天我在望遠鏡中看到兩條黃色的線」時，他可能出錯，而且當我給它們附加上下述語詞時，它們仍然是有意義的：「我認爲……」或者「我覺得……」等等。但是，如果他說「現在視野中出現了黃色」，那麼這雖然有可能是謊言，但絕不會是錯誤。

> 「在我的視野中出現了黃色」是我所確實地知道的東西（不管這個黃色是因一個黃色的物體所致，還是因餘像（after-image）所致，抑或是因某種幻覺所致）；我不可能不知道它。或者更爲恰當地說，「這裡黃色」和「我知道這裡有黃色」這兩句話具有相同的意義，它們只是語

詞形式不同罷了。❿

　　當然，石里克也不否認存在著這樣的可能：在某些特定的情況下，我們的確可以有意義地說「大概這裡有黃色」、「這裡似乎有黃色」、「如果我沒有弄錯的話，這裡有黃色」等等。但他認為，這也沒有構成對他的上述斷言的真正的反對，因為在這些情況下，這些句子所表達的東西已不再是斷定，而是可以加以懷疑的假設。石里克認為，我們的語言為他的這種「解釋」提供了下面幾種主要的可能性：

　　a.我懷疑視野中的黃色可能具有「主觀的來源」，它的呈現可能是由於我的眼睛或神經系統的某種不正常的狀態所致。如果我現在說「這裡黃色（可能）」，那麼這個句子所意指的便是下述假設：這裡存在著某種物理學家們會稱為「黃色光」的東西。顯然，人們不太可能將這種情況混同於斷定的情況。

　　b.「這裡黃色（大概）」也可以用以意指一種逐漸混合成為淡綠或淡紅的顏色，或一種還不具有習慣的名字的顏色的呈現。在這種情況下，我們或者乾脆就將「大概黃色」這些語詞作為這種顏色的名稱看待（這當然有點「人為」），── 這時這個句子便真的表達了一個斷定，因而再談論它的不確實性或懷疑也就沒有任何意義了；或者更為自然地，將這些語詞看作是表達了「大多數人事實上都會使用『黃色』來表示這種顏色的」這個假設，── 如果這時我說「這裡黃色」，那麼以這種方式解釋我的語詞的任何人都可以就我的話而提出「這真的是黃色嗎？」這樣的疑

──────────
❿　Moritz Schlick, 'Introduction and On "Affirmations"', in *Philosophical Papers*, Vol. II. p. 410.

問。但是，很明顯，這裡受到懷疑的並不是一個斷定的真，而是「我正在按照慣常的用法使用『黃色』這個語詞」這個假設的真。

c.「這裡黃色」這樣的句子也可以因我的下述懷疑而喪失掉其斷定「身分」：我懷疑我自己是否是在按照我孩提時被教導的方式使用「黃色」這個語詞，—— 我是否因為記憶的暫時欺騙而認為「黃色」具有我以前歸約給「藍色」一詞的意義。顯然，這樣的懷疑也不是關於斷定的真的，而是關於我的句子究竟代表了什麼樣的命題的。

第四，在石里克看來，科學系統內的所有命題都是假設，由於斷定全然不同於假設，因而它們也就不能出現於科學系統之內。它們不能從科學命題中推導出來，而且從它們也不能推導出科學命題。

那麼，具有上述諸多獨特之處的斷定在科學系統的構建過程中究竟具有什麼樣的作用呢？為了回答這個問題，石里克認為我們有必要首先對科學構建的實際程序有一個概括的了解。他是這樣描述這個程序的：首先將觀察的結果記錄下來，這樣我們便獲得了一系列真正的「記錄命題」，它們是我們的構建活動的起點，處於認識的開始階段。從這些記錄命題中，通過人們稱為「歸納」的程序便可以逐漸地構建出其他的科學命題。而所謂歸納只是在於，在記錄命題的誘使和刺激之下，我嘗試著建立起一些一般命題（假設），從其中可以邏輯地推導出那些初始的記錄命題，以及其他不可計數的記錄命題。現在，如果這些其他的命題和後來的斷定 —— 它們可以從完全確定的、事先就可精確地加以描述的情況得出 —— 陳述了相同的東西，那麼只要不出現與我們從假設中推導出的命題（進而也就與假設自身）相矛盾的斷定，我們

就可以說假設得到了證實。石里克認爲，在如此描述的科學構建的實際程序或知識構建框架中，斷定具有如下重要作用：

第一，　儘管從它們之中不能　推出記錄命題或　其他的科學命題，但從時間上說，它們處於整個構建過程開始之前，刺激（引起）了它並使它得以進行，它們構成了記錄命題得以形成的心理前提和誘因。因此，某種意義上說，我們可以將斷定看作是一切知識的終極來源。

第二，斷定爲假設提供了終極的證實。科學作出預言，而經驗給這種預言以驗證。假設科學體系中有這樣一個預言：「如果你在如此如此時間觀察一個如此如此校準好了的望遠鏡，那麼你就會看到一個小光點（恒星）與一條黑線（十字線）重合在一起。」如果當我們按照這種指示做了之後，眞的看到了所預言的結果，那麼這便意味著我們作出了一個我們所期待的斷定。與此同時，我們產生了一種完成感（Gefühl der Erfüllung），一種完全獨特的滿足，我們心滿意足了。「我們有充分的理由說：這種獨特的滿足感一出現，斷定或觀察命題也就完成了它們的眞正使命」⑩。當在一個認識過程中出現了斷定時，我們的這個認識過程也就算最終完成了。斷定完成了證實（或否證），可以說它們構成了知識與實在的終極的、不可動搖的接觸點。

以上兩點足以說明，　斷定就是幾百年來（甚至幾千年來）哲學家們一直在苦苦尋求而始終未能獲得的知識的終極基礎或其「自然基石」。

---

⑩　Moritz Schlick, 'Über das Fundament der Erkenntnis', in *Erkenntis* 4 (1934), p. 93.

隱藏在絕對可靠的知識基礎問題背後的問題可以說是證實給予我們的那種滿足有否根據的問題。我們的預言真的實現了嗎？在證實或否證的每一個個別的情況下「斷定」都毫不含糊地對此給予了肯定或否定的回答，隨之而來的便是完成的歡樂 (Erfüllungsfreude)或失望。斷定是終極性的 (endgültig)，⑩

知識有如火舌一般跳躍著接近它們〔斷定〕，在它們之中的每一個上只停留一小會，隨即便吞噬了它。在獲得了新的養料並被進一步加強後，它又向上燃燒到下一個斷定。⑪

這些完成和燃盡的時刻具有至關重要的意義。知識的一切光亮（das Licht）都源自於此。實際上，當哲學家們追尋一切知識的基礎時，他們所追問的便是這種光亮的來源。⑪

不過，這裡我們要注意，千萬不要把石里克所謂的斷定看作是我們通常所理解的那種意義上的「知識的基礎」。因為，第一，儘管在某種意義上我們可以說「斷定」構成了一切知識的終極來源，但這種來源與知識大廈的關係還是很成問題的。實際上，實際記錄下來的東西與被觀察到的東西本身之間的關係也並非那般緊密，一般說來，我們甚至都不應假設在觀察和記錄之間總能插入純粹的斷定。第二，斷定沒有任何持續性（Dauer），它們是轉瞬即逝的，嚴格說來，它們甚至都不能寫下來，從它們那裡我

⑩ *Ibid.* p. 94.
⑪⑪ *Ibid.* p. 99.

們不能推論出任何結論，它們構成了絕對的終點。因此，我們根本無法將它們作爲科學構造的起點，從它們構造出邏輯上牢固持久的知識大廈。

石里克關於知識基礎的上述觀點一經提出，便在他的維也納小組內引起了一場軒然大波。紐拉特、卡爾納普和亨普爾等人都紛紛發表文章反對石里克的觀點，其中紐拉特的批評最具代表性。在〈徹底的物理主義和「實際世界」〉(Radikaler Physikalismus und 「Wirkliche Welt」) 一文中，紐拉特從其「徹底的物理主義」立場出發對石里克的觀點進行了尖銳的批判。

第一，石里克關於斷定所應採取的形式的論述是錯誤的，而他關於它們不可寫下的斷言則更爲荒謬，它與下述典型的僞表述形式 (Scheinformulierung) 毫無二致，同屬一類：「存在著不可表述的東西」或者「存在著不是命題的命題」。

第二，石里克關於斷定具有絕對確實性的斷言也是錯誤的，不能令人信服。實際上，甚至邏輯和數學命題也不具有絕對確實性；而即使它們具有這種確實性，那麼作爲實際命題的斷定（更準確地說，記錄命題）也不能與它們同日而語。

第三，石里克的下述斷言也是錯誤的：存在著無歧義的眞理標準，而斷定便提供了這樣的標準。實際上，正如卡爾納普所言，科學在每一個層次上都充滿了歧義性 (Vieldeutigkeit) 和不確定性 (Unbestimmtheit)。我們每時每刻都面臨著眾多選擇的可能，而我們究竟應作出什麼樣的選擇（即選擇哪一種可能的假設系統），這個問題不是一個有關眞假的理論問題，而是方便與否、經濟與否的實際決定問題。如何回答它要取決於多種邏輯之外的因素，可以說，生活實踐在這裡起著舉足輕重的作用。

　　第四，石里克的下述斷言也是錯誤的：每當一個預言和一個斷定相符合的時候，我們便會產生一種滿足感、完成感，而正是這種感覺或體驗最終完成了預言的證實過程。紐拉特認為，石里克所謂的滿足感、完成感無異於傳統哲學家們所說的「自明性感受」，它們與預言的證實沒有必然的聯繫，我們完全可以設想這樣一個人，在他的預言還未經由斷定而證實的時候便產生了滿足感、完成感。而且一個人究竟是真的還是假的產生了這樣的感覺或體驗我們也無法確知。

　　第五，最後，作為石里克的整個知識基礎理論的基石的下述斷言也是錯誤的，是形而上學的偽命題：真理在於命題與實在（事實）的符合。在紐拉特看來（亨普爾也這樣看），命題只能與命題（或命題的系統）比較，而不能與所謂的「經驗」、「世界」或「事實」比較，我們完全可以用物理主義的命題系統取代所謂的實在（實際世界）。

　　顯然，紐拉特的上述批評意見大部分只是重複了他以前的觀點，只有第四點比較新穎而且頗具說服力。關於第五點反對意見，石里克反駁道：命題與實在（事實、經驗或世界）的比較不僅是可能的，而且是日常生活和科學中我們每天都要進行的活動，而它之所以可能最終說來是因為命題本身也是一種事實⑪。

　　艾耶爾（Alfred J. Ayer, 1910-1989）在其《語言、真理和邏輯》(*Language, Truth and Logic*) (1936) 一書中對石里克的觀點也提出了批評。在他看來，石里克所謂的「斷定」實際上就是「純粹的實指命題」(pure ostensive propo-

---

⑪　cf. Moritz Schlick, 'Facts and Propositions', in *Philosophical Papers*, Vol. II. pp. 400-404.

sition)，但這樣的命題是不可能的，是一種語詞矛盾。它蘊涵著有這樣一種句子，它是由一些純粹的實指符號構成的，而同時又是可理解的。但這甚至在邏輯上講也是不可能的。由實指符號構成的句子不表達一個眞正的命題，它只不過是一種分享、一個指示，或者一聲呼叫，它絕沒有描述被假定由它所指示的東西。那麼像斷定那樣的純粹由實指符號構成的實指命題爲何不可能呢？對此艾耶爾作出了如下解釋：指示一個對象和描述一個對象是不可分割的，前者以後者爲基礎和前提。如果一個句子要表達一個命題，它就不能僅僅提到一種情況，它一定要說出一些關於這個情況的東西。而在描述一個情況時，我們不僅是「記錄」下了一個感覺內容，而總是用這種或那種方式將感覺內容加以分類，這就意味著要超出直接所與的範圍之外。因此，純粹的實指命題（「斷定」）是不可能的。旣然如此，我們也就無從談起它們的絕對確實性了。艾耶爾認爲，石里克之所以提出「斷定說」是因爲他暗中混淆了兩種根本不同的東西，一個是感覺所與本身，另一個是我們關於感覺所與的命題。感覺所與本身的確是不可懷疑的，嚴格說來，它們不是那種可以懷疑或不可以懷疑的東西，一個感覺或所與只是呈現而已。但我們的關於感覺所與的命題則是可加以懷疑的了。總之，不存在絕對確實的經驗命題（綜合命題、後天命題）。

我們看到，在艾耶爾的上述反對意見中，的確含有合理的因素。石里克在某種程度上的確混淆了感覺（體驗）與關於感覺（體驗）的命題。但在下述之點上他的批評也有失公允：斷定並非純粹由實指符號組成，它們並非只是指示了感覺所與而沒有同時對之進行「描述」。不過嚴格說來，在這裡談論什麼「描述」

是不恰當的。眞正說來，「斷定」取代了感覺所與（或當下體驗）
⑬。

　　在《語言、眞理和邏輯》(*Language, Truth and Logic*)
第二版（1946）和《經驗知識的基礎》(*The Foundations of
Empirical Knowledge*)（1940）之中，艾耶爾改變了他以前
對「斷定」的態度，轉而認爲的確存在著這樣的絕對確實的綜合
命題，它們只與直接的感覺內容有關，可以得到最終的、完全的
證實。不過，他不稱它們爲「斷定」，而將其稱爲「基本命題」
（basic propositions）。

　　最後，在結束本節的討論之前，我們嘗試對石里克的「斷定
說」作出以下幾點簡短的評論：

　　首先，這個學說與他一貫堅持的分析命題和綜合命題的嚴格
區分的觀點相抵觸。實際上，「斷定」就是「先天綜合命題」，而
這樣的命題他是一貫堅決否棄的。

　　其次，這個學說混淆了他以前作出的形式和內容、認識和理
會（體驗）的雙重區分，因爲他這裡所謂的「斷定」根本說來不
過是一種體驗、一種理會。

　　最後，「斷定說」背離了他以前關於知識的基礎問題所作的深
刻而合理的解釋，卽知識的終極基礎（根據）就在於人類的生活
實踐中，相反，卻到主觀的體驗中尋求這種基礎，而這顯然極易
導致各種各樣的主觀主義甚或唯我論。

---

⑬　cf. Ludwig Wittgenstein, *Philosophische Untersuchungen*,
　　section 244.

五、知識的限度問題：不可知論批判

知識的限度或範圍問題是傳統哲學認識論中的一個熱門話題。人類的認識能力究竟有多大？存在不存在它所不能勝任的領域？對於諸如此類的問題，很多哲學家不無遺憾地回答道：不管人類的理智在某些領域中多麼有效，在另外一些領域它也是全然無能為力的。知識的範圍僅限於世界的某些部分或某些方面，而其他的部分和方面則必永遠位於其外。總存在著一些人類認識能力所不能逾越的界限，處於這個界限之外的是我們的理智絕對不可能穿透的廣大的不可知之域。歷史上，這種觀點曾為不同的哲學派別所共同堅持。經驗論者洛克、休謨、斯賓塞（Herbert Spencer, 1820-1903）等都持有這種觀點；而斯賓諾莎、康德等唯理論者也堅持著類似的觀點。斯賓諾莎認為，上帝或自然有著無窮多樣的屬性，但我們人類只能知曉其中的極小一部分。康德則認為，人類的認識能力僅能認識現象，而作為現象之基礎的物自體則是絕對不可認識的，無論我們的感性還是我們的知性和理性都有不可克服的壁障。而且，在某些哲學家看來，這種不可知性還是邏輯的不可知性，而非經驗的不可知性。也就是說，不可知的東西之所以不可知並非因為偶然的經驗情況的結果，而是因為根本就無法想像或描述出認識它們的途徑，或者說，我們人類根本就無法找到回答有關它們的特性或本質等問題的途徑或方法。當康德斷言物自體不可認識時，他所謂的「不可認識」便是指邏輯上的不可認識性。

對於這種不可知論，石里克進行了尖銳而令人信服的批判。

第一，一切不可知論實際上都是以現象和實在（本質、物自體）的二元對立爲基礎的，我們只能認識現象而不能認識作爲其基礎的眞正的實在（本質、物自體）。但這種斷言細究起來含蘊著內在的、不可克服的矛盾。其一，它混淆了認識和直觀（理會、體驗）。因爲現象的主要特徵是其直接性，它是被直觀地給予的東西，是內容，因而只要一個人堅持認爲認識在於內容的呈現，那麼他就必然認爲只有現象才是可知的。但正如我們一再指出的，認識和直觀（理會、體驗）是截然有別的。其二，顯然，某種現象之所以能夠被稱作某種實在或物自體的現象，只是因爲在它們之間存在著某種對應關係，它們必須具有同樣的「邏輯多樣性」（logische Mannigfaltigkeit）。這就是說，現象中的每一種差異都有作爲其「顯現」基礎的實在（本質、物自體）之中的差異與其相對應。因此，「現象」和「顯現著的實在（本質、物自體）」必有相同的結構。由於認識只相關於結構，所以只要現象是可以認識的，那麼實在（本質、物自體）也必是可以認識的。這樣，現象和實在（本質、物自體）的區分也就失去了其基礎。因之，不可知論也就站不住腳了。「只有一種實際（Wirklichkeit），屬於其內的一切 東西原則上說都 可以以同 樣的方式 加以認識……」⑩。

第二，在某些不可知論者看來，不可知的東西不僅從經驗上說是不可知的，而且從邏輯上說也是不可知的，也就是說，我們永遠不能找到（甚或不能描述出）回答關於它們的特徵或本質的問題的方法。但根據意義證實法，一個問題有意義當且僅當它可

---

⑩　同❸，p. 223.

回答，邏輯上不可回答的問題根本就不是問題，而是毫無意義的語詞聯綴。由此我們可以斷言：不存在邏輯上（原則上）不可回答的問題，換言之，不存在邏輯上（原則上）不可認識（不可知）的東西。

> 一切真正的問題（即這樣的語詞組合，我們可以將一個問題的意義給予它）原則上說都是可以回答的（正如維根斯坦所說，「不存在『宇宙之謎』」⑮），而且它們只能通過經驗、通過科學的方法來回答。⑯

不過，儘管所有真正的問題邏輯上說都是可以回答的，我們都能描述出回答它們的方法，但這並不是說所有真正的問題經驗上說（從技術角度說）都是可以回答的。事實上，由於制約著我們人類存在的偶然情況的影響，以及我們的身體的和精神的能力的相對弱小，有很多問題我們人類目前還無法回答，而且在不久的將來回答它們的可能性也不大。但是隨著時間的演進，經驗情況可能會發生變化，人類的能力也會得到發展，甚至於自然律也會改變，將來的人們總會有希望找到這些曾一度無法回答的問題的答案的。

---

⑮ 在《邏輯哲學論》中，維根斯坦寫道：「如果答案不可說，那麼問題也不可說。謎是不存在的。如果一個問題可以提出，那麼它也就可以回答。」(6.5)

⑯ Moritz Schlick, 'A New Philosophy of Experience', in *Philosophical Papers*, Vol. II. p. 236.

第四章　形而上學的拒斥

按照傳統的理解，形而上學是關於「世界觀」(Weltansch-auung, Weltauffassung) 的理論，它旨在認識世界或事物的最內在的本性，把握那真正的、本真的存在或實在。因此，形而上學的首要問題便是「何物存在？」在回答了這個問題之後，形而上學還需回答「存在的本性為何？」這樣的問題：它是精神的，還是物質的？這樣便引申出了精神和物質——特言之，心靈和身體（靈魂和肉體）——的關係問題，換言之，心物關係問題 (das psychophysische Problem)。

對上述問題，石里克的觀點在1925年以後在某些方面發生了重大的變化，而在另一些方面又得到了進一步的深化和發展。下面我們將分而述之。

一、前期觀點

(一)實在問題：何物存在？

1.實在的標準

為了很好地解決實在問題，石里克認為我們首先需要做的事情是找到這樣一個特徵，它構成了實在的東西之為實在的東西必要而且充分的條件，也卽，一個東西只有具有了它才是實在的；而且一個東西只要具有了它便是實在的。因此，實在問題也就轉

變成了實在的標準問題。那麼，實在的標準究竟是什麼呢？顯然，所有實際存在的東西都必存在於時間之中，都處於特定的時間點上或處於特定的時間段中；而與之相對對照的是，所有純粹的概念都是非時間性的。由此，石里克斷言：時間性（Zeitlichkeit）構成了實在的東西之為實在的東西的充分而且必要的條件，也即實在的標準。「必須被設想為存在於某個確定的時間中的一切東西都是實際的」（wirklich ist alles, was zu einer bestimmten Zeit seiend gedacht werden muβ）❶，「……在生活和科學中被人們認作為實際的一切東西都是以其時間性，以其在實在的事物和過程的一般的時間次序中的固定的位置為特徵的」❷。〔這裡我們要注意，石里克是在相同的意義上使用「實在的」（real）、「實在」（Realität）和「實際的」（wirklich）、實際（Wirklichkeit）等語詞的。〕石里克特別指出，作為實在標準的時間並不是通常所理解的那種主觀體驗的時間，而是那種作為純粹的概念次序、概念構造物的客觀的時間（即某種形式的一維連續統）。因此，

> 對於一個對象而言，如果經驗的關聯使得我們不得不將它安置在我們配置在我們所體驗到的那種前後相繼（Nacheinander）之上的一維序列（eindimensionale Reihe）中的某個完全確定的位置之上，那麼它就是實際的。❸

---

❶ Moritz Schlick, *Allgemeine Erkenntnislehre,* 2nd. ed., p. 178.
❷ *Ibid.* p. 176.
❸ *Ibid.* p. 225.

　　顯然，石里克這裡給出的實在標準是外在的、形式的。在他看來，將實際的東西與非實際的東西根本區分開來的東西並不是它們各自內容上的特徵，而是外在的、形式上的特徵。他還引用了康德的下述名言來佐證自己的觀點：一百個實際的塔勒所包含的東西絕不比一百個可能的塔勒所包含的東西多。

　　我們都知道，實在概念最終來源於直接的所與，因此對於實在的標準，人們一般都提出了如下要求：它必須將所有實在的東西都與直接的所與聯繫起來。初看起來，石里克的標準似乎不能滿足這個要求。因為時間決定 (Zeitbestimmungen) 並不是直接被給予的，不僅僅是簡單的體驗之事，它似乎假設了下述恰恰超出了直接所與範圍的概念：一個很好地定義了的客觀的單位和一個同樣很好地定義了的客觀的坐標系（Bezugssystem）。但石里克認為不然。他認為，只要我們弄清楚了我們借以作出時間決定、借以定義一個時間點的方式，那麼我們就會看到，實在的時間性標準與直接所與的關聯就立即被建立起來了，而且這種關聯還是必然的。那麼，具體說來，時間決定或某個時間點的定義究竟是如何進行的呢？一般地，它們是通過給出與另一個時間點的間隔的方式進行的。比如，我們說「康德在休謨出生13年之後出生」。如果人們再繼續追問休謨是什麼時候出生的，那麼我再次只能通過指涉另一個時間點的方式才能作出回答，比如，我答道：休謨在基督出生後第1711年出生。但如果人們還不知道這最後一個事件的發生時間，那麼我的上述回答對他們仍毫無用處。因此，如果不存在這樣一個最終的時刻，在那裡「何時？」這個問題勿需再加以回答了，那麼一切時間決定都必是沒有根據的、無意義的。幸運的是，這樣的終極的時刻是存在著的，它就是

「現在」這個瞬間。我不能再繼續追問「『現在』這個瞬間是何時?」因為這個「何時」被直接體驗到了。時間決定只有對於並非直接存在於我的意識之中的事件才是有意義的。最終說來,每一個「何時」的意義總是對與「現在」(對我而言的現在)這個時間點的時間間隔的追問,而這個時間點本身則不能再進一步加以規定了,它是所有時間決定的唯一固定的參考點(Beziehungspunkt)。正是通過它我們才克服了初始時間點(Zeitbeginn)的相對性。

> 因此,我們看到,當我們將一個存在著的對象的實際性的標準確定為它在某一個確定的時間之中的存在的時候,借此一切實際的東西與絕對的所與的關聯也就得到了最強有力和最清楚的表達。在某個確定的時間中存在恰恰意味著與所與、與體驗到的現在處於某種確定的關係之中。❹

除時間決定外,對很大一部分實際對象而言,我們還可以以能否接受固定的空間決定為標準而將它們與非實在的東西明確地區別開來。外間世界的一切實際的事物或過程都具有如下特徵:它們都可以被指定給一個完全確定的位置。當然,這個特點並不適用於所有實在,比如,很多意識材料儘管具有一切直接所與所具有的那種完全的實在性,但卻絕對不是空間性的。當我感受到快樂或悲傷、氣憤或同情等等情緒時,這些情緒並非存在於空間中的某個地方,它們並不是在某一個確定的位置上被給與我們的

❹ *Ibid.* p. 177.

（我們尤其不能說它們是「在大腦中」被給予的），將這個或那個空間謂詞斷言給它們是沒有任何意義的。因此，儘管除時間性以外我們也可以把空間性當作充分的實在標準，但只有時間性才同時也是一切實際的東西的必要的標準。

關於實在的時間性標準還有一點需特別加以注意，那就是它是否也適用於時間本身？換言之，時間是實在的嗎？對這個問題，石里克的回答是：時間性標準並不適用於時間本身，因為時間並非處於某個確定的時間中。同樣，在很大一部分情況下也可以充當實在標準的固定的空間決定也不適用於空間本身，因為空間也並非處於某個特定的位置上。因此，嚴格說來，談論時間和空間的實在與否問題是沒有意義的。

那麼，什麼東西符合實在的時間性（或空間性）標準呢？換言之，究竟什麼是實在的呢？顯然，所有直接的所與（意識材料、感覺知覺）都符合這個標準，因而都是實在的，因為它們都是時間性的（「毫無疑問，時間性是附著於所有體驗（Erlebnisse）之上的一種統一的性質」❺），都能由構成客觀時間的一維連續統加以決定。那麼，屬於外部世界的非所與的對象的情況又怎樣呢？它們也同樣可以用客觀時間的一維連續統的次序模式加以表示、加以決定嗎？對此石里克給出了堅決的肯定性回答：這種客觀的時間次序模式當然也適用於非所與的對象，這是無庸置疑的、自明的事實，可以說時間次序的純粹的概念符號特性就保證了這點。因此，屬於外部世界的非所與的對象也是實在的。比如，按照具體科學的研究規則，我們能給出關於分子、原子、電子等等

---

❺　*Ibid*. p. 226.

通常認爲是不可觀察的對象的毫無歧義的、確定的時間(和位置)規定，因此它們都是實在的。

2.超驗實在觀批判

傳統形而上學哲學家認爲，由所與的對象和非所與的對象構成的整個經驗世界並非全部的實在，實際上，它們只是經驗的實在。在它們之外還有另一種實在，即超驗的實在（如柏拉圖的「理念世界」、傳統形而上學家所謂的「實體」、康德的「物自體」等等），而且只有這種實在才是眞正的實在、本眞的實在、終極的實在，而由所與的對象和非所與的對象構成的經驗的實在只是它的現象（甚至幻象）而已。

在石里克看來，這樣的超驗實在觀是完全錯誤的。所謂的超驗的實在不僅不是什麼本眞的實在、終極的實在，它根本就不存在，因爲

第一，根據前面所述的實在標準，只有可以進行時間決定的東西才是實在的，由於堅持超驗實在觀的哲學家一般都認爲他們所謂的超驗之物是超時間（超空間）的，因此超驗之物也就不可能存在。

第二，根據實在的時間性標準，我們可以推出如下結論：一個事物如果是實在的，那麼它就是可認識的。因爲當我們說一個事物是實在的時候，我們也就斷言了它是可以進行時間上的決定（或排列）的，但爲了對它實際進行這種決定（或排列），我們必須事先已經知道了它和其他事物的關係。在對一個事物進行時間決定時，我們最後總要將它與現在這個時刻聯繫起來，而爲此所必需的一切材料恰恰構成了對該事物進行認識的諸多根據。因

此，如果沒有關於該事物的其他方面的知識，那麼時間上的決定是根本不可能的。作爲時間定位(die zeitliche Orientierung)的依據的東西始終同時也是其他關聯上的排列的依據，因而也就是認識的依據。單純的時間序列是空洞的，沒有任何依托物。爲了給予一個對象以時間上的決定，就必須存在對於下述事實的某些指示：某些時間符號必須恰恰被配置給這個對象。實際上，由這些指示所提供的東西就構成了該對象的性質或關係。總而言之，對於一個對象而言，只有當我們知道了它是一個什麼樣的對象之後，因此只有當我們至少在某些方面已熟悉了其本質之後，我們才能斷言它是存在的。由於堅持超驗實在觀的哲學家大多（當然並不是全部）都認爲超驗之物是不可認識的，我們至多只能認識它們通過某種方式顯現給我們的現象，因此它們也就不可能存在。

除上述兩點外，我們還可以從石里克的基本哲學觀中推出以下兩點理由來駁斥超驗實在觀:

第一、許多堅持超驗實在觀的哲學家宣稱，超驗之物雖不可認識但可體驗，在某種神秘的、超驗的體驗中我們便實實在在地體悟到了它們的存在。對傳統形而上學家的這個觀點我們可以作出如下反駁: 根本就不存在什麼神秘的、超驗的體驗，一切體驗都只能是經驗世界中的感性個體的人的經驗的體驗，因而都必是一種地地道道的經驗性的事件、狀態或過程。顯然，通過經驗性事件、狀態或過程我們是不能體悟到什麼超驗的實在的。

第二，縱觀哲學史我們看到，哲學家們之所以設定這樣一個不可認識的超驗之域，除了認識方面的考慮之外，更多的、甚至更主要的是出於價值方面的考慮。在他們看來，在我們所實際生

活於其中的這個經驗世界中有太多的偶然、太多的變化、太多的不定性、太多的不公、太多的邪惡，在其中至多存在著相對的善、相對的美（相對的價值），而斷不存在絕對的善、絕對的美（絕對的價值）。因此，他們便力圖到世界之外去尋找絕對的善、絕對的美（絕對的價值）。爲此他們便設定了一個超驗之域以作爲現實世界的理想和制約物。因此，超驗之域的作用最終說來是倫理的、審美的。但在石里克看來，根本就不存在什麼絕對的善、絕對的美（絕對的價值），只存在相對的善、相對的美（相對的價值）❻，因此我們根本就沒有必要設置一個作爲它們的寓所的超驗之域。這說明，即使從倫理價值方面考慮，超驗之域也是不存在的。

3.內在實在觀批判

與超驗實在論者正相反對，堅持內在實在觀的哲學家只承認直接所與的實在性，而否定一切非所與對象的實在性。在他們看來，不僅超驗之物（理念世界、實體、物自體）不存在，而且非所與的物質對象（如電子、原子等）也不存在，它們都是毫無根據的思想附加物(Denkzutaten)或輔助概念 (Hilfsbegriffe)、工作假說 (Arbeitshypothesen)，都應該從世界中去掉。石里克將這種實在觀稱作唯心論實證論 (das idealistische Positivismus)、內在實證論 (das immanente Positivismus)、嚴格實證論 (das strenge Positivismus)，有時又將其簡單地稱爲內在哲學 (Immanenzphilosophie)。

---

❻　參閱本書第六章。

這種哲學觀的「傑出」代表是馬赫和阿芬那留斯。按照他們
兩個人的觀點，如果我們將一切沒有根據的、多餘的思想附加物
去掉，那麼我們就會看到世界不過是顏色、聲音、氣味、滋味、
壓力等要素（Elemente）的結合物。這些要素總是在相互關聯
中被給予我們的，它們永遠不能脫離開這些關聯而獨立存在，追
問它們在一切關聯之外的「本身」的性質是沒有意義的。這些關
聯總是處於不斷的變化之中，但在它們之中也有一些相對穩定的
關聯。比如，我們稱爲「物體」的東西就是由顏色、聲音、壓
力等要素在時空方面構成的相對穩定的複合物，而我們稱爲「自
我」的東西便是由記憶、情緒和情感等在一個特殊的物體（身
體）上聯結而成的複合物。因此，「並不是物體產生感覺，而是
要素的複合體（感覺的複合體）構成物體」❼，「『物體』只是代
表要素複合體（感覺複合體）的思想符號」❽。要素不僅能在我
的自我上結合在一起，它們也能在其他的自我上結合在一起。科
學的任務就是以最簡單的、盡可能經濟的方式描述要素彼此之間
的依存關係。如果我研究的是屬於「物體」複合體的那些要素彼
此之間的依存關係，那麼我從事的便是物理學；而如果我研究的
是屬於「自我」複合體的那些要素彼此之間的依存關係，那麼我
從事的便是心理學。這兩個領域「並不是體裁不同，而只是探求
的方向不同罷了」❾，「在我的意識的感性的範圍內，每種對象都
是物理的，同時也是心理的」❿。在馬赫和阿芬那留斯看來，要素
（感覺）並非如人們通常所認爲的那樣是先生成於人的大腦中，

---

❼❽　馬赫：《感覺的分析》（中譯本），頁23。

❾　　同❼，頁13。

❿　　同❼，頁35。

然後才從那裡被拋射到空間之中，而是就存在於我們知覺或經驗到它們時它們所處的空間位置上 (Die Elemente sind an den Orten, wo sie räumlich lokalisiert wahrgenommen, erlebt werden)。

顯然，這是一個非常宏偉的世界圖景（Weltbild）。首先，它簡單至極，在其中非所與的一切都沒有位置，它只包含排除了一切懷疑的絕對的所與，但它又無所或缺，有價值的一切都已包含在其內了 —— 既包含了其他的自我，又包含了世界，還包含了這個世界中的秩序和規律性及其實在性和發展。因而，它能滿足我們的一切科學需要，因為「對我們有價值的只是函數關係的發現，我們要知道的只是經驗的相互依存關係」❶。其次，借助於這個世界圖景我們能避免或消解很多不必要的矛盾和麻煩，特別是，它一勞永逸地解決（更準確地說，取消）了心物關係問題。最後，由於要素的中立性，我們借助於上述世界圖景不僅能夠免於墮入二元論和唯物論的危險，而且也能免於陷入主觀唯心論、甚或唯我論的泥淖。

對馬赫和阿芬那留斯等人所堅持的這種內在的實在觀，石里克進行了全面而深刻的剖析和批判，指出它雖然正確地否定掉了超驗之物的實存性，但在否定非所與的對象的實存性這點上是完全錯誤的。在下述兩種情況下它都遇到了不可克服的困難：其一，它不能解釋那些談論這樣的物體或過程 —— 它們的要素並沒有被給予任何人，即沒有被任何人所知覺 —— 的命題的意義；其二，它甚至也不能解釋那些談論了這樣的物體或過程 —— 它們的

---

❶　同❼，頁27。

要素同時被給予了多個個體，即被許多人知覺到了 —— 的命題的意義。下面我們分別討論一下這兩種情況。

(1) 未被知覺到的對象

毫無疑問，無論是在日常生活中還是在科學中，我們無不經常談論那些沒有被給予任何意識的對象。比如，我可以在下述情況下談論放在我的書桌裡的手稿：這時我並沒有看到它，其他的人也沒有看到它。當然，在這種情況下，無論如何它還有被人們直接知覺到的可能性。而科學家則遠遠超出了這個範圍，他們還經常談論那些按其本質便已超出了人類的直接知覺範圍的東西，比如，他們作出了無數關於太陽的內部構成、關於電子、磁場強度等的斷言。如果果真如內在論者所言，只有所與才存在，那麼諸如此類的斷言究竟具有什麼樣的意義呢？換言之，那些非所與的對象是實在的嗎？對此只能存在著兩種答案：或者承認它們的實在性，或者否認它們的實在性。我們首先討論後一種情況。

a.按照內在哲學家的基本原則，他們當然會優先選擇後一種回答，即否認任何非所與對象 —— 不論是麵包也罷，還是分子、原子、電子也罷 —— 的實在性，而將它們都看作是純粹的輔助概念或純粹的思想符號 (Gedankensymbol)。這可以說是最純粹的內在立場了，貝克萊主教的名言「存在就是被感知」是這種觀點的最為明確的表達。當然，堅持這種立場的哲學家大多並不認為只有他自己所直接感知的對象才是實際的或實在的（如果他真的這樣認為，那麼他就是一個唯我論者），他只是要說：無論什麼東西，只要它沒有被給與某一個主體，那麼它就不是實在的，或者，如阿芬那留斯所言，一切存在者都是作為某個「原則同格」(Prinzipial koordination) 的一個項而存在的。所謂原則同格

就是指在每一個實現了的經驗中自我-經驗（Ich-Erfahrung）
與環境-經驗（Umgebungs-erfahrung）之間的相互依存性
和不可分割性。阿芬那留斯將人們通常所說的主體稱爲原則同格
的「中心項」（Zentralglied），而將客體稱爲原則同格的「對立
項」（Gegenglied）。因此，內在哲學家的觀點又可被表述成：
沒有中心項（主體）就沒有對立項（客體）。阿芬那留斯對這個
論題作出了如下論證：首先，他認爲，當人們談論什麼「自在自
爲的環境成分」（Umgebungsbestandteil an und für sich）
（「客體」、「物」）時，他們所意指的東西不過是在思想中去掉那個
或每一個中心項之後所剩下的對立項而已。但也正因如此，再談論
什麼「自在自爲的環境成分」也就沒有什麼意義了。因爲只要我思
想了一個環境成分，那麼它也就因之而成爲「我」這個中心項的
一個對立項了，而無論如何我是不能將我自己在思想中去掉的。

> 思想一個「自在自爲的」「環境成分」（一個「客體」，一
> 個「物」）就意味著試圖去思想那根本就不能思想、甚至
> 也不能加以推斷的東西；而且欲要對一個「自在自爲的」
> 「環境成分」（一個「客體」，一個「物」）從其性質上加以
> 正面的或者甚至只是負面的規定，就意味著企圖通過可思
> 想的東西去規定不可思想的東西。❶❷

由此，阿芬那留斯斷言，當實在論者說存在著非所與的對象（沒
有中心項的對立項）時，他們便陷入了重重矛盾之中。

---

❶❷ Richard Avenarius, *Der menschliche Weltbegriff*, 2nd.
ed., p. 131.

石里克認為，為了反駁內在哲學家們的上述觀點，我們只需考查一下它所導致的那些結論就可以了，因為這些結論與科學研究的基本原則有著不可調和的矛盾。例如，它們與因果原則相悖。按照因果原則，所有的實在都以如下方式毫無間隙地聯結在一起了：實際的過程按照固定的經驗規則彼此前後相繼。但是，如果我們將自己限制在所與的量（die gegebenen Größen）中，那麼我們也就不能從經驗上為它們彼此的前後相繼建立起這樣的固定規則了。為了建立起一切科學借以作為基礎的這樣的關聯，我們就必須用非所與的量來補充因果序列。假設在離我很遠的一間屋子裡掛著這樣一座鐘，此前它從沒有以聲學的、光學的或其他的什麼方式「給予」我或其他主體。如果這時我意外地聽到了它的敲擊聲，那麼我是無法在所有屬於剛剛過去的那一時刻的原則同格的東西所構成的整個領域中找到那個突然出現的敲擊聲的足夠原因的。因果聯結只存在於實在之間，而並非存在於單純的概念之間，因此剩下的選擇只能是或者承認非所與的實在性，或者否認普遍的合乎規律的因果聯結。內在哲學家當然不願意作出後一種選擇，因此他也就不得不陷入自相矛盾的境地，因為他也不想作出第一種選擇。

石里克認為，阿芬那留斯對內在哲學觀所作的辯護是不能成立的，因為，第一，當我們談論「自在自為的環境成分」（更準確地說，獨立自存的客體或事物）時，我們所意指的東西根本就不是在思想中去掉那個或每一個中心項之後所剩下的對立項，而是獨立於任何知覺、進而任何中心項（主體）而存在的東西。實際上，我們根本就不是通過在思想中去掉中心項的方式而達到獨立存在的客體或物的概念的，而是通過將非所與的東西在思想中

補加給所與的方式而達到它們的。第二，不難看出，阿芬那留斯的論證是以對「思想」（denken, Gedanke）一詞的眞正意義的誤解爲基礎的。如果我們將「思想」等同於「直觀表象」（anschaulich vorstellen），那麼在這種特定的意義上，非所與的對象，卽並非作爲一個原則同格的對立項而出現的事物，確實是不可思想的（卽不可表象的）。但是，事實上，「思想」一詞的眞正意義恰恰不是「直觀表象」，而是借助於符號對事物或事實進行單義的表示。在這種意義上，非所與的對象顯然是可以思想的。

b.從上面我們看到，像嚴格的內在論者那樣簡單地拒絕非所與的對象的 存在是行不通的 。某些內在論者自己 也意識到了這點，並力圖修改（或緩和）他們的觀點以使之盡可能顯得「合情合理」。而他們不得不作出的重大修改便是承認至少在某種特定的意義上非所與的對象是實在的。下面我們就看一看內在哲學家究竟是在什麼意義上承認非所與對象，卽沒有直接知覺到的對象的實在性的。

按照內在哲學家的觀點，任何實際的對象都只是我們在對其進行感性知覺時所獲得的要素複合。因此，如果他們也願意承認非所與的對象，卽沒有直接知覺到的對象的實在性，那麼他們也就不得不承認那些沒有被給予任何人的要素（或要素的複合）的實在性。但是，正是在這裡，他們遇到了嚴重的困難。我們都知道，對於同一個物體而言，隨著我們知覺它時的情況的不同，構成它的要素複合也就必然是不同的，因而它只具有某種相對的恒常性。例如，當我觀察我的書桌上的一支鉛筆時，隨著我的觀察方式和角度的不同，我得到的感覺要素也就必然不同：正面看它時不同於側面看它時；在藝術燈光之下看它時不同於在日光下看

它時，……每一個小小的陰影、每一次小小的移動都會極大地改變我的感覺要素。因此，同一個物體從來不會每一次都作爲完全相同的要素複合被給予我們。那麼，當沒有人知覺我桌子上的那支鉛筆時，在那無窮多個（可能的）要素複合之中究竟哪一個眞正存在著呢？在石里克看來，這裡對這個問題作出明確的回答是非常必要的。

爲了更加清楚簡明地敍述這個問題，石里克將在不同的知覺條件下構成一個對象（如鉛筆）的那些不同的要素複合表示爲 $k_1, k_2, k_3, \cdots$；將那個對象本身表示爲 G。按照實在論者的看法，G 不同於任何 K，它是獨立於它們而存在的。與之相反，內在哲學家則認爲，根本就不存在什麼獨立於 K、不同於 K 的 G，G 和 K 是同一個東西。只要我知覺了那個對象，只要我獲得了關於它的一個確定的感覺複合，那麼我就可以簡單地將 G 與某個 K_i 等同起來。隨著知覺條件的改變，i 會連續不斷地獲得其他的值，因此根本說來，即使 G 也會不斷地變成其他的東西。但是，這時便產生了下述問題：當 G 沒有被知覺到的時候，因此當我們沒有經驗到任何 K 的時候，哪一個 K 或者哪些 K 構成了 G 呢？內在哲學家爲了前後一貫，他們就不得不對這個問題作出令人滿意的回答。在石里克看來，對這個問題只存在著兩種邏輯上可能的回答：或者認爲在知覺空隙期間某一個完全確定的 k_i 還繼續存在著，它雖然沒有被任何人所經驗到，但它是實在的，而且它就是 G；或者認爲在知覺空隙期間還有很多 K（有極限的情況下，所有可能的 K）是實在的（儘管它們並沒有被給予任何人），而且 G 就等於所有實在的 K 的總和。

顯然，內在哲學家是不會選擇第一種回答的，因爲它太任

意，毫無根據可言。從無窮多個感覺複合中挑選出某一個作爲實在的物體的等同物只能是任意行爲的結果，因爲所有的感覺複合按其本質都處於同等地位，哪一個也不比另一個更「出色」、更值得入選。此外，石里克認爲，對一個特別強調的複合 G 與在知覺中被給予的其他的 K 之間的關係作出令人滿意的解釋也是不可能的。因此，內在哲學家只能選擇第二種回答，卽將沒有知覺到的事物 G 等同於所有 K 的總和，我們應注意，這裡所謂的所有 K 是指所有可能的要素複合，而並非僅僅指事實上曾一度被給予過什麼人的那些要素複合。因爲在對 G 的每一個未來的知覺中都會有無數個新的複合被經驗到，而它們都必須被歸屬給同一個 G。通過這樣的方式，知覺到的對象與未被知覺到的對象的同一關係也就立卽得到了保證。因此，我們也就能夠很好地解釋非所與對象的實在性了。世界不過是由無窮的要素構成的無窮的「織物」(Gewebe)，這些要素結合成爲某些複合體，它們都同樣是實在的、實際的，但其中只有很小的（不過，卻是無窮的）一部分被經驗到了，卽作爲知覺被給予了某些「自我」。我們稱爲物體的東西就是無窮多個這樣的複合體的穩定的組合。

但是，在石里克看來，內在哲學家對非所與對象的實在性的上述解說是不能成立的，因爲第一，它沒有對經驗到的要素複合和沒有經驗到的要素複合之間的根本區別作出令人滿意的解釋。我們應該通過什麼來區分一個在某個意識中被給予的要素複合與一個並非這樣被給予的要素複合呢？對此，內在哲學家並沒有給出明確的答覆。每一個提出來作爲區分根據的可能的回答都必引入了一個新的因素，並因而也就破壞了內在哲學的基本原則，因爲客觀對象恰恰還是由與我們所熟悉的 (bekannt) 要素複合完

全不同的其他東西構成的。第二，它違犯了「經濟原則」（Öko-nomieprinzip）或「奧康剃刀」（Ockham's razor）原則：「如無必要，勿增實體」。因為為了解釋非所與對象的實在性，它不僅僅假定了實際經驗到的要素複合的實在性，而且還假定了無窮多的可能的要素複合（即還沒有被經驗到的要素複合）的實在性。在這些可能的要素複合之中不僅應包括所有那些可能被給予任何一個我們所熟悉的生物（從螞蟻直至人類）的知覺，而且還應包括那些僅僅是可以想像的生物 —— 它們的感覺器官與我們所熟悉的完全不同 —— 所經驗到的或所能經驗到的知覺。因此，內在論者對非所與對象的實在性的上述解說實際上假定了無窮無盡的要素複合的實在性。顯然，這種世界圖景絕不比深思熟慮的實在論者的素樸的世界圖景更簡單、更「節省」、更少不必要的假設，因為後者只是在直接經驗到的要素複合之外，進一步假定了在它們之間起中介作用的非所與對象的獨立存在性。

也許正是為了避免上述缺點，內在哲學家又對他們的上述解說作出了修正，宣稱當他們斷言一個非所與對象（沒有被知覺到的對象）的實在性時，他們的意思並不是說某些要素（要素複合）現在事實上真的存在在那裡了，而只是說只要某些特定的條件得到了滿足，那麼它們就會出現。因此，非所與對象只是要素（或要素複合）之間的規律性聯結，這種聯結甚至在要素（要素複合）沒有被給予我們的情況下也是存在的。馬赫進一步將這種規律性聯結界定為數學「函數關係」（Funktionalbeziehungen）。「對我來說，世界絕不僅僅是感覺的總和。我所明確說到的，倒是要素的函數關係」⑬。

⑬ 同⑦，頁 279。

　　石里克認為，對非所與對象的實在性的這種解說仍然是不能成立的。因為儘管從邏輯上看數學函數概念的確足夠堅實，但從實在問題角度看它恰恰又是非常虛幻不實的，它並不是什麼實際的東西，而只是一個概念、一種抽象。

> 我們必須清楚地意識到，如果人們宣稱一個物體在於某些依存性，在於要素彼此之間的某些函數關係，並且繼續將它看作是某種實際的東西，那麼人們也就將純粹的概念，也即純粹的函數關係提升到實在的領域了，並因此也就將它們加以實體化（hypostasiert）了。但是，這種做法當然是不能允許的。⑭

(2) 被多個個體所知覺到的對象

　　石里克認為，內在哲學家不僅在企圖解釋關於未被知覺到的物體的命題的意義時遇到了不可克服的困難，而且在企圖解釋關於被多個個體知覺到的物體的命題的意義時也遇到了不可克服的困難。具體說來，這個困難就是，當兩個不同的主體同時斷言說他們知覺到了同一個環境成分（實際對象）時，這個雙重斷言（Doppelaussage）的意義何在？顯然，從實在論的觀點，這個斷言的意義是很好理解的，他們只是同時知覺到了一個獨立於他們的客觀對象。但從否定對象的客觀存在性的內在哲學的觀點看，這個斷言的意義就非常難於理解了。因為既然只有依賴於知覺主體的所與存在，那麼兩個不同的主體怎麼還能夠斷言他們同

---

⑭　同❶，p. 196.

時知覺到了同一個對象（環境成分）呢？

對這個問題，內在哲學家只是簡單地給出了如下回答：這個斷言的意義是同一個對立項共同存在於兩個不同的原則同格之中。因此，並非如人們通常所斷言的那樣，有一個獨立於主體的自在自為的客體存在於那裡，它以令人不解的方式在不同的心靈之中「產生」著這種或那種心理過程，即所謂的知覺。實際上，事實倒是這樣的：同一個客體被同時直接地給予了多個主體。要素並非存在於人們的大腦之中，只是從那裡被拋進空間之中的；相反，它們恰恰就存在於我們經驗到它們時它們所在的那個地方，因此它們也就能夠和屬於它們的位置一起同時屬於多個個體的經驗。馬赫曾說：

> 正如我不認為紅或綠屬於個別物體一樣，根據我在這裡為一般的辨方定向所採取的觀點，我也不對我的感覺和別人的感覺做實質上的區別。這些相同的要素在許多結合（即自我）上互相聯繫著。⑮

阿芬那留斯也堅持著同樣的觀點，

> 下面這個作為一切個別的經驗科學之基礎的洞見就其自身而言是站得住腳的：我的環境中的同一個成分也可以是某一個其他人的環境中的一個成分。⑯

---

⑮　同⑦，頁 278。
⑯　同⑫，p. 161。

　　顯然，如果上述觀點站得住腳，那麼我們借此而得到的世界圖景也就具有了無比誘人的簡單性和令人驚異的致密性（Geschlossenheit），自我彼此之間的關係和他們與外在世界的關係似乎得到了最爲清楚的說明，一切困難似乎都迎刃而解了。但令人惋惜的是，事實並非如此。一旦我們力圖具體地實施這種立場，我們便會遇到不可克服的困難，因爲物理學和生理學告訴我們，當兩個人同時觀察桌子上的同一個檯燈時，他們不可能具有完全一樣的經驗。既然他們兩個人不能同時站在相同的位置上對之進行觀察，他們也就不得不從不同的側面觀察。因此，毫無疑問，被兩個人稱爲「檯燈」的東西也就必然是不同的要素複合體。這裡，內在哲學家也許會作出這樣的辯護：對於他們的立場而言，並沒有必要假定完全相同的要素複合作爲對立項同時屬於不同的中心項，而只需假定兩個原則同格中的某個要素完全相同，而兩個複合體中的其餘的要素盡可以有或大或小的不同。對此，石里克提出了如下反對意見：

　　第一，即使這個比較「謙虛」的要求也絕不能得到完全的滿足。任何形狀、任何顏色都不會被兩個觀察者以完全相同的方式看到。他們的眼睛的視力、辨色力，以及亮度從來不會是絕對相同的。一般地說，他們知覺那個檯燈的方式取決於他們的整個身體的組織，特別是神經系統的組織，而不管他們所具有的這些自然構造物多麼相似，它們也不可能是相同的。因此，我們必須說，在不同的個體稱爲同一個對象的那個複合體之中，我們絕不會發現在性質、強度等等方面對他們而言絕對相同的要素。

　　第二，即使我們能找到這樣的完全相同的要素，那麼歸根結底這也無濟於事，因爲它們當然不是同一個東西。如果有誰對此

還表示懷疑，那麼他只需設想一下下述情況卽可：如果兩個觀察者中的一個閉上了眼睛，那麼對於他而言，檯燈便在他的視野中消失了，但對另一個觀察者而言，檯燈還在他的視野中存在著。由於同一個對象不可能同時旣存在又不存在，因此我們可以斷言：這兩個觀察者並不具有同一個感覺要素。

基於上述理由，石里克斷言：

> 同一個要素從來就不會同時屬於許多個自我，從來就不能同時出現於許多個原則同格之中。不管不同的自我的經驗間具有多麼大的相似性（原則上說，這當然是不可確定的），這對於我們這裡的目的來說都無甚用處。只要在那裡不存在絕對的同一性，那麼它們就不是同樣的要素。因此，屬於甲的體驗世界的要素必不同於屬於乙的體驗世界的要素。⓱

這個結論對於內在哲學而言具有災難性的後果，因爲按照內在哲學觀，實際的事物不過是要素的複合，但由於要素並非是主體間的，每個主體所具有的要素都不同於其他主體所具有的要素，因此被給予一個主體的實在從來也不會被給予另一個主體。這也就是說，每一個存在物都有它自己的獨立的世界，絕對不會有屬於其他存在物的世界中的東西進入於其內，它們彼此間被一座不可逾越的鴻溝無情地分割開了。當然，在這些世界之間也許存在著如下這樣的對應或同格關係 (Ko-ordination)：　一個世界中的

⓱ 同❶，p. 208.

事件與另一個世界中的事件並行發生並且彼此和諧一致，但是談論什麼對於所有個體而言都相同的實在的世界無論如何也是不可能的。顯然，從哲學史角度看，內在哲學觀所導致的這個世界圖景我們並不陌生。僅從其邏輯形態看，它與萊布尼茨的單子論 (Monadenlehre) 和預定和諧 (prästabilierte Harmonie) 說毫無二致，如出一轍。因此，我們可以斷言：內在哲學如果嚴格地貫徹到底必然導致傳統形而上學。但我們知道，內在哲學家們的初衷恰恰是爲了反擊這樣的形而上學，因此內在哲學是一種含有內在矛盾的哲學。

爲了避免這種結局，可供內在哲學家選擇的唯一可能是斷言，當許多個體觀察「同一個」對象時，在他們的知覺當中當然總存在著某種相同的東西，只不過我們不應在某個個別的要素或這樣的要素的某個個別的複合中尋找這樣的東西。實際上，這種相同的東西不是別的，就是存在於它們彼此間的那種合規律性 (Gesetzmäßigkeit)。對於這種修補措施，石里克批評道：我們當然應該承認這種合規律性對於不同的主體而言是相同的，如果我相信其他的自我，那麼我就必須也假定他們確定了和我同樣的自然規律。但是這仍然於事無補，通過這樣的方式我們仍然停留在前定的和諧之中。「所有主體都遵循相同的自然規律」這個斷言只不過是以另一種方式表達了單子世界之間彼此的相互對應和它們之間的互相和諧關係。但是，只有當它意味著更多的東西，當這個共同的合規律性成了一種實際的構造，而不單純是一種抽象的時候，它才能起到個別世界間的中間環節的作用，才能充當它們之間的實際的結合物。

這樣，內在哲學的最後的可能避難所也就被封死了。對於它

而言，宇宙不可避免地被分裂成了眾多的互相隔離的世界，在它們之間只存在著一種多元的平行關係，而這種平行關係只是一種謎一般的對應，而絕不意味著什麼實際的聯結。但石里克認為，事實當然不是這樣。實際上，我們所生活於其中的這個世界完完全全是主體間的，它是諸多因果關係的統一的、實際的關聯（der einheitliche wirkliche Zusammenhang kausaler Beziehungen）。

對內在實證論，石里克除做了上述詳細而深入的批判以外，還對其思想根源做了深入的剖析，指出內在實證論者之所以不承認非所與對象的實在性歸根結柢是由於如下兩個思想在他們的頭腦中作怪的緣故：其一是，他們認為「自在自為」（或「獨立自存」）的非所與對象的概念與形而上學意義上的「實體」概念（如康德的物自體）密不可分，甚至於它們就意味著同一個東西，即具有不斷變化的性質的、穩固不變的、持存的事物（或作為現象之基礎的本質）。由於他們非常討厭形而上學的實體（物自體），根本否定它們的實存性，因此他們一般也就傾向於否定非所與對象的實在性。導致內在哲學觀的另一個思想根源是人們對於他們所不能理會或直觀（甚或不曾理會或直觀）的東西的深深的恐懼心理。對於什麼是紅、什麼是甜、什麼是香或臭，等等，我們都具有最為直接的「知識」，可以說它們都被直接地給予了我們。由此人們便認為，如果我們只承認那些我們可以直接理會或直觀的東西（即要素或要素的複合）的實在性，那麼由此而獲得的世界圖景將會更令人感到親切、愜意。對上面這兩種思想石里克都一一做了駁斥，指出：「自在自為」（或「獨立自存」）的非所與對象絕不同於毫無變化的形而上學實體，實際上，它們恰恰是

有著無限的發展變化的實際的過程和狀態的複合體，這裡所謂的「自在自為」或「獨立自存」指的是與主體的知覺或意識的非依存性。此外，懼怕我們所不能（或不曾）理會或直觀的事物也是完全不必要的，只將可理會、甚或已理會的要素看作是實在的，這種做法是完全沒有根據的，它只是我們已批評過的下述偏見的殘存物：理會或直觀，即單純的被給予 (Gegebensein) 屬於認識，而且是認識中的最優秀的部分。

從上面的敍述，我們看到，石里克的實在觀首先是實在論的，因為它承認我們所生活於其中的這個經驗世界中的一切都是實在的 —— 所與對象（意識內容、感覺材料、情感體驗等）是實在的，非所與對象（麵包、地球的內部構造、分子、原子、電子、遙遠的河外星系等）同樣也是實在的；此外，他的實在觀還是經驗的，因為他只承認經驗的實在性，而否認有什麼超驗的實在；最後，它還是批判性的，因此我們不妨稱石里克的實在觀為「經驗批判實在論」(empirisch-kritischer Realist)。

(二)心物關係問題：存在的本性為何？

在存在的本性問題上，哲學史上主要有以下幾種立場：

A.一元論（Monismus）：認為一切存在最後都可歸約為一種、甚或一個東西。主要有以下幾種形式：

a.唯物論：認為一切存在都是物質性的，精神（心靈、靈魂）依賴於物質（身體、肉體），甚至可以歸約為物質（身體、肉體）；

b.唯心論：認為一切存在都是精神性的，物質（身體、肉體）依賴於精神（心靈、靈魂），甚至可以歸約為精神（心靈、靈魂）；

　　c. 中立一元論（neutraler Monismus）：認爲存在旣非物質、也非精神，而是由完全中立的「要素」構成的，精神和物質的區別僅在於要素的排列方式上的不同。

　　B. 二元論（Dualismus）：認爲存在是由物質和精神這兩種性質完全不同的實體構成的。根據對這兩種實體之間的關係的不同解說，二元論可採取如下不同的形式：

　　a. 心物（心身）交感論（psychophysische Wechselwir-kung）：認爲精神（心靈、靈魂）和物質（身體、肉體）雖然是兩種性質完全不同的實體，但可互相作用、互相制約。此說的傑出代表是笛卡爾，他認爲精神和物質（特言之，心靈和身體）的會合或交感之點乃是處於大腦兩半球之間的松果腺；

　　b. 心物（心身）平行論（psychophysischer Parallelis-mus）：認爲精神和物質旣然性質迥異，因而它們也就不可能有眞正的相互作用、相互制約，不過，在精神（心理過程、狀態、或事件）和物質（物理過程、狀態或事件）之間的確存在著某種平行關係（對應關係），而這種平行關係或者是因上帝隨時隨地的干預而致 —— 格林克斯（Arnold Geulinex, 1625-1669）的偶因論（occasionalism），或者是因上帝一勞永逸的預先安排所致 —— 萊布尼茨的預定和諧說。

　　C. 多元論（Pluralismus）：認爲作爲宇宙的本質或本質的東西不是一個，也不是兩個，而是四個（古希臘的四要素說）、五個（中國先秦的五行說）、以至無窮多個（古希臘的原子論，萊布尼茨的單子論）。（由於作爲宇宙本原或本質的這些東西最終總是被解釋爲精神性的東西或物質性的東西，因此多元論實質上也屬於某種形式的一元論。）

在石里克看來，關於存在本性問題，卽心物關係問題的上述諸種立場根本說來都是錯誤的，甚或就沒有意義。下面我們就看一下他是如何「解決」這個問題以及如何評判上述諸種立場的。

石里克認爲，爲了很好地「解決」存在的本性問題，卽心物關係問題，我們首先有必要詳細地考察一下它的根源和實質。爲此我們就必須弄清楚哲學史上人們是如何使用「心」或「心的東西」（das Psychische）（包括「精神」、「心靈」、「靈魂」）以及「物」或「物的東西」（das Physische）（包括「物質」、「身體」、「肉體」）這些概念的。

通常人們將與一個意識相關聯的東西稱作主觀的，它們是被給予的東西（所與），和它們相對的是客觀的、沒有被給予的東西。第一類東西通常又被稱作是「心的」，因此「心」和「絕對的所與」及「意識內容」可以說是同義語。那麼，第二類東西是否就是我們通常稱作「物的」東西呢？哲學家們通常的確就是這樣看的。不過，在大多數哲學家看來，「物」（「物的東西」）除了具有上面的特徵外，還有一個更爲重要的特徵，卽「空間性」（Räumlichkeit）或「廣延性」（Ausdehnung）。這種觀點肇始於笛卡爾。在笛卡爾看來，「物」（物質實體）和「有廣延的東西」（das Ausgedehnte）不僅總是不可分割地關聯在一起，而且根本說來就是同一種東西。「空間廣延」總是「物」的定義特徵（與此相反，「心」的定義特徵恰是它的「非廣延性」或者說「思想」）。因此，按照這種觀點，「物」的世界不僅是空間性的，而且包括了一切空間性的東西，它作爲唯一者充滿了整個空間，不能容忍在它旁邊還存有其他什麼東西。在這裡，人們自然而然會提出如下問題：既然整個空間都已被

「物」所占據，那麼「心」—— 如所謂的第二性質（die seku-
ndären Qualitäten）、意識狀態 —— 該位居於何處呢？按照笛
卡爾及其追隨者的觀點，這個問題根本就不存在，因爲他們聲稱
「心」根本就是非空間性（非廣延性）的，因而我們也就不能問
它處於何處的問題。但石里克認爲，這個逃避辦法是行不通的，
因爲儘管很多被稱爲「心」的東西的確是非空間性（非廣延性）
的，換言之，它們不占有位置（如我們就不能說悲傷、憤怒、喜
悅等出現在什麼地方），但也確有另外一些通常稱爲「心」的東
西卻占有位置，因而具有空間性（廣延性），如感覺就是發生在某
一確定的位置上的，因而也就處於特定的空間廣延之中。但是，
感覺性質，如我所看到的這張紙的白色，位於何處呢？科學知識
告訴我們，它肯定不在作爲物理對象的「紙」所處的位置上，我
們在那裡只能發現處於某種物理狀態中的物質、電子等等。另一
個唯一可能的位置只能是大腦，但卽使在那裡也不存在什麼感覺
性質，因爲如果誰能在我觀看白紙時研究我的大腦，那麼他在那
裡也絕不會發現紙的白色，而只能發現物理的腦過程。因此，感
覺性質在物的空間的任何地方都不能得到合適的定位（lokalisi-
eren），它要求占據的任何位置都已被「物」毫無例外地獨自占
有了。物理學家的世界本身就是盡美盡善的、完滿自足的，心理
學家的世界絕對不能涉足於其中。因而，可以說兩者都在爲占有
空間而「戰鬥」，一方說：白色在這兒！另一方說：白色不在這
兒！這樣，雙方都提出了互相矛盾的、不可調和的要求，由此便產
生了「定位的矛盾或困難」（Lokalisationswidersprüche, Lo-
kalisationsschwierigkeit）。石里克認爲，恰恰是這種「定位
的矛盾或困難」而不是其他的什麼東西才構成了心物關係問題的

實質。

顯然，在力圖給「心」定位時，我們通常要根據於自然科學知識。但在石里克看來，這種做法常常導致錯誤的結論。比如，如果我們追問一切感覺借以產生的空間條件，那麼我們看到，自然科學可以說在知覺的物質對象和感覺器官、在感覺器官和大腦皮層之間建立起了一座由物理過程構成的橋樑。空氣的機械震動從鳴響著的琴弦傳到我的耳朵，然後一個刺激便從那裡通過神經傳導到大腦的聽覺中心。這個事實使得人們將腦刺激看作是「感覺」體驗的直接條件，而這又進一步誘使人們將體驗放進大腦之中，放進人的身體的空間內部。即使人們不明確斷言感覺性質自身的位置就在大腦皮層，那麼他們仍然會認為「心」以某種方式存在於我們的同胞的大腦之中。總之，意識、心靈或靈魂位居於身體之內。

石里克認為，這種觀點是極端錯誤的。一旦人們犯了這個錯誤，那麼他們也就把可用來解決心物關係問題的道路給堵死了。他們將感覺性質定位在了一個錯誤的位置上，這樣，上面所描述的定位的矛盾或困難也就不可避免了。

阿芬那留斯非常清楚地認識到了這個錯誤及其嚴重性，他將它形象而準確地稱為「嵌入」（Introjektion）。為了避免這個錯誤，他做了巨大的努力。按照他的看法，只要我們重新回到我們的反思的出發點，我們就能徹底避免嵌入的危險。實際上，心的性質（die psychischen Qualitäten）是直接被給予的東西、絕對地體驗到的東西，正因如此，為了確定它們的位置，我們並不需首先進行什麼深刻的反思。我面前的紙的白色從未存在於我的大腦之中，它恰恰就位於我看到它時它所處的那個位置上，

欲將它定位在除此以外的其他任何地方的企圖無論如何都是注定
要失敗的。它就在那裡，我就是在那裡發現它的，這是我直接經
驗到的確鑿無疑的事實，這樣的意識事實是無可挑剔的。因此，
認爲那個白色眞正說 來首先是在大腦 中被體驗到的， 然後才被
「投射出去」(hinausprojizieren) 的想法，比認爲牙疼眞正說
來首先是作爲頭痛被感覺到的，然後才被「投射進」(hineinp-
rojizieren) 牙中的想法甚至更爲荒謬。

　　這裡我們看到， 在阿芬那留斯那裡， 在爭奪空間占有權的
爭鬥中感覺性質獲得了勝利。充斥於整個空間中的是各色各樣的
「要素」，是要素的聚集才構成了物體和「自我複合體」。在它們
之中去爲「意識」尋找一個位置顯然是沒有任何意義的，因爲它
們本身也都屬於意識（當然， 阿芬那留斯盡可能避免使用這個詞
語）。按照阿芬那留斯的觀點，決斷也只能如此作出，因爲感覺
性質對於空間的要求是一種被絕對地給予的、更爲原始的要求，
我們是不能拒絕它的；而物理對象， 如原子 、電子等等， 並沒
有表示同等直接的事物，我們只是通過推理、通過思想上的構造
—— 在阿芬那留斯（和馬赫）看來，這種推理和這種思想構造應
盡可能地滿足這樣的條件，即它們的要求應盡可能不與「要素」
的絕對應該予以承認的要求相抵觸 —— 達到它們的。

　　石里克認爲，阿芬那留斯對於意識和空間之間的關係的上述
解說和康德在這個問題上的觀點是非常類似的， 兩者具有「異曲
同工」之妙。和阿芬那留斯一樣，在爭奪空間的爭鬥中康德作出
了有利於心的性質的決定。具體說來，他是通過他的空間的主觀
性或「觀念性」(Idealität) 學說做到這點的 。按照這個學說，
空間（當然是指直觀空間）並不是存在於意識的彼岸的某種東西，

而是依附於我們的表象的某種東西。所有空間上確定了的對象（räumlich bestimmten Gegenstände）都不是物自體，而是我們的意識的表象，即「現象」。因此，即使按照康德的觀點，企圖在空間中爲「心」尋找一個位置的做法也是無意義的，「心」並非位於人的大腦之中，相反，大腦自身也只是意識中的一種表象。這樣，嵌入說事實上也就被克服了。即使對康德來說，作爲嵌入說的主要特徵的被知覺到的、直觀的心外之物和心之中的知覺表象的區分也是不成立的。對他和對阿芬那留斯一樣，兩者都是同一個東西。

對於康德來說，直覺世界中的對象只是「現象」，即表象或意識內容。而阿芬那留斯則堅決不接受這些說法。他不喜歡「現象」這個概念，因此也就無需引進空間的觀念性學說。他是通過對直接發現的東西（das Vorgefundene）或直接的所與的細心描述而避免嵌入的。與此相反，康德則是通過對已受到科學思想影響的世界觀點（Welt-ansicht）進行一定的事後修正而克服它的，因而他們的表述形式自然而然也就有所不同。但根本說來，當他們中的一個將環境成分說成是意識中的表象，另一個將現象說成是意識中的表象時，他們的意旨並非有什麼不同。他們讓這些東西在他們的整個世界圖景中所起的作用當然是不同的，但就其自身而言，它們卻意味著相同的東西，在此僅存在術語上的差異。因此，我們可以說，康德把空間拉入到了意識之內，而阿芬那留斯則將意識擴展到了空間之上。兩者實際上只是以不同的表達方式（Ausdrucksweisen）表達了同一個思想，即感覺意識的領域和直觀空間的領域是恰好重合爲一的。對於這兩個哲學家而言，空間性的東西與意識間的關係完全是一樣的。他們都以

自己的方式消除了或避免了「嵌入」的危險。

那麼，消除或避免了「嵌入」是不是就意味著心物關係問題隨之自然而然地得到了最終的、令人滿意的解決了呢？石里克認為不然。比如，阿芬那留斯的觀點雖然很好地避免了嵌入的危險，但他並沒有令人滿意地解決心物（心身）關係問題。因為他的整個觀點都是以下述假設為基礎的：不同個體的環境成分對於每個人來說都位於同一個獨一無二的空間之中。只是在這個假設的基礎之上，他的下述斷言才是可能的：「我的環境中的同一個成分也可以是某一個其他的人的環境中的一個成分。」⑱ 但是，一旦作出了這樣的假設，定位的矛盾也就將不可避免地再度出現，因為每個個體所經驗到的要素並非是完全相同的，這樣，他們的環境成分也就必有所不同，同一個對象在同一時間、同一地點必須既是白的又不是白的。於是，不同的知覺內容也就為爭奪空間而展開了戰鬥。如果阿芬那留斯放棄了他的上述基本假設，那麼他就將陷於他非常討厭的單子論式的形而上學的泥淖 —— 每個個體都有他自己的特殊的空間和世界，它們彼此毫無共同之處，但彼此卻協調對應。再如，康德雖然通過其空間觀念性學說克服了嵌入，但同樣沒能最終解決心物關係問題。他將物質以及一般說來自然科學的一切對象都看成是現象。顯然，他是在兩種意義上使用「現象」一詞的。其一、他用它指「直觀的雜多」也即知覺內容，如關於一張白紙的知覺內容，這種知覺內容會因觀察者的不同、觀察時間的改變，以及觀察者所處的位置、角度、照明情況等的不同而有所不同；其二、他也用它指作為物理對象的那張

---

⑱ 同⑯。

紙本身，這時它是由處於物理空間中的相同的點之上的相同的物理粒子構成的，不會因觀察者、觀察者的位置等的不同而不同，它是同一個東西，所有那些不同的呈現方式都要與它相關，它不是某個偶然的、特殊的直觀的內容，而是一切可能的直觀的對象。因而，這個物理對象被剝去了一切「第二性質」，本質上說來它是不可直觀的，不再能被感官所表象。康德之所以仍然稱其爲「表象」或「現象」，只是因爲它仍然具有空間的屬性，而空間屬性當然屬於主觀性或觀念性的範圍。不難看出，康德實際上是將這種意義上的物理對象放置在了直觀空間中，儘管這個空間事實上已經被感覺性質所完全占有。這樣，他也就再度陷於定位的矛盾之中。

不過，儘管阿芬那留斯和康德的立場不能幫助我們最終解決心物關係問題，但他們（特別是康德）還是爲我們指出了解決它的正確方向，只要我們沿著這個方向繼續前進，而不是像他們那樣誤入歧途，那麼我們定會找到它的最終解決辦法。

從上面的分析不難看出，心物關係問題的最終根源在於哲學家們對「物」這個概念的不當規定和使用。因此，解決或消解它的唯一辦法只能是重新界定「物」。而爲了達到這個目的，石里克認爲我們首先必須充分注意到前面已經作出的直觀體驗的心理空間和客觀的物理空間的嚴格區分。事實上，康德已經在某種程度上作出了這種區分，因爲按照他的觀點，在「現象」的主觀的時空次序（也卽直觀空間性）之外總有一個物自體的客觀次序（超驗次序）與其精確對應。不過，他卻忽略了至關重要的一點，這就是將不同感官的直觀空間彼此嚴格區分開來。他總是談論「那個」空間（「das」Raume），並將其解釋爲外感官的直觀

形式。但事實上，有無數個直觀空間，所有直觀著的個體都各有他們自己的直觀空間；而就每個個體來說，他們的不同的感官的直觀空間又彼此迥異。不過，這些各色各樣的直觀空間並非彼此完全無關，其實它們是彼此協調 (coordinated) 在一起的，都對應著同一個物理空間。正如我們已經說過的，所謂的物理空間說到底不過是對存在於不同的感官和個體的所有空間體驗間的那種協調和對應關係的一種表達而已，因此它也就是表達事物之間的次序的一種符號，它僅僅是一種次序模式。但是，如果這就是物理空間的真正意義，那麼我們也就能由此而引申出物理的空間對象（自然科學的對象），即「物」的意義了：它不過是一種概念符號，一種指涉由獨立自存的東西構成的世界的符號系統。「『物的』意指的是能夠被自然科學的時—空數量概念系統加以表示的實際」[19]。

顯然，這樣重新規定的「物」(「物的」)概念所意指的並不是一種特殊的實際(eine besondere Gattung des Wirklichen)，而只是一種特殊的表示實際的方式 (eine besondere Art der Bezeichnungsweise)，也即為獲得實際知識所必需的自然科學的概念構造。我們不應將「物的」錯誤地理解為這樣一種性質，它為一部分實際（實在）所具有，而為另一部分實際（實在）所不具有。勿寧說它是一個表示一類概念構造的語詞，正如「地理學的」或「數學的」並非是表示實際事物所具有的某種獨特性質的，而始終只是一種借助於概念對其加以表示的方式而已。

這裡，我們要注意，石里克並沒有否定人們用「物」(「物

---

[19] 同❶，p. 269。

質」）所意指的東西的客觀存在性，而只是指出了其與人們通常用「心」（「精神」）所意指的東西的原則上的同類性（Gleicha-rtigkeit）。而且，在石里克看來，「物」（「物質」）根本就不是笛卡爾意義上的具有空間廣延性的實體，而只是一系列狀態、過程或性質的規律性聯結。同樣，「心」（「精神」）也不是什麼實體性的東西，它也只是一系列狀態、過程或性質的規律性聯結。

一旦對「物」做了上述重新規定，那麼一直困擾著哲學家們的心物關係問題也就迎刃而解了。因為這時已不再存在「心」和「物」的二元對立，作為這個問題的實質的定位的矛盾或困難得到了自然而然的化解──「物」既然只是一種表示方式，那麼它也就不會為爭奪本不屬於它的空間（直觀空間）而戰鬥，而「心」的性質則本來就各有各的（直觀）空間，本來就已各得其所，它們也不必為爭奪「那個」唯一的空間而彼此相互「殘殺」了。

石里克認為，「物的」表示方式，即物的概念系統，自然科學的概念構造具有普遍的應用可能性，既適用於客觀的、心外的性質（物理過程），又適用於主觀的、所與的性質（直接體驗、意識內容），即「心」的性質，而且利用自然科學的數量概念來表示心的性質及其相互關聯是達於關於「心」的完全的知識的唯一辦法。經驗已非常清楚地向我們表明了我們該如何作出這種表示，那就是將某些「腦過程」的概念復合配置給意識世界。因此，從這個意義上說，一切實在都處於同一水平之上。

我們堅信，宇宙間的一切性質、一切存在，在它們究竟能通過數量概念加以認識的範圍內都是同屬一類的。……只有一種實際──對於我們來說，這就意味著，為了認識宇

宙間的一切事物，原則上我們只需要一種概念系統就可以
了，而且除此而外也不存在一類或許多類不適於該概念系
統的可以經驗的事物。⑳

由於在這裡實在(實際)的原則上的同類性、統一性得到了充分的
強調，因此石里克認爲他的上述觀點可以被稱爲「一元論」。但
這是一種非常獨特的一元論，不妨稱其爲「認識論的一元論」或
「表示方式的一元論」，以區別於傳統的、形而上學的一元論，
如唯物論和唯心論。石里克斷言，形而上學的一元論無論採取何
種形式都是獨斷的、站不住腳的。下面我們就看一下他是如何批
判它們的。

　　關於唯物論，石里克認爲它是以下面這個本來是很有根據的
信念爲基礎的：數量的思維方法有著無限的應用可能性，科學家
們就是使用這種方法認識世界的。但是，可惜的是，唯物論者卻
錯誤地將這個信念解釋和表達爲：「一切存在都是物質。」他們的
所有錯誤可以說都是因對「物質」概念的不加批判地使用而引起
的，而這又導致如下後果：唯物論者甚至都不能看出最簡單的哲
學問題，更不用說去解決它們了。此外，一般說來，唯物論還是
以對世界的某種機械論解釋爲基礎的，而自然科學本身則早已拋
棄了這種解釋。

　　與唯物論相反，唯心論斷言，一切存在都是精神性的、都是
心的。在石里克看來，儘管唯心論擁有衆多的擁護者，唯心論形
而上學體系往往更受人們的青睞，但是細究起來我們即可發現它

---

⑳　同❶，p. 299。

和唯物論的情況一樣糟，漏洞百出，危險重重。通過考察它的主要斷言「一切存在（就其內在本性而言）都是精神性的、都是心的」，我們就可以充分地認識到這一點。

我們知道，按照慣常的用法，「心的」這個詞一般是用來表示直接的所與，也即與一個統一的意識相關聯的東西的。那麼，唯心論者的斷言中所出現的「心的」一詞也能做如是的理解嗎？他要斷言「在世界中只存在屬於某個意識關聯中的性質」嗎？他顯然不想作出這樣的斷言，因為若不然他就和內在哲學家一樣了，但他當然不想和後者「同流合污」，他不想拒絕非所與的東西（甚至超驗的東西）的存在。因此，如果唯心論者不想過於違犯人們關於「心的」一詞的慣常的用法，仍希望在與「有意識的」同義的意義上使用它，那麼他就只能作出如下特設的規定：他所謂的「意識」並非僅指人的意識，而且也指「超越於諸個體之上的意識」（überindividuelles Bewuβtsein），比如，更高級的存在物——「上帝」的意識。但諸如此類的特設規定顯然是極端違反科學的，現在也沒有多少哲學家心安理得地接受它了。

上面的分析說明，如果唯心論者是在與「有意識的」同義的意義上使用「心的」一詞的，那麼他們的「一切存在都是心的」斷言便站不住腳了。因此，為了能繼續堅守住自己的立場，他們就不得不放棄人們關於「心的」一詞的慣常用法，即認為「心的」與「有意識的」不同義，存在著「無意識的心」（das unbewuβt Psychische），換言之，存在著這樣的性質，它們既是精神性的，但同時又不處於與某個意識的關聯之中。那麼，這可能嗎？對此石里克給出了斷然的否定回答。因為「無意識的心」這個概念假定了人們可以為意識之外的實際找到這樣一種完全獨特

的性質，它不僅也爲心理量（die psychische Größen）所共同具有，而且同時也構成了它們的本質特徵。這個共同的特徵可以說構成了「心的」這個詞的意義，而如果人們不能給出它，那麼這個詞也就失去了其確定的意義。但事實上，正面確定被給予的、有意識的存在和未被給予的、意識之外的存在這兩者在性質上的相同性恰恰是不可能的，因爲如果人們在思想上將意識從意識內容中去掉了，那麼他們也就將全部的意識內容去掉了，而絕不會還留有什麼特徵，尤其不會留有能刻畫精神性存在（即心）的特徵。如果人們企圖按照唯心論者的方式使用「心的」這個詞，那麼人們只知道它表示了一種毫無例外地屬於一切實際的特徵，但無論如何也不能給出這種特徵的進一步的說明。「實際的」（「實在的」）和「心的」本是互相參照的概念（Wechselbegriffe），如果我們用後者來代替前者，那麼我們不會得到任何積極的結果，並沒有表達新的認識。

　　既然唯心論實質上是誤用了語詞的結果，那麼爲什麼它又具有那麼大的「魔力」，以致使古今中外那麼多極具洞察力的思想家都拜倒在它的名下呢？石里克認爲，唯心論哲學的魔力所在是其本質上所具有的詩化特徵，與其說它是「科學的」，不如說它是「詩的」。唯心論者所追求的眞正說來不是認識，而是體驗、直觀或理會。「意識外的實在是心的」這種思想最終源自於人們的下述願望：像我們理會意識世界那樣去理會意識外的實在。顯然，唯心論者的這種願望與科學和哲學無關，它也是不可能得到實現的，因爲它包含有內在的矛盾。欲知道意識外的實在如何在意識中得到體驗的願望就如同下面的說法一樣荒謬：一種顏色在沒有人看它時看起來會是什麼樣子的？沒有人聽的聲調聽起來如

何？

　　總而言之，形而上學的一元論無論採取何種形式都是不能成立的，它們都內在地含蘊著墮入語詞遊戲的危險，只是表面上看來它們似乎道出了極爲深刻的宇宙眞諦。石里克認爲，他自己所堅持的那種認識論的一元論或表達方式的一元論則與此形成了鮮明的對照，當他說「一切實在都是統一的、同屬一類的，它們都可用自然科學的數量概念予以表示」的時候，他斷言給一切實在（一切存在物）的那種「同類性」絕不只是一個空洞的語詞，相反，它有著充分確定的、可檢驗的意義，而且它也說出了一種實際的認識。

　　從另一個方面看，石里克認爲他的認識論的一元論也可以被稱爲「平行論」，因爲可以用物理概念系統加以表示的心及其性質或關聯當然也可以用心理學的概念系統加以表示，這樣便存在著兩個互相平行的概念系統（序列）：一個是物理學的概念系統（自然科學的概念系統），一個是心理學的概念系統。石里克將這種特殊形式的心物平行論稱作「認識論的平行論」，以區別於如下幾種形式的形而上學的平行論：格林尼克斯的兩類不同的存在的平行（偶因論）；斯賓諾莎的一個唯一的實體的兩種屬性的平行；萊布尼茨的兩種實際的事件序列（單子的活動序列）的「前定和諧」式的平行，康德的同一個「本質」（物自體）的兩種不同的現象的平行。

　　在此，石里克還對所謂的心物交感論進行了批判。一方面，就某一個特定的人來說，他的心理事件或意識過程與他身內的物理的腦過程實際上是同一個東西，我們既可以借助於心理學概念對其進行直接的描述，又可以借助於物理學概念對其進行間接的

描述。顯然，在這種情況下根本談不上什麼因果依存或「交感」
（「互相作用」）。另一方面，就某一個人的意識內容（心理事件）
和他身外的物理事件（甚或心理事件 —— 他人的心）之間的關係
而言，在某些特定的情況下，確實可以存在著因果依存關係或
「交感」（「相互件用」）。但如果因為這種情況的存在我們就侈談
什麼「『心』『物』交感」，那麼這只能是毫無意義的胡說。因為
所有的心理事件皆可用物理概念加以表示，因此，在這種意義上，
它們同樣可以被稱作為物理事件，這樣，那種所謂的「交感」也
就和其他的交感一樣都成為「物（理）的交感」了。這時我們也
就沒有什麼根據用一個特殊的語詞稱呼它了，如果我們仍然堅持
這樣做，那只會將人們引入歧途。

　　我們知道，形而上學的心物平行論和心物交感論都是二元論
的表現形式。它們都是實體二元論或 存在二元論（Dualismus
des Seins），都認為宇宙是由「心」和「物」（「精神」和「物
質」）這兩種截然不同的實體構成的，只有「物」（物的性質及
其相互關聯）才能用精確的數量概念構造加以表示，而「心」
（心的性質及其相互關聯）永遠不能用這樣的概念構造加以表示。
除了這種實體二元論以外，還有一種關聯二元論（Dualismus
der Zusammenhänge）；處於相互反對地位的不是兩種不同的
實體，而是兩種不同的關聯，一種是心的性質間的關聯，一種是
物的性質間的關聯。對於這種形式的二元論石里克也是堅決反對
的。誠然，我們不能否認心的性質間的關聯的獨特性，這種獨特
性在於它恰恰是和我們的自我疊合在一起的，因此我們對它有著
最為直接的體驗或理會。但這種獨特性還沒有獨特到這種程度，以
致於我們需將它與其他的關聯 —— 物的性質的關聯 —— 截然分割

開來，使之成爲一種全然不同的存在（或存在方式）。實際上，心的性質的關聯（或意識關聯）只是充斥於宇宙之內的無窮無盡的關聯中的一種。宇宙本是多樣化的，它由無窮無盡多樣化的性質（或性質複合體）、狀態或過程構成，而這些性質、狀態或過程始終處於各種各樣、無窮無盡的關聯之中（「世界是一個由互相關聯著的性質構成的五彩繽紛的結構（Gefüge)」)。因此，如果人們願意的話，他們倒是應該選擇某種形式的多元論以作爲宇宙的解釋模型。

　　總結以上所述，石里克最後斷言道：

　　　多元論和一元論兩者都以它們各自的方式說出了真理，只有二元論一無是處。將世界一分爲二爲：物和心，本質和現象，自然之域和精神之域〔客體和主體、外部世界和自我〕，或無論其他的什麼對立，這樣的做法是得不到任何辯護的，沒有科學根據。存在的多樣性不是兩重的，而是無窮多重的，這就是多元論的真理。但是也存在著一元論的真理，因爲在另一種意義上一切又都是統一的、同屬一類的。五彩繽紛的實際〔實在〕處處都受制於相同的規律，因爲若不然我們也就不能處處都用相同的概念表示它了，它也就不可認識了。認識意味著在一個中發現另一個，在不同的東西中發現相同的東西。只要世界是可以認識的，它就是統一的。它的統一性只能經由它的可認識性的事實加以證明，除此而外這種統一性也就再沒有其他的意義了。❷❷

---

❷①　同❶，p. 267。
❷❷　同❶，pp. 305-306。

二、後期觀點

(一)實在問題

　　1925年之前石里克認爲，在實在問題上，重要的是尋找適當的實在標準，以判定哲學家們關於實在的斷言的眞假。他將這個標準確定爲「時間性」，並據此斷言：形而上學家關於超驗實在的斷言是錯誤的，沒有任何根據；但內在實證論者在否定超驗實在的同時也否定掉非所與的物質對象的做法同樣也是錯誤的。1925年之後，主要是在維根斯坦的影響下，他認識到，就實在問題而言，重要的並不是尋找適當的實在標準，以判定哲學家們關於實在的斷言的眞假，而是尋找「實在」（「實際」、「存在」）一詞以及實在斷言的意義標準，以判定哲學家們關於實在的斷言之有意義與否。這個標準就是「證實方法」。根據這個方法，石里克斷言：形而上學家關於超驗實在的斷言根本就沒有意義。由於無意義命題的否命題也必然是無意義的，因此，石里克不得不承認，內在實證論者和他自己以前關於超驗實在所作出的否定性斷言也是無意義的。下面我們就具體地看一下石里克是如何分析和評判實在斷言的意義的。

　　在日常生活中我們常常不得不談及實在性、存在等等，正是因爲這個原因，發現實在斷言（命題、陳述）的意義，卽其證實方法並不是一件困難的事情。在一場法律辯論中，我們經常需要就某份文件的眞僞作出決斷；對於我來說，確定我的口袋裡的錢是眞實存在的還是想像之物通常也是很重要的。毫無疑問，幾乎

每個人都知道我們該如何證實諸如此類的實在斷言。口袋裡的錢的實在性只能經由如下途徑加以證實：借助於適當的操作程序，我獲得了某些觸覺或視覺感覺，每當它們出現的時候我便習慣於說「這就是錢」。同樣的程序也適用於上面的法律爭論，只不過在那裡，在某些情況下，我們應滿足於其他聲稱見過那份文件（也卽有過某一類完全特定的知覺）的人的某些陳述，而這些陳述是由某些表示聲覺知覺或某些視覺知覺的語詞構成的。由於命題的意義就是其證實方法，因此我們可以斷言，日常生活中當我們說「某物是實在的」的時候，我們的意思不過是：它處於與知覺所與的特定的關聯之中。

石里克認為，科學中實在斷言的證實程序、進而它們的意義，也不過如此。如，原子的存在、月球背面的存在，等等，都可由直接的或間接的知覺觀察而加以證實，而關於它們的存在的斷言的意義也就在於這種知覺觀察之中。

當然，通常人們並不將證實一個實在陳述時出現的某一個特殊的經驗本身看作是一個證實，重要的始終是規則性或規律性聯結。因此，我們不妨將一個存在陳述看作是對一系列斷言和證實的概括的、集合的標示（designation）。比如，當一個物理學家斷言「原子是眞實存在的」的時候，實際上他所斷言的是下面這些斷言和證實的總和：在這樣的情況下，我們看到這個；在另一種情況下，我們看到那個，……。

如果我們就一個事件或對象（它必須已由某個描述區分出來了）說，它是實在的，那麼這就意味著在知覺之間或在其他的經驗之間存在著一種完全特定的聯結，在給定的條

件下某些材料呈現了。只是通過這樣的方式，它〔我們的
存在斷言〕才得到了證實，因此這也就是它的唯一可陳述
的意義。㉓

　　按照上面的分析，日常生活中和科學中的所有存在斷言都是
有意義的。「太陽的內部物質存在嗎？」、「地球在其被任何人知
覺以前就已經存在很長時間了嗎？」，等等問題就是有著完好的
意義的，而且我們也必須給其以肯定的回答。我們有證實這些肯
定的回答的確定的方法，有相信它們為眞的確定的科學理由。本
質上類似的證實程序也使我們確信，關於我們的已發生或正在發
生的特定的意識狀態、其他人、海洋、日月星辰、花鳥蟲魚、分
子、原子、電子等一切日常事物和科學對象的實在性的斷言都是
有意義的，並且也是眞的。由此看來，由所與對象和非所與對象構
成的經驗世界的實在性是不成問題的，人們就此而作出的斷言是
有意義的。那麼，形而上學家所謂的超驗之物的情況又怎樣呢？
顯然，關於超驗之物的實在性的斷言是不可能得到經驗的證實
的，而且這種不可能性是一種邏輯的不可能性，因為所謂的超驗
之物被認為是完完全全處於我們的經驗世界（實在）「之外」，我
們根本就沒有辦法在它（們）與我們的知覺經驗或所與之間建立
起規律性的聯結。因此，形而上學家關於超驗實在的斷言是沒有
意義的，我們根本就不知道他們借此而在說些什麼。
　　堅持超驗實在觀的哲學家對石里克的上述立場可能會作出如
下兩種不同的反應：

㉓　Moritz Schlick, 'Positivism and Realism', in *Philosophical Papers*, Vol. II. p. 273.

　　第一、接受石里克關於命題意義的一般性規定 —— 任何一個命題的意義都在於其證實方法，並且承認它也適合於所謂的實在斷言（包括他們自己關於超驗之物的實在性的斷言），但不接受石里克借此而對他們的實在斷言所作的拒斥性剖析。他們堅持認為，他們的斷言通過某種特定的方式也是可以證實的。這種特定的方式就是體驗（直觀、理會），卽將自己與超驗之物「合而為一」，把自己「投射進」它們之中，這樣我們便像體驗到我們自己的存在那種體驗到了超驗之物的存在。

　　第二、不接受石里克關於命題意義的一般規定，認為它至多只適合於經驗世界中的事物或事件，而根本就不適合於他們所說的超驗實在，他們關於超驗實在的斷言與所謂的證實毫無關係，對它們我們根本就不能談什麼證實與否的問題。在經驗世界「背後」，我們是否還設定了其他什麼存在物，這不會對經驗事實造成任何影響。我們是不能將超驗實在斷言所具有的意義進一步加以陳述出來的，但無論如何當我們作出這樣的斷言時，我們總是意指了某種東西，而人們要理解這種意義，也無需通過證實。

　　對於形而上學家的第一種可能的反應，石里克作出了如下回答：

　　第一、我們當然不能否認某種形式的體驗的客觀存在性，但正如我們已經說過的，所有的體驗都只能是對我們所實際生活於其中的這個經驗世界的體驗，而絕非對於什麼超驗實在的體驗。而經驗的體驗當然絕非只是承認超驗實在的形而上學家的特權，實際上，人人皆可有之。這也就是說，形而上學家關於超驗實在的斷言最終說來還是造成不了任何實際的、經驗上的差別，因此它們還是無意義的。

非形而上學家和形而上學家的區別並不在於諸如這樣的事實：他缺乏形而上學家通過某種「實在論」〔特指超驗實在論〕哲學的命題所表達的那些感受，而只在於下述事實：他認識到了這些命題絕對不具有它們似乎具有的那種意義，因而決意避免它們。他將以不同的方式表達他們所具有的與此相同的那些感受。㉔

第二、當我們說命題的意義在於其證實方法時，這裡所謂的證實只與形式（結構）和認識有關，而與內容和體驗無關，對內容的體驗並不構成眞正的證實，因爲意義畢竟只與形式（結構）有關，而與內容無關。實際上，內容根本就是不可表達的，卽使存在陳述也只是重複或複製了某個特定的結構（形式）而非內容。因此，作出上述反應的哲學家混淆了兩類根本不同的東西：形式（結構）和內容；認識和體驗。

至於形而上學家的第二種可能的反應，我們看到，它的基本論點實際上就是「存在著不可證實的意義」。對此石里克早已做過深入的批評，我們只需將這種批評移植到這裡的特殊情況就可以了。形而上學家將「實在」、「存在」等語詞給予了某種完全不可表達、不可陳述、不可解釋的東西，但卻認爲它們仍然是有意義的。這樣，這個意義也就不能以任何方式顯示出來了 —— 它不能通過任何口頭的或書面的交流表達出來，甚至也不能以任何手勢或行爲表達出來。因爲如果這究竟是可能的，那麼一個可檢驗的經驗情況便存在了，當「存在著一個超驗的世界」這句話是眞的時候和當它是假的時候，世界就必會有所不同，而這種不同便指

㉔　*Ibid.* pp. 281-282.

示出了「實在的超驗世界」一語的意義，因此它也就是一種經驗的意義。這說明，這個所謂的「實在的超驗世界」又將只是我們大家都會承認的那個經驗的世界。因此，甚至僅僅談到另一個世界都是邏輯上不可能的。關於它，我們不能進行任何討論，因為一個不可證實的存在不能作為意義而進入任何可能的命題之中。任何人如果仍然相信這樣的東西 —— 或者想像著他相信它，那麼他只能在沈默中做到這點。

(二)存在的本性問題

在存在的本性問題或者說心物關係問題上，石里克在1925年前後的態度基本上是一致的，只不過在1925年後他在某些方面改進了以前的表述，而在另一些方面又進一步深化和發展了以前的觀點。

1925年以後，石里克仍然認為「心」和「物」之間的區別並不是兩種不同種類的實在之間的區別，並不是內在於自然之中的什麼東西，不是我們不得不接受的終極的東西，而是由我們自己引入的。實際上，這種區別不是別的，而只是表示方式、說話方式或描述方式上的區別，因而也就可以說是語言上的、語法上的區別。我們不妨說存在著兩種不同的語言，一是物理學語言，一是心理學語言。「心」和「物」不過是我們分別借用這兩種語言而對世界中的事物、事件（或性質）進行的不同的「語言編組」(linguistic groupings) 而已。

> 「心」和「物」這兩個詞在得到合法的使用的場合，必以某種方式指示出了不同的邏輯結構。我們可以進一步說，

這些結構之間的區別必表現為，或者更準確地説，只是，
屬於心理學的命題的邏輯形式和屬於物理科學的命題的邏
輯形式之間的區別。㉕

不過，在我們所處的這個世界中，物理學語言占有一個非常顯要
的地位，它是感覺間（intersensual）、主體間的，是普遍適用
的。所有的物理性質、物理事件都可用它加以表示自不待言，即
使心理性質、心理事件也可用它加以完全的表達，換言之，所有
的心理學命題根本説來都可以被翻譯成爲只包含物理學概念的物
理學命題（這就是紐拉特、卡爾納普等人所堅持的「物理主義」
的要義所在）。與物理學語言形成鮮明對照的是，心理學語言並
不是感覺間、主體間的，它不有普遍的適用性（石里克認爲，這
是由心理學的發展狀況以及我們所生活於其中的這個經驗世界的
偶然情況所決定的）。不同的語言必具有不同的邏輯語法規則，
與「心」相關的語詞只有在具有某種結構的句子中才有意義，與
「物」相關的語詞只有在具有不同的結構的句子中才有意義。因
此，如果我們試圖將不同的説話方式、不同的表達方式混淆起
來，將它們硬揉和在一起，在同一個句子中混合使用它們，那麼
我們便會遇到重重困難或矛盾（特別是定位的困難），而這些困
難或矛盾便構成了所謂的心物關係問題。

關於唯心論，1925年之後，石里克繼續堅持他以前對其所作
的批判性分析，指出其中心斷言「存在的本性是精神性的，是心
的」沒有意義，因爲其中出現的「精神」或「心」已沒有它們的

㉕　Moritz Schlick, 'Form and Content', in *Philosphical Papers*, Vol. II. p. 362.

對立物「物質」或「物」了；另一方面，又根據內容和形式的區分進一步深化和發展了他以前的分析。以前他已經認識到了唯心論的根本錯誤是混淆了認識和體驗（理會、直覺），但還沒有認識到這種混淆的進一步的根源是什麼。1925年之後，他認識到認識和體驗的混淆實際上是以形式和內容的混淆爲基礎的，唯心論最終說來源自於人們「對內容的渴望」。唯心論者總是企圖表達那不可表達的東西，認識那不可認識的東西，即內容，他們

> 正在追獵內容（他們將其稱為「存在的真正本質」或「事物的內在本性」等等），但他們只在他們自己的知覺、感受、觀念（他們將其稱為精神性的）中發現了它，因此他們便得意洋洋地宣布了唯心主義的基本原則，即「一切事物的內在本性都是精神性的」。㉖

因此，當唯心論者說「存在（或事物）的內在本性（眞正的本質）是精神性的（心的）」的時候，他的意思實際上是：一切事物，如果它們能夠完全地進入我們的心中（我們的意識中），換言之，如果我們的心靈或意識能夠和它們合而爲一，那麼它們就是精神性的（心的），也即屬於我們的心靈內容。顯然，這樣的斷言是沒有任何意義的，因爲即使它的假設部分有什麼意義的話，那麼它至多也不過是個無所斷言的同語反複式；但它的假設部分是不可能具有什麼意義的，因爲說「事物進入我們的心中（或與我們的心合而爲一）並且仍保持原樣」是沒有任何意義的。將我

㉖ *Ibid*. p. 326

們的心靈（意識）比作一只箱子，我們隨時可以將事物放入其中
或取出來，這樣的做法是非常原始、非常危險的。我們絕不能說
相同的內容出現在了這裡和那裡 —— 出現「在」心靈「之中」及
其「之外」，因為無論我們說了什麼，我們總是只表達了結構。

　　關於唯物論，1925年以後，石里克的態度有很大的變化。我
們看到，他以前並沒有明確地說唯物論斷言是無意義的，不過，
我們可以從他的分析和批判中推斷出他那時的確認為它們也是無
意義的。但無論如何，他那時並沒有將唯物論的本質也歸約為
「對直觀知識的追求和渴望」，當然，更沒有將其歸約為「對內容
的渴求」。1925年之後，他明確地將唯物論也歸入無意義之列，並
進一步認為它本質上也源起於人們「對所謂的直觀知識的追求」、
「對內容的渴望」。因為在他看來，唯物論者所謂的「物質」
（matter）不過是「內容」的另一種說法而已，物質就是物體
中可以直觀地知覺到的性質。比如，唯物論的早期大師德謨克里
特（Democritus，西元前 460-前 370）就以素樸的形式表達了
這種觀點。他的物質性的原子的本質特徵是「占有空間」；因為
在他那個時候還不可能作出直觀空間和物理空間的區分，因此空
間填充（the filling of space）自然而然也就被認為是我們可
以直接體驗到、理會到的內容了。由於內容本不可表達、不可認
識，所以唯物論斷言和唯心論斷言一樣也是毫無意義的偽陳述。

　　既然唯心論和唯物論都是以對形式和內容、認識和體驗（理
會、直觀）的雙重混淆（實即一重混淆）為基礎的，都是無意義
的，那麼二元論也就難免陷於無意義之境地了，因為它不過是將
分別屬於唯心論和唯物論的不同的要素都保留了下來而已，它斷
言存在著兩種直觀上可以領悟的實在，一為心靈，一為物質（物

體）。

　　1925 年之後，石里克還特別注意到了唯我論和他人的心的問題，並循著維根斯坦向他提示的「思路」，對這些問題做了詳細、深入的分析。

　　極端的唯我論者認爲，世界中只有我（我的心靈、意識、精神、經驗等）才眞正存在，其他一切都是虛妄不實的。稍爲溫和一些的唯我論者則採取了懷疑論立場，認爲除了他的自我（他自己的心靈、意識、精神、經驗等）外，他不能確切地知道還有沒有其他什麼東西存在。下面是唯我論者的一些代表性言論：「我只知道我自己的知覺，而不能知道任何其他東西」；「我只知覺到我自己的疼」；「只有我能直接地感受到我自己的疼」；「我直接知道的一切都屬於我」；「我只能直接地具有我自己的感覺，我從來不知道另一個人的感覺，而總是只能間接地猜測它們」；「世間的一切都屬於我，都只是我的意識內容而已」，等等。石里克認爲，以上所有這些說法都是無意義的，都不合乎我們語言的邏輯語法，因而也就不具有證實的邏輯可能性。當然，認識到這點不是件容易的事情，因爲在我們的整個語言之中，「我」這個詞似乎占有一個不同尋常的顯要位置。但石里克認爲，只要我們對我們的語言在日常生活和科學中的實際使用情況（即其邏輯語法）進行一番精微細密的分析，那麼我們就會看到日常生活和科學中人們並沒有賦予「我」以這般尊貴的地位。

　　通常，「我」這個詞主要是以兩種方式進入我們的語言之中的：一種是以人稱代詞的形式，這時它與其他的人稱代詞（你、他等）相比，從語法角度看，並沒有什麼特別之處，「我看到一片綠色」和「他看到一片綠色」，「我有一本書」和「他有一本書」

等都具有同樣的語法形式，從語法上講，它們是完完全全「等值」的；另一種是以物主代詞（「我的」）的形式，這時它和其他的物主代詞（你的、他的等）相比，從語法角度看，也沒有什麼特別之處，「我的房子」、「我的身體」和「他的房子」、「他的身體」以及「你的房子」、「你的身體」等都處於同樣的語法水平之上，從語法上講也是完全等值的。所有這些表達方式都具有它們的適當的意義，也就是說，我們知道它們該如何證實，知道它們斷言了什麼。

既然如此，那麼包含「我」的命題和包含其他代詞的其他命題之間的區別何在呢？石里克認爲，它們的唯一區別就在於：「我」在這裡指示了一個特定的身體，如不借助於鏡子或其他手段，我不能看見它的後背和眼睛，並且每當它受到傷害時我便感到疼；而「你」（或「他」）則指示了另一個特定的身體，我可以直接看到其後背和眼睛，並且當其受到傷害時我並不感到疼。因此，「我」和「你」（或「他」）的區別實際上就是兩個身體之間的區別。但是，如果「我」和「你」（或「他」）之間的區別僅僅在於這點的話，那麼它們之間的區別便只是一個偶然的經驗事實，而絕不具有什麼邏輯必然性。我們完全可以設想在它們之間並不存在這樣的一種區別，爲此我們只需設想世界並非如它現在事實上所是的那樣就可以了。例如，某物掉在了另一個人的頭上，但我卻感到頭疼，甚或那個疼被許多人同時感到了；我們也可以設想發生在其他人身軀上的過程卻直接導致了我的某種經驗的出現。顯然，這樣的事情並非是邏輯上不可能的，而是完全可以發生的。而一旦它們發生了，那麼自我可以說就成了一隻「抽象的眼睛」，它不再有身體，如果房間裡的某一個人閉上了眼睛，

那麼我就不再能看見東西了，而這甚至可以影響到許多其他的人。如果世界被安排成了這個樣子，那麼「我」這個詞的用法也就會大不一樣了，「我」和「你」或「他」的用法可以說互相交叉重疊在了一起。這時，它們的使用規則（也即邏輯-語法規則）也就勢必不同於當我的經驗只與一個身體關聯在一起的時候，並且要遠為複雜得多。比如，在上面舉的例子中，人們可以合法地說：「我疼」、「你疼」、「他疼」，在這裡，這些表達式彼此併列，彼此完全等值。當然，在我們所處的這個實際的世界中，它們彼此確有重大的不同，它們並不具有同等的合法性，我們不能說「他現在感到了我曾有過的疼」(He now feels the same pains that I used to have)。這與下述命題形成了鮮明的對照：「我有一本書」、「你有一本書」、「他有一本書」，在這三個命題中，「我」、「你」和「他」具有同等的合法地位，它們彼此併列，從語法上講，毫無差別，我們甚至可以說「他現在有一本我曾有過的書」(He now has the same book that I used to have)。

由此我們看到，「我」和「你」或「他」等語詞之間的區別只歸約為一種經驗上的區別，如果經驗事實變得與它們現在所是的那樣完全不同了，那麼這些語詞的用法也就勢必完全不同。在我們的實際世界中，「我」這個詞的用法是非常簡單、非常清楚的，那就是它只和我的身體關聯在一起。因此，自我並不是邏輯上，而只是經驗上，與其他事物區別開來的東西，我們不能賦予它以一個邏輯上非同尋常的獨特地位。但唯我論者恰恰就是這樣做的。他們將「我」歸屬給了某種其他的東西（比如，所謂的「超驗主體」），並由此而演繹出了我們前面所列舉的那些似是而

非的斷言。下面我們就具體地看一下石里克是如何剖析它們的。

　　唯我論者說「我只知道（只知覺到或感覺到）我自己的感覺（如疼），原則上說，從來不能知道（不能感覺、不能知覺到）別人的感覺而只能猜測它們」。石里克認為，諸如此類的斷言嚴重地違犯了我們的語言的習慣用法，即其邏輯語法。按照我們語言的慣常用法，「知道」一詞是和「猜測」聯在一起使用的，在我們能合法地使用其中一個的情況下，我們也能合法地使用另一個，不妨說「知道什麼」只構成了「猜測什麼」的極限情況。比如，當我聽到隔避房間裡有腳步聲和談話聲時，我便說道：「我猜測有人在那裡」，然後，我走到另一個房間中，看到那裡確有一個人，於是便說：「現在，我知道這裡眞的有一個人」。顯然，這兩個命題都是可以證實的，都有著充分的意義。石里克認為，「知道」一詞的這種用法即使在感覺（如「疼」）的情況下也是適用的。比如，我們可以有意義地說「我猜測另一個人在疼」；然後，我就此而詢問那個人是否如此，如他給出了肯定的回答，那麼我便可以說「我知道他在疼」。但是，如果唯我論者說「一個只能猜測而絕不能知道另一個人是否在疼」（「我只知道我自己疼否」），那麼我們也就無法確定猜測的正確與否了，也就不可能達到關於他人的疼（或其他感覺經驗）的任何知識了。這時，「知道」將不再是「猜測」的極限情況，這兩個詞的用法也就因之而被徹底地改變了。因此，眞正說來，唯我論者只是引進了一種新的說話方式，並沒有就實在而斷言什麼。但由於他們欲引進的這種說話方式與我們的日常的說話方式相悖，不合乎我們的語言的慣常用法，因而只能說是無意義的。

　　這裡，唯我論者也許會作出讓步，承認其他人也能知道我的

感覺（或我也能知道其他人的感覺），但認爲「只有我才能直接地知道（感覺到、知覺到）我自己的疼，別人只能間接地知道（感覺到、知覺到）這一點」（或者，「我只能間接地知道其他人的疼，而其他人自己卻能直接地知道他們疼否」）。但在石里克看來，在這裡談什麼「直接地」或「間接地」是非常不適宜的，因爲按照慣常用法，只有在我們能合法地互換使用它們的情況下，使用它們才是正當的。比如，只有在我能夠說（即經驗上有這種可能）「我直接地知道一個人在隔壁房間裡」的情況下，我才能說「我間接地知道一個人在隔壁房間裡」。因此，當唯我論者說「我直接地知道的一切都屬於我」時，他並沒有因之而建立了一個事實，因而也沒有爲我們提供一種新的知識，而只是以不同尋常的方式重新規定了「我」、「我的」這些語詞的用法。

不難看出，至此爲止我們所剖析的唯我論斷言可以說都是下面這個斷言的直接的結果：只有我才具有我自己的感覺（或其他的經驗），別人不可能具有它，也就是說，只有我才能是我的感覺或我的意識材料的所有者或承擔者（注意，這裡的「不可能」、「可能」指的是邏輯的不可能性、邏輯的可能性）。但我們已經知道，「我」與其他的人（「你」、「他」等）相比，只具有經驗上的特殊性，而並沒有邏輯上的、語法上的特殊性。從經驗上講，我們當然可以說「我的感覺或意識材料」只爲「我」（實即「我的身體」）所具有，只有「我」才是它們的承擔者或所有者。（當然，這並非是說，它們以某種方式存在於「我」，即我的身體之內，而是說，它們和我的身體邏輯地關聯在了一起，對某一個特殊的心理狀態的描述總是和指向一個特殊的身體的指示一起發生的。例如，當我閉上眼睛時，我便不再看到紅色，而當我睜開眼

睛時，我又看到了它。）但從邏輯角度看，我們就不能那樣說了，因爲從邏輯上說其他人是可以具有我的感覺或其他意識材料的（或者，我可以具有其他人的感覺或其他意識材料）。實際上，在我們的語言中，存在著這樣一條顯而易見的用法規則（邏輯語法規則），它規定：只有在我沒有從邏輯上排除其他人具有某物的可能性的時候，我才能有意義地說「我具有它」（或者說，「我是它的所有者」）。顯然，這條規則也適用於感覺或意識材料。由於唯我論者的上述斷言違反了這條規則，因而它們只能是無意義的。而他們之所以要作出如是的斷言，是因爲他們想放棄「我」（「我的」）一詞的日常用法，而賦予其以一個形而上學的「超驗自我」的地位。

唯我論者不僅認爲這個形而上學的「超驗自我」是我們的一切感覺、一切意識材料的所有者，而且也是世間其他一切東西的所有者，「一切都只能屬於我，一切都只能是我的意識內容」。顯然，這種說話方式毫無意義可言，說「我的一切感覺、一切意識材料都只能屬於我」既已無意義，那麼說「一切東西都只能屬於我、都只能是我的意識內容」也就更無意義可言了。一旦以這樣的方式取消了「你」、取消了「外在世界」，那麼我們也就不能合法地（也即有意義地）談論「我」，談論「意識內容」了。因此，追究到最後，我們發現，唯我論實際上是因哲學家們不滿意於「我」一詞在日常語言中的實際用法而致，他想將「我的」或「爲我所有」之類的語詞或短語加在一切對象的名稱之上。但是，很明顯，一旦對它們做了這般古怪的使用，那麼無論使用它們還是不使用它們也就沒有任何區別了，我們盡可以將其從我們的語言中消除掉。

唯我論者認爲，只有我們自己的自我（心靈、意識內容、精神、經驗）才眞正存在，其餘的一切都是虛妄不實的；或者我們至多只確實地知道我們自己的自我存在，而不知道此外還有沒有其他什麼東西存在。這便直接導致了對他人的心（他人的自我、意識內容、精神、經驗等）的懷疑甚或否定。唯我論者的這個結論得到了其他哲學家的附和和支持。但另外一些哲學家不同意這個「荒唐」的結論，他們根據類比推理斷言他人的心也是存在的。具體說來，這個推理是這樣的：我的心靈、我的意識內容無疑都是特定的環境影響的結果，同時它們又都必具有特定的行爲反應，旣然如此，如果某個他人處在相同的環境之中，並且我們發現他也顯示了相同的行爲反應，那麼我們就可由此及彼地類推出他也有心靈或意識內容。對於這個論證，唯我論者和其他對他人的心的存在持懷疑態度的哲學家反對道：借助於類比推理我們是不能確切地推知任何東西的，和我有著同樣的行爲反應的存在物大可不必就具有和我一樣的心靈，它完全可以是一個「無心的自動機」（mindless automaton）。這樣，便產生了似乎不可回答的「他人的心的問題」（das fremdpsychische Problem）：「心」（「心靈」、「意識」、「靈魂」）也存在於其他人身上嗎？（其他人也有「心」嗎？）

石里克承認，在某種意義上，我們的確可以說這是個「不可回答」的問題，因爲它根本就不是什麼問題，沒有問題，當然也就不會有答案！那麼，它爲什麼不是問題呢？石里克認爲，這是因爲出現於它之中的語詞「意識」、「心」、「靈魂」等被形而上學地加以解釋了。它們被假定爲代表了內容，正因如此，人們才能說：「除了在我的自我之內，我不能絕對確實地知道它的存在」，

因爲內容需要直觀，而我只能直觀我自己的心或意識。由於內容不可表達，因此我們也就不能表達出我們用「心靈」或「意識」等語詞所表達的東西。它們事實上被這樣地加以使用了：無論其他人是否有「心」或「意識」，這都不會在世界中造成任何可以發現的差別。就他人的心的問題而言，無論對它的回答是肯定的還是否定的，它都不可證實，而這就意味著，當我們提出這個問題時，我們根本就不知道我們在說些什麼，因而它是無意義的。

在石里克看來，他人的心的問題的無意義性不僅和人們對「心」或「意識」或「靈魂」之類的語詞的不正當的、不加分析的使用有關，而且還與人們對「存在」（「實在」）一詞的誤解或錯誤的使用有關。按照正常用法，只有當我們能有意義地否定一個經驗的實在性（即說關於它的存在斷言爲假）時，我們才能有意義地肯定它的實在性（即說關於它的存在斷言是眞的）。但對於形而上學家所謂的「心」（「意識」）而言，我們不能描述它不存在時（或者說，關於它的存在斷言爲假時）情況會怎樣。實際上，正如我們上面所說，這裡所謂的「心」（「意識」）指的是我們不能以眞或假的方式加以描述的東西。總之，無論是斷言其他人的心（意識）的存在，還是否定其存在都是無意義的，因而，他人的心的問題也就是無意義的。

這裡，石里克提醒我們注意，只有在將「心」或「意識」等形而上學地解釋爲「內容」的時候，他人的心的問題才沒有意義。實際上，在日常生活中和科學中，我們還是可以有意義地談論這個問題的，只是在那裡它不再關涉什麼內容了，而只關涉某種特定的「結構（形式）」。因此，他人的心的問題的唯一正當的解釋是：其他人也具有這個特定的結構（形式）嗎？至於如何回

答這個問題，卽如何對這個結構（形式）作出詳細的規定，並且說明在某特定的情況下，某一個人是否「展示」（具有）了它，則全然不是哲學家的事情，而完全是科學家的事情。因此，在日常生活和科學中，「一個人是有心靈的或有意識的」這句話在其出現的所有場合都是可以證實的，都有著完好的意義，因為在那裡它只表達了可觀察的經驗事實（比如，一個內科醫生可以將其悉數列舉出來）。只有形而上學家才會一再聲稱「心」或「意識」可以不同的方式──以「哲學」的方式──加以使用。但實際上，他們所謂的「使用」只是對健康用法的一種誤用。

由以上的分析我們看到，形而上學無論以何種形式出現，實際上都旨在表達和認識內容，「經過對哲學史的細心審查，我們很容易看到，所有的形而上學眞正說來都是由欲表達內容這樣的鋌而走險的企圖構成的」❷⑦。但由於內容不可表達、不可認識，所以形而上學最終只能歸於不可能，它是一個「自相矛盾的事業」（a self-contradictory enterprise）❷⑧。它混淆了形式和內容、認識和體驗（直觀、理會），企圖追求什麼「直觀的知識」，最後只能陷於無意義的胡說的境地：它的語詞沒有意義，它的命題不可證實，因而它的問題也必無意義，它們根本就不是什麼問題。

如前所述，形而上學家之所以設定一個超驗的存在之域，除了認識方面的考慮外，更多的或者更主要的是出於倫理價值方面的考慮，說到底，是為了給人類設置一個至為理想、至為完善的存在之所，以滿足人們對終極存在的渴望和衝動，為人生意義尋找一個終極的歸宿。哲學家們大多都認為，這樣的眾望所歸的超

---

❷⑦　同❷⑤，p. 325。
❷⑧　同❷⑤，p. 362。

驗存在或多或少都應該具有某種神秘的屬性，爲人類所不能認
識、甚或也不能表達（言說），但通常又都認爲它可以以某種方
式加以體驗或直觀。我們看到，無論是在 1925 年之前，還是在
1925年之後，石里克都是堅決否認這樣的超驗實在的存在的，只
不過在 1925 年之後他的態度更趨激烈罷了：超驗實在不僅不存
在，而且我們甚至都不能有意義地談論（言說）它。經過進一步
的分析卽可發現，當形而上學家們斷言超驗實在時，或者當他們
在就實在的本質或最內在的本性問題而互相爭論時，他們所欲表
達的東西實際上只是經驗的體驗內容，而絕非什麼超驗的實在。
對經驗的體驗內容我們只能加以體驗（直觀、理會），或者通過
某種方式加以「喚起」。實際上，如果形而上學命題究竟還有一
點兒「意義」的話，那麼它們至多具有這種「喚起」體驗內容的
作用。從這個角度看，它們有一點兒像詩歌。

> 形而上學的哲學命題 (metaphysische Philosopheme)
> 是概念詩歌 (Begriffs-Dichtungen)。在整個文化中，
> 它們實際上起到了類似於詩歌的作用，它們有助於充實生
> 活，而無助於豐富知識。❷⑨

但是，嚴格說來，它們甚至連這種作用也不具備，因爲一方面，
一個命題爲了起到引起什麼或喚起什麼的目的，它首先必須是有
意義的，必須已經表達了或傳達了某種結構（事實），但形而上
學命題顯然不符合這個要求；另一方面，形而上學命題也過於抽

---

❷⑨ Moritz Schlick, 'Erleben, Erkennen, Metaphysik', in
Kant-Studien 31 (1926) p. 158.

象、過於概念化了！爲了獲得多姿多彩的內容體驗，以豐富、充實我們的內在生活 (Innenleben)，我們不妨直接求助於詩歌、藝術甚或宗教，因爲它們畢竟更爲形象、更爲感性，因而也就更具感染力和號召力，更加適合於用來引起或喚起人們的內容體驗。

我們已經指出，石里克1925年之後對形而上學的態度是在維根斯坦的影響下形成的。但是，這裡我們要注意，不要因此就認爲他們的形而上學觀是完全一致的。實際上，在兩者之間存在著重大的分歧。前期維根斯坦（二十年代末以前）認爲，傳統形而上學家所謂的超驗實在是確實存在著的（它就是他所謂的神秘的體驗之域），只不過不可說罷了，因爲它位於事實世界之外，與我們的語言沒有共同的邏輯結構。與維根斯坦相反，石里克從來沒有承認過超驗實在的存在性，在他看來，傳統形而上學家所作出的那些表面上看來似乎斷言了超驗實在的命題實際上只是斷言了經驗的體驗內容的存在，但由於內容的不可表達性、不可認識性，因此即使對形而上學命題的意旨做了這般重新解釋之後，它們也沒有因之而就獲得了意義。

眾所周知，卡爾納普也認爲形而上學命題或問題是無意義的。但我們不要因此而忽視了他與石里克的重大差異。在卡爾納普看來，關於外在世界 (Außenwelt) 實在與否的問題整個說來都是無意義的（甚至關於抽象實體的存在問題也是無意義的）。但石里克認爲，我們不能不加分析和限制地作出這樣的一般性斷言。這裡，關鍵問題是：人們究竟是在什麼樣的意義上使用「外在世界」一語的。如果人們只用它意指我們所居處的這個經驗的外在世界 (die empirische Außenwelt)，即與構成我們的「內

在世界」(Innenwelt) 的記憶、夢境、情感和希望等相對照的日月星辰、山水草木、鳥獸蟲魚等，那麼關於其實在與否的問題當然是有著充分的意義的，而且我們還需給其以肯定的回答。（相反，卡爾納普則認為，即使在這種情況下，實在問題也無甚意義。）只有在人們用「外在世界」一語意指所謂的超驗的外在世界 (die transzdente Außenwelt) 時，關於它的實在與否問題才是無意義的。另外，卡爾納普似乎認為，形而上學所欲表達而未能（也不能）適當地加以表達的東西（人生的基本情感、人生態度，實即體驗內容）可以由詩歌、音樂等藝術形式加以完善地表達。但在石里克看來，即使詩歌、音樂等也不能表達內容，也只能表達和傳達結構（形式）（因為內容是原則上不可表達、不可傳達的），只不過，詩歌、音樂等借助於其獨特的表達形式能更加容易地喚起它們罷了。

三、自然科學、精神科學和世界觀的構建

我們已經說過，形而上學是關於世界觀的「理論」，它的主旨是企圖經過形而上學的玄思達到對世界的最內在的本性的認識。上面的分析已充分證明這樣的企圖是絕對不能成功的。那麼，我們該如何建立世界觀呢？石里克認為，為了建立起一個全總的世界觀，我們只需分析一下科學為我們提供的世界圖景的意義就可以了。

……從世界圖景到世界觀的過渡是經由下述簡單的過程而發生的：完全弄清楚世界圖景的意義，清清楚楚地回憶起

人們借助於它而傳達的東西，正如對一件藝術品的「觀賞」
(Anschauen, viewing)——這不同於對它的簡單的知
覺——在於它的個別的顏色和形狀都具有了一個特定的意
義，表示了某種東西，向觀賞者敍說了某種東西一樣。換
言之，世界圖景之成為世界觀並不是因為新思想的附加，
而是因為它被理解了。⑳

在這裡，石里克還作出了如下一般性斷言：

在統一的科學內部，所謂的自然科學概念——或者更為準
確地說，它們中的基本概念——是這樣的概念，通過對它
們的澄清世界觀的本質特徵才會出現。㉛

因此，「哲學家只有從自然科學的世界圖景出發才能達到他的世
界觀」㉜。這也就是說，自然科學是所有學科門類中最富哲學意
義的學科。那麼，這樣的斷言的根據何在？石里克認為，它的根
據在於：其一，恰恰是自然科學決定了世界圖景的基本特徵，它
們的分析可以說深入到了「事物的本質」的極深處；其二，自然
科學的方法對概念的形成 (Bearbeitung) 提出了最高的要求，
借助於它我們便能獲得精緻無比的概念，達到無與倫比的精確性，
因此它也就能夠最大程度地促進關於實在的斷言的終極意義的發
現過程。

---

⑳　Moritz Schlick, 'Philosophie und Naturwissenschaft', in
　　Erkenntnis 4 (1934) p. 384.
㉛　*Ibid.* p. 384.
㉜　*Ibid.* p. 396.

　　石里克認為，他的上述斷言是有著充分的歷史根據的。在人類思想史中，那些意義重大的世界觀的轉變、人類對於世界的精神態度的重大轉變總是和那些決定世界圖景的基本特徵的深刻的、具有深遠影響的自然知識的進展一同發生並要受到它的制約。比如，從托勒密（Claudius Ptolemaeus 約 90-168）的地心說到哥白尼（Nicolaus Copernicus, 1473-1543）的日心說的轉變在人們的心靈中引起了極大的震動，極大地改變了人們的世界觀；使人們認識到人並不是宇宙的中心，而只是宇宙的一分子。再如，達爾文的生物進化學說也曾極大地震動和改變了人們的世界觀，改變（或加深）了人類對自身與周圍世界、與其他的存在物的真正關係的認識——人只不過是動物進化序列中的一個環節而已。如果我們考察一下西方哲學的發展歷程，我們就會發現它不僅始自於人們對自然的思考，而且它的每一個決定性的進展和每一個意義重大的轉變也總是在與對自然的解釋的關聯之中和數學精確性的氛圍之中發生的，事實上，也只有在這種關聯和這種氛圍之中它們才是可以理解的。比如，柏拉圖哲學就與他的數學和科學素養密切相關，他甚至在他的學園的大門上寫下了這樣的著名警語：「不懂幾何者不得入內」。持有與柏拉圖的世界觀正相反對的世界觀的德謨克里特也同樣具有很好的數學和科學素養，可以說，他就是一個數學家。而比他們稍後的亞里士多德更以「百科全書式的學者」而聞名於世，他的科學建樹絕不比他的哲學建樹遜色，現代科學的很多學科都源起於他的真知灼見。到了中世紀，哲學家們一般只關心怎樣去應用亞里士多德的原則，沒有作出什麼創造性的哲學貢獻，而這恰恰是他們沒有進行獨立的自然研究、沒有進行科學概念的重新構造活動的結果。獨立的

哲學活動在近代的再次覺醒和近代科學的崛起不僅僅是一併發生
的，它們也不僅僅是同一個基本觀點的不同的表達，根本說來它
們就是同一個過程。那個天才的時代的偉大的哲學家的名字是不
能被排除於科學史之外的，同樣，那個時代的偉大的科學家的名
字也不能被排除於哲學史之外。比如，可以正當地稱爲近代哲學
之父的笛卡爾同時也是解析幾何的創建者，他的著作不僅是哲學
史上的經典之作，同時也是不可多得的科學巨著。笛卡爾自己就
曾經說過：「對於我來說，一切事情都變成爲數學的了。」在斯
賓諾莎那裡，數學-科學的精神可以說構成了他哲學研究活動的
驅動力和源泉，這一點甚至從他的寫作風格上卽可看出。近代
哲學的另一個主要代表萊布尼茨同時也是一個數學家和物理學家
（他和牛頓共同享有微積分發明者的榮譽），在其卷帙浩繁的著
作中，他向人們充分地證明了下述眞理：精確性精神是哲學活動
的父親，對自然的思考是它的母親。在康德哲學中，對自然的思
考也占有至關重要的地位。一般都承認，他的整個哲學的中心是
《純粹理性批判》，而在這部不朽之作中康德所做的事情不過是
努力澄清牛頓的自然科學系統的基本概念，以期達到對時間、空
間、實體和因果性等概念的眞正意義的體認和切實的把握，並由
此而勾勒出一個世界觀的基本輪廓。康德曾寫過許多專門的科學
著作，其中關於太陽系起源的《普通自然史和天體理論》（*All-
gemeine Naturgeschichte und Theorie des Himmels*）
在科學史中占有著很重要的地位。我們有充分的理由說，如果康
德不曾具備他所具備的良好的數學-自然科學素養，那麼他的哲
學也就不復存在了。最後，石里克斷言，在哲學史中是不存在他
的斷言的反例的。這裡，也許有人會說，休謨就是一個絕好的反

例，在自然科學方面，可以說他沒有作出過任何貢獻，而在歷史
科學方面他卻取得了令人矚目的成就。但在石里克看來，休謨並
不構成他的斷言的真正反例，相反，恰恰是休謨的例子最為令人
信服地證明了他的斷言的正確性。因為在休謨的哲學探究中，沒
有一處與歷史的概念或歷史的方法相關，他並不是從歷史那裡達
到他的世界觀的。作為因果性概念和自我概念的批評者，他並沒
有探究歷史過程的任何因果性（他那個時代的其他人也沒有談論
過這種因果性），也沒有研究過歷史的個體的概念。他的一切例
證和思考的材料都取自於物理學和心理學，而後二者則可以說分
別企圖以精確的概念去把握外在的和內在的自然。因此，作為歷
史學家的休謨也是從自然科學的方法中獲得其哲學的刺激力的。
另外，人們也許還會將蘇格拉底擡出來作為石里克上述斷言的反
例，因為眾所周知，蘇格拉底是以「自然思考的敵人」而聞名的。
但石里克認為，即使蘇格拉底也不就構成了他的斷言的反例。因
為他也是非常欣賞數學的，而他之所以不滿意於當時的自然哲學，
恰恰是因為在他那個時候人們還不能用精確的概念處理宇宙學問
題。他為自己確立的終身目標就是努力用精確的概念去認識人的
本性。

　　顯然，石里克的上述斷言——自然科學在我們的世界觀的形
成過程之中起著決定性的作用——是作為對文德爾班、李凱爾特
和狄爾泰等人的觀點的反對而提出的。按照文德爾班、李凱爾特
和狄爾泰等人的看法，單純由自然科學所提供的世界圖景是片面
的、不完全的，哲學更應（甚至只應）從所謂的精神科學（或曰
文化科學、人文科學）——主要指歷史科學（包括政治史、藝術
史、文明史等等），還有文學、法學、政治經濟學、宗教學，甚

至還包括心理學 —— 中吸取營養或材料，在我們的世界觀的形成過程中，只有精神科學（文化科學）所提供的知識才具有決定性的發言權，因爲只有這些學科才是以世界的最內在的本質（卽人類精神）爲探究的對象的，因而只有它們才能幫助我們達到對於世界的眞正的、最內在的本性的「理解」（Verstehen），它們給與我們的是眞正的理解，而自然科學則只能爲我們提供因果解釋（kausale Erklärungen）。對文德爾班、李凱爾特和狄爾泰等人的這種觀點，石里克從以下幾個方面做了深入的批判。

第一，它是以下述觀點爲基礎的：存在著兩種截然不同的知識，一種是精神科學中的知識，一種是自然科學中的知識。石里克認爲，這種觀點是錯誤的，因爲包含在精神科學中的眞正的知識和包含在自然科學中的知識從本性上說是一樣的，它們都是通過結構的重覆（複製）來表達事實。因而無論是在自然科學中，還是在精神科學中，只要我們達到了對事物的結構的認識，那麼我們也就達到了對事物的眞正本性的認識。從這個角度看，精神科學知識和自然科學知識的價值是一樣的，哪一個也不比另一個更「內在」、更「深刻」。當然，石里克也不否認精神科學確有其獨特之處。研究精神科學的人的最終目的常常不是爲了獲得知識，而是爲了獲得某種體驗、某種激情，最終說來，它們「根本就不是純理論性的，它們的主旨不是獲得純粹的知識，而是爲了最終成爲體驗的手段。而自然科學的眞正目的則只在於滿足人們的求知渴望」㉝。

如就歷史科學而言，儘管

㉝　*Ibid.* p. 393.

對於真正的歷史學家而言，他的努力的主要目的或許經常
是對於事件的因果解釋，在這種範圍內我們說他的努力是
科學的，但在他的心目中也存有另一種意圖，即內在地體
驗一下他認為歷史英雄們曾經體驗過的情緒和思想，在他
自己的想像中想像一下過去的人們所親眼目睹的偉大的歷
史事件。對於多數人和許多歷史學家來說，這也是他們從
事歷史研究的主要目的。㉞

石里克認為，當哲學家們說「只有精神科學才能給我們以真正的
理解」時，這裡所謂的「理解」實際上就是指精神科學所獨具
的這種喚醒作用 —— 它們能喚醒某些情緒和想像的圖景（也卽內
容）。但很明顯，這種喚醒作用本身並不是一種特殊種類的「認
識」（「精神科學的認識」），它不能爲我們提供任何知識，嚴格說
來，它只是精神科學中所包含的真正知識的一種結果。它是一種
體驗（理會、直觀），而絕不是什麼理解，因爲正如我們前面所
看到的，真正的理解只與結構（形式）有關，只有通過對因果結
構的認識才能達到。

　　總而言之，科學作爲知識系統，作爲關於實在的真命題緊密
地結合在一起而構成的整體(Ganze)，是一個統一體(Einheit)。

　　它不是鑲嵌圖案 (Mosaik)，不是由衆多不同種類的樹組
成的小樹林，而是一棵具有很多枝幹和樹葉的大樹，它為
人們提供關於一個世界的知識。這個世界也同樣沒有分化

―――――――――――

㉞ 同㉕，p. 339.

爲不同的實在，比如，沒有分化爲自然之域和精神之域，因爲借助於這些語詞所表示的那個區別並不是事物的本質上的區別，也只是研究實踐（Forschungsbetriebe）上的區別，也卽所謂的精神科學和自然科學的工作方式（Verfahrungsweise）上的區別。㉟

就與世界觀的相關性而言，我們至多可以問：通過對精神科學的程序的分析，我們是否可以獲得全新的結論，而且這種結論比通過對自然科學概念構造的分析所獲得的結論更爲深入？對這個問題石里克給予了斷然的否定性回答。比如，通過對現代物理學理論的基本概念和命題的意義的分析，我們獲得了關於實體、空間、時間、因果性等概念——任何一種世界觀都要以它們爲構成材料——的更爲深入的理解。但在歷史學科中，我們卻找不到能夠與此相媲美的事實。

第二，爲描述一切人類事務所必需的概念事實上絕不是歷史性的，或爲精神科學所獨有的。它們之中的很大一部分都是我們在日常生活和工作中業已使用過的，而且當我們思考它們的眞正意義的時候，它們最終都能被歸約爲自然科學的概念：描寫外在東西的概念最後可以歸約爲物理概念，而描寫精神性東西的概念最終都可以歸約爲心理學概念。換言之，精神科學（或文化科學）根本就沒有它們自己的獨特的基本概念，它們的基本概念都是從其他的知識階段、知識領域（卽自然科學）借用而來的。它們自己只處理從這些基本概念中推導出來的複雜的結構。事實上，只

㉟ 同㉚，p. 382.

要精神科學的方法為我們提供了關於人類本質、進而關於世界本質的深刻的洞見，那麼這就總是通過包含在它們之內的心理學而完成的。所有歷史學科總是有意識地使用著心理學，而它們又反過來促進了心理學的發展。而旨在通過人類的行為去認識人類精神生活規律的心理學在這裡當然應該被看作是屬於自然科學。因此，文化科學（精神科學）所欲呈獻給哲學的那些概念實際上恰恰來源於自然科學。

> 從與哲學的關係的角度看，所謂的自然科學思想之所以占有如此獨特的地位，是因為它包含了每一種理論的觀點，也即每一種以最一般的真理為目標的純理論性的研究，所達到的那些概念或思維手段，而且這樣的研究也必須借助於這些概念而進行。㊱

第三，文德爾班、李凱爾特為了截然區別開自然科學和文化科學，斷言道：歷史學家（以及其他的文化科學研究者）所關心的只是確定一次性的事實，而自然研究者感興趣的則是一般的規律。石里克認為，這不無道理。但他同時認為，正是歷史科學（文化科學）的這個特點使得它不可能在世界觀的形成過程中起到什麼重要的作用，因為世界觀的大大小小的特徵都只是由世界圖景的一般特徵，由制約著事件的規律所決定的。而這又是因為，只有在一般概念的情況下才會產生關於語詞和命題的真正意義的問題——作為闡釋性活動或授予意義活動的哲學就旨在回答

㊱ 同㉚，p. 394.

這個問題。一個單個的日期、任意一個特定的個體（卽使他是具有重要歷史意義的人物），是絕對不能在世界觀中占有一席之地的。只是通過在他身上所展現的一般規律，他才具有了某種世界觀意義。世界觀只與「本質」相關，而個別的東西的本質是通過它所服從的一般規律的展示而給出的。由此，我們便可立卽引出如下結論：只有自然科學才向我們提供了構建世界觀的材料。相反，精神科學的方法則在世界的個別的多樣性面前止步不前了，它們的目標不在一般，而在於個別。（與文德爾班和李凱爾特相反，有一些人堅持認爲，卽使歷史科學也以建立一般的規律爲旨歸。但石里克認爲，卽使如此，我們也不能因此就說歷史科學在世界觀的形成過程中有什麼區別於自然科學的獨特的作用。因爲每當歷史科學企圖建立一般規律的時候，它們就必須在它們自己的領地之內使用自然科學的思維方式 —— 它們必須把歷史事件看作是自然的過程，必須努力把它們看作是一個由諸多原因和諸多結果組成的混合體，並且努力從來自於氣候和環境方面的物理的影響以及來自於領導人的心理方面的影響推斷出各民族的命運。）

第四，在努力區分開自然科學和精神科學的時候，文德爾班、李凱爾特特別強調了「價值」概念的重要性。在他們看來，精神科學（文化科學）所關心的並不是查明並描述隨便什麼材料，而是如何從無比豐富、不可窮盡的材料之中挑選出那些從人類的觀點看具有價值的項目，或者說具有文化意義的項目。石里克認爲，這樣說當然沒有什麼錯誤，但問題是，價值評估上的考慮（Die wertende Betrachtung）並不能向人們提供任何世界圖景（它至多能夠對一個已經存在的世界圖景的價值進行評估），

因為只有理智才能描畫這個圖景，可以說理智按其本質就是一種描畫能力。而為了盡可能精確地描畫它，理智就必須使用那些被稱為自然科學的東西，並且為了達到最大程度的一般性，它還必須使用數學的形式。正因如此，說自然科學的世界圖景是片面的，在借助於它構建世界觀之前我們必須用精神科學的世界圖景對其加以補充也就無意義了。同樣，說存在一種自然科學的世界觀和一種精神科學的世界觀也是無意義的，我們甚至都不能說存在著一種科學的世界觀和一種非科學的世界觀。正確說來，只存在唯一的一種世界觀，它是經由如下途徑而形成的：對理智借助於自然的知識所描畫的世界圖景進行哲學的解釋。

第五章　自然哲學

石里克將對自然科學的基本概念和命題的意義的分析和澄清稱爲「自然哲學」（Naturphilosophie）。下面我們著重介紹一下他是如何分析和澄清如下基本概念和命題的：物質、自然律、因果原則。

一、物　　質

從第三章我們已經知道，所謂認識就意味著在不相似中發現相似，在差別中發現同一。在科學思想發展的初期，在不同中發現相同被解釋爲發現常量，卽不變量——一種其自身保持同一的東西，它一方面是一切多樣性與變化的基礎，另一方面卻不參與這些多樣性與變化。這一常量常常被稱爲物質（Materie）或實體（Substanz）。人們設想它以多種表現形式出現，能經受各種不同的過程而不改變其基本性質。那麼，這樣的基本性質究竟是什麼？換言之，何謂物質？

在人類科學探索的漫長歲月中，物質（實體）概念經歷了多次的嬗變。最早的物質（實體）概念是機械原子論提供的。

(一)機械原子論

顯然，有形物體的可感覺的性質是不能充當實體的基本性質

的，因爲它們都會發生變化。溫暖流動的水凍成冰就變得又冷又硬，事物的色、香、味隨著不同的感知條件而起變化。鑒於此，古希臘哲學家留基波（Leukippos，約西元前 500 年-約西元前 440 年）和德謨克里特在被迫從物質那裡將所有「主觀的」感覺性質（如紅、熱、甜等等）都抽取掉後，只允許將「充滿或占有空間」當作留給物質的唯一性質。事實上，這一性質似乎必然要被存留下來（因爲在科學思想發展的這一階段，只有直觀上可加以圖示化表示的東西才被看作是性質），它似乎也足夠用來以直觀的方式解釋不同物質的行爲。這一點是借助於原子假設來完成的。這個假設的要點是：知覺到的有廣延的物體眞正說來並不是始終被實體所完全占有的空間，而是由極小的、不能再進一步分割的微粒組成的。這些微粒的性質僅僅在於占有空間。按照這個定義，兩個實體，如果不是相同的，那麼就不能同時占有相同的空間，這也就是說，實體是「不可入的」（impenetrable）。在完全爲物質所占據的微小空間（即原子）之間存在著空無一物的空隙。人們假設，在輕而多孔的物體中這些空隙相當大，而在致密較重的物體中原子則更爲緊密地擠在一起。當然，個別的原子相互之間在質的方面分不出區別，因爲實體的本質即充滿或占有空間對它們全體而言都是一樣的。它們之間可能有的差別僅在於它們所占據的空間的大小和形狀以及位置和運動。德謨克里特認爲，原子都有凹陷和突起，有鈎和環，從而它們能以或大或小的牢固程度聯結在一起，並因此相聚成形，表現出氣體、液體、固體的特性，儘管作爲構成成分的原子全都始終保持絕對堅硬和不變的形狀。

從認識論觀點看，這種原子論假說具有一個值得大書特書的

優點: 它為人們提供了一幅完全排除了一切質的差別的世界的圖像。自然中的所有的質的差別都被大小、形狀和運動的差別所代替，換言之，都被可以數量化的量的測定所代替。這一點當然構成了對自然知識做任何一種數學構述的基本條件，並因此也構成了這樣的方法的基本條件，正是它才使物理學成為超越於其他實際科學之上的至高無上的科學。因此，古代原子論者有著非常崇高的目標，但僅憑他們所掌握的簡單手段他們是不能達到這個目標的。

原子假說在漫長的中世紀幾乎被遺忘。在近代，道爾頓（John Dalton, 1766-1844）將其重新引入精確科學之中，但這時它採取了比較「謙虛」的形式。它並不企圖從所有原子在質的方面都相同（都由一種實體構成）這一假定推論出物體的所有性質。它暫且只滿足於有多少「化學元素」就有多少種不同的物質。正因如此，這個新理論較之舊理論有一個極大的優點，那就是借助於上述假設，它能定量地說明大量化學事實。簡言之，它能用經驗事實來支持和證明原子論的真實性。

石里克認為，對於實體概念的哲學發展來說，更為重要的是原子理論隨後在專門的物理問題上的應用。先是應用於所謂的機械物質論，尤其是「氣體分子運動論」上。但是，為了使這一理論完整，我們就必須假定組成氣體的那些微小粒子（原子）具有一種新的性質，即完全彈性。在經驗中我們沒有遇到過完全彈性的物體，這是事實。但這無關緊要，重要的是我們要認識到，在原子理論中一定要作為假設來假定完全彈性體的存在。彈性，僅僅存在於可以發生形變（deformable）或可以壓縮的（compressible）的物體之中。兩個彈子球在相撞的傾刻稍稍變扁了一

些，但隨卽再度恢復到它們原來的形狀。正是通過這一恢復，它們才被彈開了。對於原子碰撞的情況，如果假定，當它們的表面在某點相互接觸時，它們立卽分開而沒有任何形狀的改變，那麼這一無限快的速度反向的不連續過程將意味著對力學定律（規律）的違背。但另一方面，如果同意原子發生壓縮，那麼原來的實體（物質）概念就得放棄了。因爲如果同一個實體，在形變的狀態下比之未形變之前充滿較小的空間，那麼它的基本性質就不再能用「占據空間」來表徵了。這時，我們就必須對實體占據空間時的致密程度或密度給以附加的陳述。而這就要引入一個關於實體的新的質的規定。但是，它並無助於解釋彈性，因爲對於有形的物體，可壓縮性與密度的不同均可由完全剛性的原子之間的間隙或空際的減小來說明。但對於原子本身來說，這種說明是不可能的，因爲原子是致密無孔的。不難看出，爲了使原子理論變得完善起來，原子內部構成問題是迴避不了的。只要認爲實體僅僅在於占有空間，那麼這一問題就總是導致矛盾。

石里克指出，諸如此類的矛盾實際上早已蘊藏於古代原子理論之中了。舉例來說，如果原子像德謨克里特所設想的那樣配備有鈎子，我們將有理由問：爲什麼鈎子不會折斷？我們能想像鈎子的折斷並問：是什麼把鈎子和原子的其餘部分聯繫在一起的？爲什麼在概念上可以分割的結構在物理上卻不可分割呢？德謨克里特的原子看來好像其所有各個部分都是由無限大的力聯結或膠合在一起的。但是，卽使允許談論這樣的力，那麼它們的引進也會給原來的實體概念引入一個外在的要素，這樣它也就被毀壞了。

因此，我們處處都遇到了困難，要避免這些困難只有放棄舊的思路，另闢蹊徑。原子概念與實體概念，就其到目前爲止所探

取的形式來說，是不相容的，我們必須放棄其中之一。下面我們
首先考查一下這樣的做法，卽企圖通過放棄「實體僅僅是占據空
間」這一觀念來達到對物質構成的更加令人滿意的解釋。

(二)動力原子論

我們已經看到，當我們試圖在符合基本假設和力學定律的條
件下描繪原子碰撞過程時，把原子看成是剛性的、塡充空間的結
構物這種思想就會遇到困難。那種使原子在碰撞之後彼此分開所
必需的力，不能從僅僅占據空間這種實體概念或從不可入性演繹
出來。但是，如果假定原子之間存在著一種斥力，當原子之間的
空隙越小時，這一斥力就越大，那麼上述困難就能夠避免而且這
個過程也就可以被認爲是連續的了。當兩個原子相互接近時，這
樣的力就使它們的速度減小，直至達到靜止狀態，爾後就會發生
反向的運動 —— 這一反向運動在兩個微粒接觸之前就已發生。這
是一個完全符合力學定律的完善的連續過程，它之成爲可能是因
爲引入了一種全新的因素，卽原子力。

這樣，實體概念由於加進了力的概念而得到了擴展，它已不
再是僅僅占據空間的東西。但是，這時，原來作爲實體本質的
「占據空間」還能起什麼作用呢？回答是毫無作用。它不出現於
上述機制的任何部分之中。極小微粒的大小和形狀已無關緊要，
它們可以像你所希望的那樣大或那樣小。這時，根本就不存在與
原子表面的接觸問題，因此它們的形狀和廣延就沒有任何影響。
爲了解釋的目的，我們只需考慮從原子中發出的那些力。原子的
塡充空間的物塊作用已不再用在任何種類的解釋之中，它最多只
是用來作爲力的「承擔者」(bearer, Träger) 或中心罷了。在

這樣的情況下，原子根本不需要是有廣延的，因此實體占有空間這一假設便成爲多餘了。這樣，實體概念便完全改變了其內容。對於那種在理論中無甚作用，從而也不能加以檢驗的性質，唯一正確而誠實的做法是不去假定它的存在。如果原子真的僅僅起一種力的中心的作用，那麼就應該僅僅把這種作用包括在實體概念之中，而不應該畫蛇添足地硬把占據空間也拉扯進去。

於是，我們便達到了這樣一種觀點，即把物質看作是由點——中心所組成，各點中心之間作用著某些力，或者寧可這樣說：這些點——中心的性質完全由這些力的作用所構成。由此，實體本身不再是有廣延的了，而物體的廣延則僅僅在於組成該物體的點——原子由於斥力而保持分離。這就是「動力物質論」，它將力看作爲實體的基本性質並把廣延歸結爲力。與此相反，德謨克里特式的舊原子論則企圖從廣延推出粒子間的作用力，這種企圖最後終歸於失敗。

這個動力學理論，提供了這樣一個概念構造，其基本概念非常簡單，因而對於哲學心靈有極大的吸引力。康德就是它的忠實信徒。赫爾姆霍茲 (Hermann Ludwig Ferdinand von Helmholtz, 1821-1894) 在其早年則完全被這一理論所表徵的力的觀念迷住了，他甚至認爲這一理論是說明自然的必要的和唯一可能的手段。

原子論思想合乎邏輯的發展導致了把實體當作是某種具有空間廣延的東西的觀念的消解，借此機械自然觀也就達到了其頂峰。它展示了一幅極其單一的世界圖景。但是，現代科學早已放棄了這種圖景，不過，這並不是由於它有著內在的矛盾，而只是由於它不能解釋某些經驗材料——在它的假設上我們不能建立起

一個令人滿意的物理體系。

(三)連續論

上面我們看到，將實體看作是某種填充或占據空間的東西這一觀念已被原子論後來的發展所拋棄。但是，我們也可以通過如下方法從相反方向達到一種物質理論：堅持認爲實體就是占據空間的東西，但放棄原子結構觀念而採用連續性假說。

如果放棄了德謨克里特式的原子的基本觀念，即其實體的不可分割性，那麼作爲有著確定的形狀的物體的剛性原子就不再存在了。對每一份實體都可以在任意多個點上進行任意多次分割，而其微粒則可以毫不費力地互相推移。它們的行爲就類似於一種具有高度理想化性質的流體，我們應當將其稱爲一種理想流體。

現在就有可能在這樣一個實體概念的基礎上來描繪一幅連貫的、解釋性的世界圖景。初看起來，這似乎是不可能的，因爲以鐵棒爲例，說它實際上是由流動的物質構成的，那似乎是無法想像的。但對流體性質的更細緻的考察揭示出了至今還一直未被想到過的可能性。那些高明的吸煙者爲消磨時間而噴吐出的煙圈想必誰都非常熟悉。它是空間和煙粒子一起以某種速度繞著環狀軸旋轉而形成的結構。實際上，像這一類的渦環 (ring-vortices) 在任何流體中都可能存在。赫爾姆霍茲解出了歐拉爲這類流體所構寫的方程，從而發現了支配渦環運動的規律。他發現，在理想的、無摩擦的液體中，這種環既不能產生也不能消失，它們一旦存在，就會永遠存在下去。它們能向多種方向移動，能改變形狀，並能互相影響。渦環所具有的這種不滅性實際上就是德謨克里特式的原子的主要特性。這一事實啓發人們來研究這樣的渦環

是否可以作為建築物質（實體）的磚石。實體的堅硬性和固態性可以很容易地得到解釋，只要假定那個不可見的微細的「渦旋原子」(vortex-atom) 中的那些粒子在以極高的速度旋轉就行了。因為在此種情況下，該種結構（就像高速旋轉著的陀螺）有極大的力量來抵抗一切外來影響，好像它既堅又硬一樣。

　　開耳芬 (Lord Kelvin, 1824-1907) 是渦旋原子思想的創始人。他和湯姆遜 (J.J. Thomson, 1850-1940) 後來又進一步發展了這一理論。赫爾姆霍茲後來對這一理論也表示了同情。渦旋原子論實際上是一種連續論，由此它便將原子論的優點和連續論的優點結合於一身了。它給出的世界圖景是這樣的：不存在虛空的空間，空間完全而不間斷地被一種絕對無摩擦的、不可壓縮的流體（以太）充滿著，在其中發生著無數上面描述的那種環狀渦旋運動。這些環狀渦旋在量的方面可能彼此不同，而所有感官知覺可及的物體都是由它們構成的。鑒於它們的不滅性，它們很可以被稱為「原子」。但比起德謨克里特的原子來它們有著這樣一種優點，即它們的不可分割性不再是一種最終的、不可解釋的性質，相反，它可從實體的本性中推導出來。在這裡，這種本性僅僅在於：占據空間並能夠按照牛頓力學（即按照歐拉公式）而運動。這樣，原來的實體概念似乎又被保留下來了。

　　但有些哲學家對這種實體概念不甚滿意，提出了如下反對意見：如果不存在虛空的空間，那麼就不可能有運動；而且連續的、原則上可以任意分割的實體這樣一種觀念包含了完成了的分割無限性的矛盾。石里克認為，這種反駁是不能成立的，因為如果這些思想本身含有內在矛盾，它們就不可能這麼完美地以數學形式表達於歐拉方程之中。

　　不過，另一種反對意見似乎更有哲學意味。這種反對意見是由萊布尼茨最先提出來的。他論證說，在這種處處完全均勻同質而連續的物質中，雖然只要發生運動，實體的粒子就要改變其位置，但每當一個粒子離開其原來的位置時，另一個粒子就會立刻占據這一位置；而由於這另一個粒子與前一個粒子是完全同質的，因此整體的狀態恰好還是和以前一樣，兩者完全不可分辨，一切好像什麼也沒有發生。而且這一點適合於所有可能的狀態，任一狀態都與其他狀態完全相同，同樣性質的實體出現在任何情況、任何時間、任何位置。在這樣的世界裡不會有變化，因而也就不會有事件發生。顯然，想用這種觀念來解釋千變萬化、川流不息的自然（世界）未免太荒唐了。

　　石里克認為，如果物質的單純呈現在渦旋原子論中真的起到了什麼解釋性作用的話，那麼萊布尼茨的這種反對意見當然不無道理。但事實並非如此。在上述世界觀中所應用的唯一解釋性原理是物質的運動，物質在每一點上均以一定的速度運動，該速度既有確定的大小又有確定的方向。的確，在任何時刻，在空間的任一點上所出現的都是相同的實體。但宇宙在不同時刻的狀態絕不會因此而就成為相同的、不可分辨的。因為實體總是在不斷地改變其狀態 —— 運動的狀態。按照這種理論，運動著的物質當然不同於靜止不動的物質。因此，當萊布尼茨將運動抽掉時，他正好抽掉了那種構成該理論核心的東西。這種理論對全部空間中的每一個點，無論它在渦旋內還是在渦旋外，都給賦予一確定的速度，該速度由其量值和方向來決定；而所有渦旋原子的運動以及在渦旋原子之間的實體的運動，就通過對空間每一點的速度的變化方式的陳述而得到了表達。由於那種既有量值又有方向的量通

常被稱爲「向量」（vector），因此我們可以說，渦旋原子論標誌著這樣一種嘗試，卽試圖僅僅借助於一種向量——速度——來給出全部自然事件的完整描述。自然呈現爲一個巨大的「向量場」。在這裡，實體概念已被還原爲運動了，正如在動力學理論中它被還原爲力一樣。由此可以看出，「占據空間」在渦旋原子論中所起的作用根本不同於其在機械原子論中的作用。

　　渦旋原子論由於其原理的簡單性，代表了一項眞正重大的事業。這項事業倘若成功的話，就會在最大程度上滿足人類對知識的追求，變化無窮的自然事件將被還原爲一個簡單的基本概念。這時，機械自然觀便又以另一種方式再度達到了其頂峰，因爲世上的一切事件都被還原爲運動了。

　　但今天，人們已不再把渦旋原子論當作爲一個物理理論來加以探討了。渦環（或其組合）並不具有那些爲了精確地、定量地說明觀察到的自然過程而必需具有的性質。我們不能成功地將來自於化學領域或電學理論中的經驗事實令人滿意地安排進這個理論所勾勒出的世界圖景之中。因此，無論是這一有趣的嘗試還是此後各種出自同一基本觀念的翻版，都沒有科學的價值。

(四)唯能論

　　爲了把世界圖景建築在一種哲學上圓滿的實體觀念之上，結果產生了上述的那些機械理論。但這些機械理論並沒有能實現人們寄托於它們之上的希望，作爲科學的假設，它們被證明是行不通的。這樣，很自然，人們就會對所有這一類基本假設都抱著懷疑的態度，甚至還試圖從認識論的角度來證明它們的不足。於是人們開始考慮一種不要任何假設的自然描述，並且認爲通過如下

方法就可以實現這一點，卽拋棄所有關於處於知覺界限之外的實體（如原子）的命題，並這樣來構寫自然律，使自然律之中毫無例外地只包含那些關於可以直接測量、因而在自然界中確鑿無疑地存在的量的命題。這樣，我們也就不能再到某種超微觀的原子機制中去尋找物理學各不同領域 —— 力學、熱學及電學 —— 之間的認識論上的聯繫了。我們必須尋找另外一座能把它們互相聯繫起來的橋樑，而能量概念和能量守恒定律似乎就可以起到這種作用。

我們知道，物理系統的能量（相對於確定的初始狀態而言）代表著（當該系統轉變到該初始狀態時）可以從該系統中獲得的機械功的總量。這個量是完全確定的，不依賴於該系統在轉變過程中所可能經歷的任何中間狀態。爲了要把該系統從正常的初始狀態再轉變回我們開始時的終極狀態，也恰好需要供給該系統同一總量的功。由此可知，不存在這樣一種物理系統，從中可以不加補償地獲得無限量的功。「永動機」（perpetuum mobile）卽可以從虛無中產生功的機器是不可能的。經驗表明，功旣不能從無中產生，也不能消失爲無，任何地方功的獲得或喪失，作爲交換總是有相應數量的潛在功（potential work）以另一種形式 —— 電的、化學的、或任何其他的形式 —— 消失或出現。因此，對於一個與周圍環境隔絕的系統來說，全部能量的總和是恒定的，而且代表著一切變化中的那些不變的量。

人們自然而然要把這種能量看作是眞正的「實體」（物質），卽所有自然過程的始終不變的基質（substrate）。由此便出現了「唯能論的世界圖景」。奧斯特瓦爾德是這一觀念的堅定的倡導者。在他看來，世界中只有能量，這種能量始終保持自我同一，

但又可以以不同的形式出現，可以具有各種各樣的異質的特徵。世上的一切事件都僅僅在於如下事實：能量從一種形式轉變成爲另一種形式，但能量在本質上始終保持不變，盡管它的性質會依一定的規則而發生變化（這些規則構成了自然律的內容）。比如，「熱」並非如原子論者所認爲的那樣同於運動，它僅僅是可以按照固定的規則轉化成爲運動，它和運動是截然有別的。

這種世界圖景盡管非常富於獨創性，但在今天它已不再有任何追隨者了。石里克認爲，這主要是因爲它所包含的如下缺點或錯誤造成的：

第一，它自稱完全不用假設，但這是不可能的。因爲爲了能夠說明全部自然現象，它就必然要作出關於能量的基本性質及其行爲的斷言，但這些斷言正如關於原子的基本性質及其行爲的斷言一樣，同樣是不折不扣的假設。因爲能量絕非是在每一點、每一時刻都可以完完全全地觀察到、測量到的。

第二，不同形式的能量（熱能、引力能、體積能等等）都被作爲不能進一步認識的終極性質而被引入。它們不能互相歸約，而且對於爲什麼能量恰恰以這樣一些各具特徵的形式出現，該理論又拒絕給予任何說明。但是，我們的知識渴求絕不會滿足於此的，相反，它迫切地要求持續不斷地增進自然的統一。實際上，現在物理學已經達到了這種統一，它把熱解釋爲機械能的一種形式，把光解釋爲電磁能的一種形式，等等。唯能論的自然觀將使物理學倒退到那種它已成功地克服了的發展階段，在那裡，它將不再是一種統一的科學，而是被分解爲多個不可歸約的組成部分，其數目之多就如我們之有不同形式的能量一樣。

第三，從自然哲學的觀點來看，尤其重要的是，在唯能論

中，能量起到了原來意義上的實體的作用，因而它阻礙了實體概念的意義重大的轉變，而能量原理本身本來是可以導致這樣的轉變的。對能量守恒原理做更仔細的審察就可知道這一原理僅僅只是陳述了在完全確定的條件下某些不同的測量總是產生相同的結果。因此，這個原理僅僅只是斷言了某些量（卽能量）的總和在數值上的恒定不變性。如果唯能論者將這個事實解釋成這樣：似乎它關乎到的是一個自我同一實體的量的不變性，那麼借此他便給出了一個超出於該物理學原理的單純內容的形而上學的解釋。

上列三條理由中的任何一條均足以證明：把唯能論當作自然的最終解釋是行不通的。

(五)電原子論

在本世紀二十年代中期左右，誕生了一種新的物理世界圖景，它戰勝了所有其他世界圖景。這個理論旣不試圖對全部自然現象作出機械的說明，也不像唯能論那樣拒絕將物理學不同領域互相歸約。相反，僅僅通過少量大膽的假設，它便使我們的自然觀達到了前所未有的統一。

新理論賴以建立其自然圖景的基本概念是從電學理論中汲取過來的，借助於這些概念，原子理論獲得了新的內容。物質的原子結構已被化學的及其他的材料證實到了這種程度，以至於這種或那種形式的原子概念已成爲任何一種物理世界圖景所不可或缺的東西了。雖然如此，原子理論並沒有因之而就必須被看成是最終的說明原則，它完全可以是派生的東西，我們完全可以假定實在最終說來具有一種連續的而非原子式的結構。在渦旋原子假設中我們已經遇到了後一種可能性的一個實例。

這種新理論的原動力是原子論向電學理論的「入侵」。無數經驗材料越來越肯定地證實了電也是由微細而不可分的粒子組成的這個假設。而且可以十分成功地證明，物質的原子（化學元素）完全是由這些帶電粒子所組成。按照這一假設，每個化學原子都是由一個帶正電的核和多個帶負電的粒子（即所謂的「電子」）所組成，這些電子在特定的軌道上以極大的速度繞核旋轉。一切電子都彼此相似，因爲它們都代表了相同的微量負電。核的基本的正電荷數等於（在原子的正常狀態下）繞核旋轉的電子數。這樣，整個原子所帶的正電與所帶的負電相等，正因如此，它們一般是電中性的。化學元素相互之間的區別僅僅在於核內的正電核數。

初看起來，實體概念在這裡獲得了巨大的勝利，它的名字現在是「電」。看來把實體屬性歸之於電,比歸之於質量或能量似乎更爲合理。今天我們十分肯定地知道，質量 —— 它在所有機械的世界圖景中充當著實體的角色 —— 不是一個不變量，因此，曾一度被看作是基本定律的「質量守恆定律」絕不是完全正確的，儘管通常說來是近似正確的。特別是相對論告訴我們，物體的質量依賴於其速度，當物體的速度接近於光速時其質量就巨大地增加。因此，從我們現階段的科學知識來看，質量不能再被當作是原來意義上的實體了。至於能量，石里克認爲，除了他上面已列數過的理由外，還有如下兩點理由使得它不如電那樣有資格被稱爲實體：其一，任何封閉系統的恒定的總能量隨著該系統相對於我們借以進行測量的那個系統的運動狀態而變化。其二，量子論領域內的最新實驗使人們對能量原理本身的絕對嚴格的有效性產生了嚴重的懷疑。看來已幾乎不可能避免下列的假定，即能量只

有平均說來才是恒定的。能量原理對於發生在原子內部的十分精細的過程來說並非總是眞的，因爲在那裡能量可以完全消失並小量重現，儘管一般說來所得與所失的量事實上總是再度均等。顯然，這類懷疑不會在電的量值方面發生。根據我們目前的知識，正電荷與負電荷永遠不能創生或消失，它們的量也不依賴於觀察者的位置或運動狀態。因而，它們的恒定性似乎是無條件的，這就是電的基本粒子事實上曾被看作是自然中的眞正實體的原因。

和機械論相反，電原子論涉及到的是一些完全非直觀的基本概念，因爲電和電磁力的本質都是無法直觀地知覺到的。當然，人們的確常常把一定的廣延歸之於電子和原子核，而且這種廣延甚至可以以數值的形式陳述出來。但石里克認爲，這一事實只是事件的特定的規則性的表達，而不應被看作是「不可入實體」之類的東西存在性的標誌。電粒子甚至都不能被看成是某種可與其環境清楚明確地分離開來的東西，對於它而言，幾乎不可能作出內部與外部的區分，因爲可以設想它是逐漸消融於其環境之中的。這個環境就是「電磁場」，它是充滿了電磁力的眞空。我們應把這種電磁力看作是完全非直觀性的「向量」。電子在這裡只應被看作是電磁場的「改變狀態」（modifications）。顯然，這個「場」，作爲呈現在眞空中的狀態，絕不應被看作是「實體」。因此，曾一度被看作是原子和實體的電粒子眞正說來只代表了一個解釋性原理。

總之，在電子理論中，原子概念並不是一個終極的原理；自然在那裡最終被看作是一個連續場。由此便產生了實體和場概念的二元對立，而這又進一步引起了能否克服這種對立的問題。石里克認爲，只有在下述條件下我們才能克服它：實體概念被剝掉

了其原有的優點和至高無上性，並被場和規則性（或合規律性）所取代。而一旦這樣的事情發生了，那麼實體概念也就「壽終正寢」了。

(六)物質概念之消解

我們已經知道，應用實體(物質)概念於自然之上的經驗基礎和根據是所謂的「守恒原理」，即質量守恒定律、能量守恒定律和電守恒定律，等等。但由於所有這些守恒原理的可檢驗的內容僅僅在於：在某些完全確定的情況下，完全確定的不同的測量將導致相同的數量結果，因此它們所涉及到的僅僅是測量值的相等性(equality)，而不是這樣的東西的同一性(identity)，其恒常性僅僅在這種相等性中得到了表達。很明顯，相等性斷言只包含了規律的概念，但同一性斷言、進而實體概念的應用則代表了一個根本無助於更好地描述自然事件的進程的「附加條款」(rider)。石里克認為，一旦我們弄清楚了這個事實，那麼我們就很容易證明：實體，無論它以何種形式出現，在物理學中都不是必需的，人們借助於它所說的一切都可以僅僅通過規律而加以敍說。「因此，在物理學中，無論在哪裡提到了實體，根本說來我們都僅僅是斷言了一種特定的規則性的存在」❶。比如，對於機械物質（即在所有機械論中代表實體的那種「質量」）來說，事實便是如此。因為物質守恒定律最終說來只是斷言了某些測量結果（如重量和重力加速度的商）的相等性。重量的測量儘管的確是嚴格地檢驗一個「物質量」的不變性的唯一方法，但它當然沒有確立同一性。對於電

---

❶　Moritz Schlick, 'Outlines of the Philosophy of Nature', in *Philosophical Papers*, Vol. II. p. 26.

子量來說，情況也是一樣。在此我們所能斷言的一切也只是諸變量的某種結合始終保持恒定。一個電子只是通過在其周圍起支配作用的電力才顯示出其自身的存在。因此，對於物理學家來說，「這裡有一個電子」只是意味著「這裡存在著諸電力的特定的規則性（合規律性）」。在這種情況下，「電力」或「場強度」就是一個「向量」。對於理論物理學家來說，一個電子在一個特定的點的存在只是意味著一個得自於諸向量在向量場中的分布的特定的數學表達式具有一個非零的特定值。這個表達式就是所謂的電場強度的「發散」。電量的全部物理意義也就盡在於此了。因此，在這裡，存在於可變的、非實體的量之間的某種規則性也取代了始終保持自我同一的實體。

　　在這裡，石里克還進一步斷言：如果我們接受了相對論，那麼作為自我同一的恒定物的實體概念不僅不是必需的，而且也是不可能的。因為按照相對論，我們不可能從電磁過程所占據的真空中挑出一個特定的點，始終將其作為「相同的東西」抓住不放，並將其再次辨認出來。這樣，實體概念便最終消解了。

　　　不存在始終保持自我同一的質料（stuff），在每一點上我們都只能發現變化不定的各種狀態，任何地方都不存在能攜帶它們、它們能依附於其上的實體性的承擔者（substantial bearer）。自然中的「狀態」或「過程」是自我持存的，它們並不是任何東西的狀態或存在於任何東西之中的過程。現代物理學不是質料物理學，而是「場」物理學。但是，場僅僅是存在於空間之中的所有狀態的內在概念，而並不是作為這些狀態的承擔者的某種實體性的以

太。物質被完全歸約爲狀態了，它只是諸狀態的複合體。❷

二、自然律

自然（規）律通常被認爲是對自然事件之間的普遍必然聯繫（卽其秩序）的反映和構寫。在科學中，它們一般都具有數學函數的形式。那麼，我們能否由此就將自然律與函數關係等同起來呢？顯然，我們不能這樣做。因爲無論構成一個物理系統的前後相繼的狀態是什麼，它們如何混亂無序，在對其做了一段考察之後，我們總是能夠找到一個將它們以下述方式聯繫起來的函數：如果那些狀態之中的一個被給定了，那麼它們中的所有其他的狀態都能通過這個函數計算出來。這就意味著，任何任意的數量分布，任何僅僅是想像的數值序列，都應被看作是展現了一種必然的普遍聯繫、一種秩序、一個規律。這樣也就無異於取消了規律。爲了避免這種局面的發生，有些人便提出了如下修改意見：並非每一個函數都表達了規律，只有那些滿足了一定的條件或具有某種特殊性質的函數才可以被認爲表達了規律。那麼，這樣的條件或性質究竟是什麼呢？

一種意見認爲，這種條件或性質就是「簡單性」。只有簡單的函數形式才眞正表達了自然律，而複雜的函數形式只表達了狀態或事件之間的偶然聯繫。石里克建議將這種意見稱爲「自然律的美學標準」，因爲簡單性顯然是一個美學的概念，而非科學的

---

❷　*Ibid.* p. 28.

概念。　在他看來，　儘管事實上我們所知的自然律都符合這個條件，但從邏輯觀點看，它是完全不能令人滿意的。因爲，其一，堅持這種意見的那些人並沒有（他們也不能）爲人們提供出一個關於簡單性的嚴格的定義，以使我們能夠客觀地、清楚無誤地區別開簡單的函數（規律）和複雜的函數；其二，我們完全可以設想這樣的情況，在其中沒有人會拒絕將甚至最爲複雜的函數看作是表達了一個完好的自然律。

　　另一種意見認爲，只有那些沒有明確地包含時空坐標的函數才眞正表達了自然律。麥克斯韋（James Clerk Maxwell, 1831-1879）是這種意見的首倡者。在二十年代初石里克自己也曾堅持過它。但後來他認識到，儘管事實上我們所知的所有自然律都滿足這個要求，甚至也沒有哪一個科學家設想過要建立包含了具體的時空坐標的自然律，但是從理論上說，我們仍然可以設想這樣一個世界，在其中所有的事件都必須通過明確地包含著時空坐標的公式加以描述，而且我們也不會否認這樣的公式表達了正確的規律。由此看來，麥克斯韋的自然律標準過於狹窄了。

　　在石里克看來，爲了徹底弄清楚自然律的意義，我們就必須仔細地觀察一下科學實踐中科學家們是如何證實或檢驗它們的，因爲正如我們已經知道的，一個命題的意義只在於其證實方法。一般說來，　自然律的證實（檢驗或確證）是以這樣的方式進行的：在成功地發現了一個將大量的觀察結果都令人滿意地結合在一起的函數之後，一般說來，科學家們絕不會就此而滿足的，——即使這個函數具有一個簡單的結構，並且還不包含時空坐標。這時，他們還會進一步考察從該函數所推得的諸特殊結果是否總是和在作出這個函數時並未使用過的新的觀察或未曾注意到的觀察

相符合。 只有在二者總是一再地相符合的情況下， 他們才會將他們的函數公式看作是自然律。由此我們不難看出自然律的「眞義」: 所謂自然律就是允許我們作出眞的預言的函數（公式）。

表達於數學函數之中的自然律經過解釋後都具有普遍命題的形式。但石里克認爲， 嚴格說來， 它們根本就不是眞正的命題或斷言， 因爲它們總是不能得到完全的證實， 因而無所謂眞假， 而眞正的命題或斷言原則上說總是能夠得到完全的證實， 總是非眞（假）卽假（眞）的。實際上， 所有自然律都只是指示（Anweisungen, directives）、規定（prescriptions）或操作規則（rules of procedure）, 它們指導科學家們如何適應實在， 指導他們發現或作出什麼樣的眞命題或斷言， 誘導他們去期待某些事件。而這種期待、這種實踐行爲便構成了休謨所謂的「習慣」或「信念」。

> 我們不應忘記， 觀察和實驗都是我們借以和自然進行直接的交流的行動。我們和實在之間的紐帶通常表現爲具有陳述句的語法形式的命題， 但這些命題的眞正意義卻在於爲可能的行動提供指示。❸

作爲指示或規定的自然律雖無眞假可言， 但有好壞之別， 有有用無用之分。那麼是什麼決定了它們的好壞或有用與否呢? 當然是經驗， 是實際的檢驗或確證。由於對於普遍命題而言， 檢驗或確證永遠不能最終完成， 我們只能檢驗或確證從它們推得的單

---

❸ Moritz Schlick, 'Causality in Contemporary Physics', in *Philosophical Papers,* Vol. II. p.197.

稱命題，因此作爲指示的自然律的有用性（卽通常所謂的自然律
的「有效性」）總是不能得到絕對的、最終的證明，以後的觀察
總是可以表明其爲「不適當的」，卽「無用的」。正因如此，自然
律都具有假設的特徵，它們總是可以修改的（corrigible）。

在石里克看來，雖然自然律眞正說來都是指示或規定，但我
們不能因此就說它們是任意的約定，因爲它們最初都來自於科學
實踐，都是實踐經驗的總結和概括，因而最終又都要接受實踐的
檢驗或確證。

三、因果原則

關於因果原則，人們曾給出過許多不同的表述，如，「發生
的一切事情都是有原因的」、「無（原）因便無（結）果」或「同
（原）因同（結）果」，等等。這些表述的共同內容是，它們都斷
言了：每一個特定的結果都有一個完全特定的原因與其相對應，
反之亦然。因此，如果有什麼事情發生了，那麼我們只能從因果
原則推論出這樣的結論：它必有某個完全特定的原因。但該原則
並沒有具體地告訴我們這個原因是什麼。只有在存在著某些完全
確定的規則（它們告訴了我們什麼樣的原因屬於什麼樣的特定結
果，或者反過來，什麼樣的結果屬於什麼樣的特定原因）的情況
下，因果原則才有實際的或理論的意義，而自然律便爲我們提供
了這樣的規則。基於此，石里克認爲，我們可以將因果原則的內
容或意義初步規定爲：自然界中的一切事件都受制於規律、都是
按照規律而發生的。這也就是說，因果性和自然中的合規律性是
同一個東西。由此我們可以看出，因果原則或因果「律」本身並

不是自然律的一種，它只是斷言了某個自然律的存在。

　　由於因果性卽合規律性，因此爲了進一步規定因果性概念的內容或意義，我們只需給出合規律性的標準。從上一節我們已經看到，所謂自然律就是那些允許我們作出眞的預言的函數或公式。因此，合規律性（合乎自然律性）便意味著「預言的實現」或「成功的預言」。由此，我們便可以將因果原則最終規定爲:「一切事件原則上講都是可以預言的」❹。換言之，因果性卽可預言性。

　　由於「預言的實現」或「成功的預言」只是意味著，一個根據已觀察的結果所建立的函數公式同樣也適用於人們在建立它時並未使用過的觀察，而至於這些觀察是否在建立函數公式以前就已經（由他人）進行了還是此後才進行的，在這裡全都無所謂，因此我們可以作出如下十分重要的斷言:對於因果問題而言，過去和將來的觀察（或材料）享有完全同等的權力，將來並沒有什麼十分特別之處，因果性的標準並不是「在將來有效」，而是「總是有效」。

　　通常人們還這樣談論因果性:一個過程「決定了」另一個過程。那麼這裡的「決定」該做何解釋呢？一種古已有之的解釋是:存在著一種被稱爲「因果性」的神秘的「粘結劑」或「結合物」，它將兩種過程緊密地聯繫在了一起。早在幾百年前，休謨就已令人信服地駁斥了這種觀點，現在已沒有什麼人信奉它了。石里克堅信，借助於他對因果原則的上述解說，我們就不難確定「決定」一詞在這裡的準確意義了。實際上，「A決定了B」只

---

❹　*Ibid.* p. 195.

是意味著「B可以從A中推算出來」；而這又意味著，存在著這樣一個一般的公式（自然律），一旦我們將得自於「初始狀態」A的某些值塡入其中，並將某一個確定的值給予某些變項（如時間變項 t），那麼它就描述了狀態B。（在這裡，說這個公式是「一般的」，其意是：除開A和B外，還有許多其他任意的狀態也可以通過同樣的公式，以同樣的方式聯結在一起。）因此，「決定」恰好意味著「可預言」或「可以進行事先的推算」。

　　借助於上述分析，石里克認爲我們便可以輕而易舉地解決那個歷史悠久的「邏輯決定論」問題了。這個問題關涉到的是邏輯原則和實在的關係。亞里士多德認爲（甚至許多現代邏輯學家仍然認爲），除非假定決定論是眞的，否則排中律不能被應用在將來的事件之上。因爲如果假定我們的宇宙是非決定論的，那麼任何一個關於將來某個事件的命題今天看來旣不能是眞的，也不能是假的，　——　只有在將來的事件發生與否已經在今天得到了決定之後，我們才能說這個命題是眞的或假的。石里克認爲，這個論證是錯誤的，不能接受，因爲它是以「『決定』一詞意指事件本身的一種性質」這樣的假設爲前提的。但眞正說來，它卻意味著「可預言」或「可推算」。非決定論並沒有斷言：關於將來的命題今天旣非眞也非假，而只是斷言了：它們的眞假不能從現在和過去的事件中推算出來（或加以預言）。也就是說，不存在這樣一條規律，我們可以憑借它從過去和現在推知將來。因此，非決定論所主張的是：我們沒有現在就知道一個關於將來的命題是眞的還是假的的途徑，因爲只有在將來它們才能被證實或否證。顯然，這並沒有與排中律發生矛盾，因爲排中律只是斷言了：任何命題，包括關於將來事件的命題，都總是非眞（假）卽假（眞）

的。顯然，石里克對因果「決定」的這種解說恰好與他關於邏輯命題的下述看法相一致：它們是獨立於事實的。

　　石里克宣稱，他對因果原則的上述解說和科學家們的研究實踐正好吻合。

> 我們沒有構造任何因果觀念；而只是確立了其在物理學中實際上所起的作用。現在，大多數物理學家對量子理論中的某些發現的態度證明了他們對因果性的本質的看法和我們的看法恰好是吻合一致的。這種本質就是預言的可能性。如果物理學家們主張，因果原則的精確的有效性無論如何不能與量子理論相協調，那麼他們的理由，即他們的這個斷言的意義則只在於：該理論使精確的預言成為不可能了。❺

下面我們就看一下石里克究竟是如何具體論證他的這個結論的。

　　即使在現代物理學中，我們也可以將每一個物理系統都看作是一個質子和電子的系統，而且如果我們知道了所有粒子在每一時刻的位置和動量，那麼我們也就能夠完全地確定該系統的狀態了。但量子理論中的海森堡（Werner Karl Heisenberg, 1901-1976）「測不準原理」卻告訴我們，不可能同時精確地測量出一個粒子的位置和速度（或動量），一個坐標值測量的愈精確，另一個坐標值測量的就越不精確。比如，如果我們知道，位置坐標位於一個小的範圍△p 之內，那麼速度坐標 q 只能以這樣的精確

---

❺　*Ibid.* p. 189.

度給出，卽它的量值在△q 的範圍內是不確定的。而且這時存在著這樣的關係：積數 △p・△q 大約等於普朗克作用量子 h 的數量級。因此，原則上說，一個坐標可以被確定到任何精確程度，但對它的絕對精確的觀察所導致的結果是，我們再也不能精確地測量另一個坐標了。 那麼， 這種測不準關係的眞正意義是什麼呢？如果我們假定某個觀察以△p 這樣的不精確程度測定了一個電子的位置，那麼這時說「該電子的速度方向只能以 △θ 這樣的不精確程度給出」是什麼意思呢？

　　顯然，給出一個粒子的速度只是意味著預言它在某一段時間後會出現在某一點。「方向的不精確性等於△θ」意味著： 在某一個實驗中，我們將在角度爲 △θ 的範圍內觀察到該電子，但不知道到底會在哪一點上觀察到它。如果不斷地重覆同樣的實驗，那麼我們將不斷地發現該電子出現在該角度範圍內的各個不同的點之上， 但絕不會事先知道它究竟在哪個點上出現。 如果我們要絕對精確地測定該電子的位置，那麼便不可避免地產生這樣的結果，卽原則上我們再也不能知道，在一段較短的時間間隔之後它會出現在什麼方向。無論我們將同樣的實驗重覆多少次，一般說來，我們也不能確定哪個方向更有可能。只有事後的觀察才能告訴我們它出現在哪裡了。

　　以上的分析說明，海森堡測不準原理所斷言的不確定性實際上是預言的不確定性或不可能性。物理學家們之所以認爲因果原則失敗了或失效了，其根本原因在於我們不能完全精確地預言某些自然現象。換言之，在某些很好地規定了的界限之內，構造出可用於預言的函數（自然規律）是不可能的。「這是海森堡著名的測不準原理的最爲本質的後果，它證明了物理學家們在其實際

研究中已經採納了我們所堅持的那種因果性觀點。」**❻**

　　但是，大多數物理學家對測不準原理的後果的解釋乍一看來似乎與石里克給出的解釋相抵觸。他們通常所堅持的並不是對未來狀態的預言的不可能性，而是對一個物理系統的當前狀態的完全描述的不可能性。石里克認為，這種不一致完全是表面上的，稍經分析我們即可發現，他們所斷言的也只是對未來狀態的預測的不可能性。為了簡單性的緣故，我們不妨假設，如果對一個系統的描述包括了如下內容，我們就可以認為它是完全的：構成該系統的所有電粒子在當下時刻的位置，以及同一時刻所有這些粒子的速度。但什麼是速度？在實際的經驗中，當我們斷言某一個粒子以某種速度運動時，我們的意思是什麼？石里克認為，這裡我們的意思不過是：在一個時刻、在某一特定的地點所觀察到的粒子在一段較短的時間間隔後將在另一個確定的地點被觀察到。因此，在一個給定的時刻將某一個速度歸屬給一個粒子就意味著預言它在一個給定的將來的時刻的位置。理論上講，測不準原理並沒有使下述事情成為不可能：觀察一個粒子在一段短暫的時間間隔中的兩個前後相繼的位置，並將一個速度（即距離與時間間隔的比率）給予它。但是，依這樣的方式，我們只是描述了該粒子過去的行為，或者其已被觀察到的行為。一旦我們力圖使用這個速度值去進行預言，以便獲知該粒子的將來的位置，測不準原理就會「毫不遲疑地」告訴我們：「你們的企圖是枉然的！」我們測得的速度值不適於用來做這樣的預言，我們自己的觀察將以無從知曉的方式改變該速度。因此，在所預言的位置我們可能發

❻　Moritz Schlick, 'Causality in Everydaylife and in Recent Science', in *Philosophical Papers,* Vol. II. p. 255.

現不了該粒子，而且我們也不能知道我們能在哪裡發現它。

在這裡，石里克特別提醒人們注意，只有當我們所關心的對象是極小的粒子並且我們在力圖無限精確地描述其位置的時候，測不準原理所導致的上述後果才成為真正嚴重的事情。但是，如果我們只滿足於以某種程度的近似性來測定微小粒子的位置，那麼我們還是能夠以某種程度的或然性 —— 其精確的量值由海森堡公式給出 —— 來預言其將來的位置的；而且，如果我們所關心的是比較大的粒子，如分子（更不用說手槍子彈或彈子球了），那麼這種近似值就會達到極高的程度，以至於我們的預言成為確定無疑的了。從實踐的觀點看，這點非常重要，因為這意味著對於我們的科學和日常生活的一切通常的目的來說，因果原則還是有效的，決定論態度不僅仍然是有根據的，而且也是唯一和我們的自然知識相協調的態度。如果事實不是這樣，如果普朗克常數 h（它在某種程度上測定了我們的預言的不確定性）比其實際的量值大 10^{30} 倍，那麼測不準原理將使我們的生活變得非常困難，因為我們幾乎不能事先計畫任何事情了。顯然，在如此無序的世界中，我們人類很難繼續存活下去，而即使我們存活下去了，我們也不得不放棄我們的很多追求，如醫學、工程學⋯⋯，而且更糟的是，我們必須放棄道德（關於這點請參見下一章附論）。由此看來，完全的非決定論絕不是什麼值得歡欣鼓舞的事情，相反，對於人類來說，它意味著致命的混亂無序。

由於是科學的新發現導致因果原則失效的，因而人們會自然而然地作出這樣的結論：因果原則只是表達了一個可真可假的經驗命題或斷言，說它「失效了」就等於說它是假的。石里克不同意這種看法，在他看來，因果原則雖然不是自然律的一種，但它

和自然律有著同等的邏輯地位。與自然律一樣，它雖然具有眞正命題的語法形式，但它並不是眞正命題，並沒有直接告訴我們什麼事實。它只是某種「指示」或「指令」，表達了一種要求或規定，它要求或規定人們去尋求合規律性，並通過規律描述事件。這樣的規定並無眞假可言，只有好壞之別、有用與否之分。而最終決定它們的好或壞、有用或無用的是經驗，是經驗的檢驗或確證。因此，當我們說「因果原則在某某領域失效了」時，我們的意思實際上是：「在那些領域因果原則無用了。」量子理論所告訴人們的恰恰就是這點：在由測不準原理所明確規定了的範圍內，該原則是「壞的」、「無用的」。換言之，在那些領域尋求原因是不可能的。

石里克關於「因果原則和自然律不是眞正的命題，而只是關於如何構造特殊的科學命題的規定或指示」的觀點直接取自於維根斯坦。在1930年3月22日與石里克及維也納小組其他成員的一次談話中，維根斯坦明確地斷言：

> 一條自然律不能被證實或否證。關於它你不能說它是眞的，也不能說它是假的，而只能說它是「或然的」。這裡「或然的」就意味著簡單、方便。一個陳述是眞的或是假的，但從來不是或然的。一切或然的東西都不是陳述。❼

因此，自然律是假設，而不是陳述，進一步說來，它們是「關於

---

❼ Friedrich Waismann, *Ludwig Wittgenstein and the Vienna Circle*, p. 100.

如何構造陳述的規律」❽。

　　顯然，石里克的這種規律觀和因果觀可以被稱爲某種形式的「實用主義」。但這裡我們不要忘記了兩者間的重大區別：在石里克看來，因果原則和自然律根本就不是眞正的命題或陳述，無所謂眞假，只有有用與否的問題；而在實用主義者看來，它們則是眞的陳述，而它們之所以是眞的，恰恰是因爲它們的有用性。

---

❽　*Ibid*. p. 99.

第六章 倫理學

倫理學一般被規定爲關於善（道德、道德價值）的學問，也即關於人類的行爲準則或行爲規範的研究，更一般地說，關於人們應該如何行事的研究。在西方哲學史上，哲學家們一直將倫理學視作哲學中的一個門類，並往往稱其爲道德哲學。但在石里克看來，眞正意義上的倫理學根本就不是哲學中的一個門類，而應屬於心理學，它是事實科學中的一種。以前乃至現在哲學家們之所以將其視作爲哲學是因爲長期以來它一直處於不太成熟的階段，它的概念、命題和問題的意義還不甚清楚，有待澄清。因而，哲學和倫理學之間的眞正關係應該是：前者包含於後者之中，是後者的準備。下面我們就對石里克的倫理學觀點給以比較詳細的介紹和分析。

一、倫理學的對象和任務

石里克同意人們的傳統看法：倫理學的對象和任務分別是善和對善的認識。但他對兩者都做了不同尋常的解釋。

(一)倫理學的對象──善的初步規定

石里克同意哲學家們的傳統看法，認爲倫理學的研究對象是善（道德、道德價值、道德評價）。那麼究竟什麼是善呢？對

此哲學家們往往莫衷一是，各有各的說法。近世以來，更有哲學家宣稱善是不可定義的：它的意義絕對簡單，不可再進一步加以分析。石里克也承認在「定義」一詞的最為嚴格的意義上，善是不可定義的。但他認為這並不就意味著我們不能給出善的標誌性特徵 (das kennzeichnende Merkmal) 了：在實際生活中我們是如何應用「善」這個詞的或者為了了解它的內容我們該做些什麼。由於倫理學中所需要的恰恰也就是這種特徵，因此，在某種意義上，我們也可以說，善是可以定義的。

　　石里克認為，善的標誌性特徵包含兩個方面：一個是其外在的形式的方面，一個是其內容的實質的方面。下面我們就分別看一下它們究為何物。

　　從形式上說，善總是表現為被命令、被要求的東西 (das Gebotene)，而惡則總是表現為被禁止的東西 (das Verbotene)。因而，所謂善的行動就是那些人們所要求、所需要的行動。或者，如康德所言：善就是我們應當 (sollen) 進行的行動。顯然，任何一個命令、一個要求、一個需要都必是由某個主體提出的，因此為了避免由命令或要求特徵所給出的這種形式特徵產生歧義，我們也必須同時給出道德律的這個制定者。在這裡哲學家們之間便發生了意見分歧。在神學倫理學中這個制定者被認為是上帝；在哲學倫理學中這個制定者被認為是人類社會(功利主義)或者行動者本人（快樂論、幸福論），甚或根本就否定道德律令有什麼制定者，把它們看成是絕對命令 (kategorischer Imperativ)。康德關於「絕對應當」(das absolute Sollen) —— 即沒有要求者的要求 —— 的學說最終便導致了後一種立場。

　　歷史上，有不少哲學家認為，只要我們給出了這裡所說的形

式特徵，那麼我們也就窮盡了道德上善的概念的全部內容，也就是說它的全部內容和義蘊只在於：它是人們所要求的東西，應當如是的東西（das Gesollte）。石里克認為不然。在他看來，形式的特徵只構成了善的標誌性特徵的一個方面，確定了形式特徵只是為最終確定善的內容做了初步的準備工作。這裡，更為重要的是要確定它的實質的特徵。當我們知道了所謂善就是人們所要求的東西後，我們還需進一步問：究竟什麼是人們所真正要求的東西呢？

為了很好地回答這個問題，石里克認為我們就必須確定不同的民族、不同的時代、不同的賢人或宗教創立者究竟把什麼樣的行為方式、意向（Gesinnungen）或無論其他什麼東西稱作「善」，然後找出這些被稱作善的東西之間的共同點，而這個共同點便構成了「善」這個概念的實質特徵即其內容。當然，在實際確定善的內容時，我們可能會遇到下述情況：我們找不到被不同的民族或不同的時代稱作善的東西之間的共同點，而且它們似乎還是互不相容的。比如一夫多妻制在不同的文化形態下便受到了不同的對待：有些民族認為它是道德上可以大加讚賞的，而另外一些民族則將其看作是道德敗壞的象徵。石里克認為，在這種情況下，存在著如下兩種可能：第一、可能事實上就存在著許多不同的、不可互相歸約的「善」概念（它們只在形式特徵上互相一致，即它們都是以某種方式被「要求」的東西），這時我們就不得不承認道德的多元性。第二、人們在道德評價上的差別只是表面上的，並非是終極的，因為歸根結底總是只有一個目標受到了道德上的讚許，而人們意見上的這種表面上的差別都可歸約為手段上的差別——究竟採取什麼樣的道路以達到這個目標，或者究竟應該要

求什麼樣的行為方式。比如，就一夫多妻制的例子來說，情況可能是這樣的：人們之所以對一夫多妻制和一夫一妻制作出道德評價並不是因為它們自身的緣故。實際上，評價的真正對象可能是家庭生活的和睦或者性關係中的最少摩擦的秩序。一方認為只有通過一夫一妻制的婚姻制度才能達到這種目的，因此認為道德上講只有它才是善的；另一方則認為正好相反，認為只有通過一夫多妻制才能達到上述目的，即道德上的善。其中一方可能是對的，另一方則錯了，但使二者互相區別開來的並不是他們的最終的道德評價，而是它們的洞見，或判斷能力，或經驗。但無論道德是多元的還是一元的，在實際生活中，畢竟存在著這樣一個廣大的領域，在其中，不同的民族，不同的時代在道德評價方面有著充分的一致性和確實性。比如，隸屬於可信賴性、樂於助人、和平相處等名下的那些行為方式在我們所知的任何文化形態下都被評判為「善的」，而諸如偷竊、謀財害命、喜好爭吵則都被異口同聲地評判為「惡的」。

我們不妨將一系列被稱作「善」的行為或意向所揭示出的那些共同的特徵總結在具有如下形式的規則之中：一個行為方式為了能夠被稱作「善的」（或「惡的」）必須具有如此這般的性質。人們一般將這樣的規則稱作「道德規範」(das sittliche Norm)。因此，為了確定作為倫理學的對象的善的概念，我們就必須建立一個規範系統。那麼我們該如何建立規範系統呢？石里克認為，為此我們可以採取如下步驟：首先，從人們的生活實踐中找出那些被稱作為善的行為，將它們按類別分成若干組，並為每一組都制定出滿足它們的所有個別成員的規則或規範。然後將如此得到的彼此不同的規範加以比較，並將它們按類別分成具有如下特徵

的若干類: 每一個類的諸個別的規範之間都有某種共同之處。由
於每個類的諸成員間都有某些共同之處，因此我們便可以進一步
將它們都置於一個更高的，也卽更爲一般的規範之下。而對由此
得到的一系列更高的、更爲一般的規範我們又可以進行上面的操
作，將其再加以分類，並將每一個類的所有成員再置於一個更高
的、更一般的規範之下，……。如此類推，在最好的情況下我們
便可最終獲致這樣一個最高的、最爲一般的規範，它把所有其他
的規範都作爲特例而囊括於其中了，並且能直接被應用於人類行
爲的每一個特殊的情形。這個最高的規範毫無疑問就是「善」的
定義，它表達了善的一般本質，因而它就是倫理學家們所謂的
「道德原則」(Moralprinzipien)。

　　這裡我們要注意，我們預先並不能知道我們是否眞的能獲致
一個唯一的道德原則。情況更可能是這樣: 通過如上的方法所獲
致的最高規範是多個而不是一個，它們彼此獨立，不能互相歸
約，因而我們不得不將它們都作爲「至高無上的」道德原則接受
下來。這種情況下我們就應該承認那些互相獨立的道德原則合起
來才決定了善或道德概念，或者說「道德上的善」一語是多義
的，不同的民族或不同的時代有不盡相同的道德概念。但奇怪的
是，道德哲學家們一般並沒有慮及到這種可能性，他們從一開始
便致力於尋求某個唯一的道德原則。

(二)作爲規範科學的倫理學

　　通過上面的步驟我們便能最終建立起這樣一個道德規範或規
則的等級次序系統: 在其中，一切行爲、意向或品格都按其道德
價值而占有一個完全確定的位置（而且不只是所有實際的行爲、

意向或品格，還包括所有可能的行爲、意向或品格，因爲如果這個系統有什麼用處的話，那麼它就必須同時照顧到人類行爲的每一種可能的情形），處於該系統的較低層次上的規範需借助於處於較高層次上的規範加以解釋或「辯護」（rechtfertigen）。比如，對於「爲什麼在這裡這個行爲是道德的？」這樣的問題我們可以借助於這個道德規範等級系統作出如下解釋性的回答：「因爲它遵守了該等級系統的某個特定的規範。」如果人們繼續追問：「爲什麼所有遵守了這個規範的行爲都是道德的呢？」對此我們可以進一步作出如下的辯護：「因爲它們都遵守了該等級系統的下一個更高的規範。」但對於那個（或那些）處於該等級系統之最上部的規範，即道德原則，這樣的解釋就不再可能了。顯然，一旦我們獲得了這樣的一個規範系統，我們便可以不再考慮它與實際的任何關係而只考慮構成它的個別規範間的關聯，它們之間的遞相從屬關係，也即只研究其內在結構。石里克將從事於建立如是的道德規範等級系統並進而專事其內部結構的研究的那部分倫理學稱作規範科學（Normwissenschaft）。由於道德規範只是對實際的事實（人性與人生事實）的簡單的複製，它只是給出了在其中一個行爲、一個意向或一個品格事實上被稱作「善」，即被給予了道德價值的那些情況，因此規範科學必然屬於事實科學（Tatsachenwissenschaft）之列，「它完完全全只與實際的東西相關」❶。但在自康德以後的近代哲學中，我們卻一再地看到這樣的主張：倫理學作爲規範科學和所謂的「事實科學」是完全不同種類的東西。比如，它所追問的並不是：「一種品格何時

---

❶ Moritz Schlick, *Fragen der Ethik*, p. 15.

被判定爲善了？」 —— 這樣的問題所針對的是單純的事實及其解釋，而是：「我們有什麼權力將那種品格判定爲善的？」原則上說，它所關心的不是什麼受到了讚許，而是：「什麼是絕對地值得讚許的東西？」石里克認爲，這樣理解規範科學並將其以如此的方式與事實科學對立起來的做法是根本錯誤的。因爲當我們說倫理學爲一個道德評價或道德判斷提供了辯護時，我們的意思不過是指：它指出了這個評價或判斷對應著某個規範；而至於這個規範自身是否是「正當的」或有否根據，它自己並不能加以說明或確定，實際上它之被承認恰恰是人性的事實。因此，作爲規範科學的倫理學只能提供相對的、假設的辯護，而斷不能提供絕對的辯護。它不能自己建立或創造一個規範，而只能從現存的事實中去尋找和發現它們。因此，道德規範的源泉總是存在於科學之外和科學之前的。換言之，倫理學家通過指向規範的方式只能告訴我們「善」事實上意味著什麼，而絕不能告訴我們它必須意味著什麼或應該意味著什麼。有關道德評價的權利問題只具有如下的意義：某個價值所從屬的更高的規範是什麼？顯然這是一個不折不扣的事實問題。有關最高的規範或者最高的價值的道德辯護問題是無意義的，因爲再也沒有更高的規範位居於其上了。由於近世倫理學常常就將這種所謂的絕對的辯護拔高爲它的基本問題，因此我們不得不遺憾地說，作爲它的出發點的置問方式根本就沒有意義。

(三)倫理學的任務：道德行爲的因果解釋

從上面我們看到，通過規範科學我們最終能夠建立一個道德規範的等級體系，並最終能夠發現那個（或那些）最高的道德原

則，借此我們便能最終確定善究為何物了。在某些哲學家看來，至此我們就已完成了倫理學的全部任務，倫理學的研究也就到達了它的終點和歸宿，因為規範科學，即對善的規定或定義構成了倫理學的唯一任務。石里克認為這種看法是非常錯誤的，因為規範科學實際上只是為倫理學提供了需加以研究和認識的對象 —— 善，而根本就沒有提供任何關於它的真正的知識。

> 在規範理論完成的地方，倫理的認識才剛剛開始。前者完全沒有看到那些重大的、激動人心的倫理學問題或者 —— 更糟的是 —— 它將它們作為本質上外在的東西 (wesenfremd) 而拒絕掉了。真正說來除非因為錯誤，它並沒有超出對「善」和「惡」等語詞的意義進行規定的語言成果 (das sprachliche Resultat) 的範圍。❷

　　堅持要將倫理學等同於規範科學的哲學家們可能會反對說：規範科學也能為人們提供某種知識，因為在其中規範畢竟被彼此歸約並最終被歸約為最高的規範即原則了。而知識恰恰就在於需加認識的東西到某種其他的東西、更為一般的東西的歸約。對此，石里克回答道：借助於這種歸約即所謂的辯護我們根本就不能獲得什麼關於善的真正知識，因為那些最終給出了「善」的最高的規範或曰道德原則不能再被歸約為其他的倫理規範了，我們再也不能對它（或它們）進行道德上的辯護了。當然，石里克並不否認對倫理規範再作進一步歸約的可能，因為畢竟道德上的善

---

❷　*Ibid.* p. 17.

常常可以被看作是通常所謂的善（即好）的特例。因此，從一開始這個詞的倫理的意義可能就與它的倫理之外的意義不可分割地關聯在一起了。而如果倫理上的善（道德）可以被歸屬在更一般的善（即好）的概念之下，那麼「為什麼道德行為是善的？」這個問題也就可以以下述方式作答了：「因為它在這個詞的更為一般的意義上也是善的（好的）！」這也就是說，最高的道德規範能夠借助於倫理之外的規範得到辯護，道德原則能夠被歸約為更高的生活原則。但顯然，無論如何，這樣的歸約不可能是沒有盡頭的，最後，它也必終止於某個（或某些）最高的規範、最高的原則。對它（或它們）而言再也不能有意義地談論進一步的辯護，或進一步的解釋了。因此，借助於上面這種歸約程序即辯護步驟，我們最終還是不能獲得有關善的真正知識。

　　既然不能通過規範間的相互歸約即所謂的辯護獲得關於善的真正知識，那麼我們究竟可以通過什麼方式達於這種知識呢？對此，石里克的回答是：我們不應一門心思執著於規範、原則或價值本身，而應考察和研究它們所從出的那些實際的事實。這些事實就是人類意識中那些建立律則、給出讚許、作出評價的行為，因此也就是人類精神生活的實際過程。

　　　　「價值」、「善」是純粹的抽象，但評價、善的判斷（das Gutfinden）是實際的心理事件，諸如此類的個別行為是可以很好地加以認識的，也即可以彼此歸約的。❸

---

❸　*Ibid*. p. 18.

由此，石里克進一步斷言道：倫理學的眞正任務就是對人們的道德行爲（道德評價、道德讚許等）作出解釋。人們恰恰把某些行爲、某些意向解釋爲「善的」，這引起了哲學家們的莫大興趣和驚奇，因此他們禁不住一再地提出「爲什麼？」的問題。而這個問題所追問的眞正說來不過是人們作出一個道德評價、提出一個道德要求時所處的心理過程的原因（這裡所謂的原因就是指需加認識的過程的完全的合規律性）。因此，倫理學的中心問題便是：究竟是什麼原因或動機促使人們作出了善惡的區分，建立了道德規範，作出了特殊的道德評價，採取了道德的行動？

顯然，倫理學的這個首要問題是一個純粹的心理學問題。因爲對任何一個行爲（因此道德行爲）的合規律性或其動機的發現無疑是一個純粹的心理事件，只有以探討人類精神生活的規律爲己任的經驗科學而不是其他的什麼東西才能作出這個發現。石里克認爲當他將倫理學歸約爲心理學時，他並無意貶低或損害它。相反，他借此大大地簡化了我們關於世界的理解。「倫理學所關心的並不是什麼獨立性，而只是眞理」❹。

不難看出，對道德評價的解釋離不開對一般行動的解釋，因爲只有從一個人的行動中我們才能最終推斷出他所評價、所讚許、所意欲的東西。某個人究竟向他自己或向其他的人提出了什麼要求，我們也只能從他的行動中獲知。他的道德評價必以某種方式出現於他的行動的動機之中。而且無論如何它們也只有在這個地方才能被發現。只要對人類的行動作出了足夠的研究，那麼我們肯定會借此而找出人們作出道德讚許的原因。因此，行動的

❹ *Ibid*. p. 22.

原因的問題要比有關道德評價的根據問題更爲一般，並因之對它的回答也就包含著更爲廣泛的知識：我們完全可以從對行爲一般（或非道德的行爲或中性的行爲）的原因的考察中推斷出道德行爲的動機或原因來。因此，倫理學的認識不妨從這樣的更爲一般的問題開始：人們究竟是出於什麼樣的動機才有所行動的？除此而外，石里克認爲這樣做還具有如下優點：在一般行動的原因即其合規律性的問題得到最終解決之前，我們盡可以不考慮有關道德的本質即道德的原則問題。而一旦我們了解了一般行動是怎麼回事，那麼我們當然就會更容易注意到道德行爲的獨特之處了，並因之也就能夠毫不費力地給出「善」這個概念的內容了。

下面我們就具體地看一下石里克究竟是如何分析人類行動的原因或動機的。

二、人類行動的因果解釋

(一)行動

我們人類的生活是由各種各樣的行動（行爲）構成的。但並非所有的行動都與道德評價有關，都有善惡可言。比如，走路時腳步的移動，寫字時鋼筆的抓握，彈鋼琴時手指的運動等就與道德評價無緣，無所謂善惡。這樣的行動都有一個共同的特徵，即它們都是作爲對某一個特定的刺激的反應而直接地發生的。比如，在彈鋼琴時，對樂譜的知覺直接引起了相應的手指的運動，根本就沒有牽涉到什麼意志作用，在其間演奏者並沒有不斷地作出這樣的決定：「現在我要移動這個手指，現在移動那個，現在

該移動胳膊了。」行為在這裡是「隨意地」進行的，也即一個表象、甚或是一個知覺、一個感覺直接作為刺激而起作用了。或者用生理學的術語來說，對神經系統的感覺中樞的一個刺激暢通無阻地直接傳入到運動中樞，並立即在那裡引起相應的運動。與這樣的行動相反，在與道德評價有關的行動之中總牽涉到一個意志作用，因此石里克將它們統稱為意志行動（Willenshandlung，Willensakt）。在這樣的行動中，行動者同時面臨著很多刺激，但他又不能同時對這些刺激作出反應，因為它們所驅使的活動彼此不相容。這也就是說，意志行動總是以互相衝突的動機的並存為特徵的。更進一步說，在意志行動的情況下發生了這樣的事情：意識過程來回搖擺不定，表象以或大或小的程度快速地變換著，時而強時而弱，時而清晰時而模糊，消失而又重現。它們是對刺激所引起的不同的行動的結果的表象，即目標表象（Zielvorstellungen，Zweckvorstellungsbilder）。它們竭力彼此排擠，以獲得意識的充分的注意，因此，根本說來它們是互相抑制、互為障礙的。

我們不妨看一下下面這個簡單的例子。我想離開房間，於是走到門前並用手壓門把手。到此為止，一切都是自動地發生的，當我邁腿以及運動手臂時，我無需一個特殊的意志決定。現在假設當我力圖拉開門時，它卻沒有打開，這時事件的自然進程便受到了阻礙。我猛烈地搖晃門把手，並深深地感到了我的肌肉的繃緊程度，我體驗到了一種旨在克服阻力的努力（Anstrengung）。門被打開的表象作為目標表象清楚而強烈地浮現在我的面前。一言以蔽之，我「意欲」（will）打開房門。這樣，真正的行動也即意志行動便開始了。

石里克斷言：整個過程中的這種特殊的「意志」體驗不是別的，就是那種「努力感受」(Gefühl der Anstrengung)，而這種感受自身可能僅僅在於肌肉繃緊的感覺，抑或某種獨特的神經支配感受 (Innervationsempfindungen)。如果經過一段較長時間的努力後，門還沒有打開，我便會問自己是否應放棄努力，一直等到別人幫忙打開它。由此，外在的阻礙也就變成了內在的阻礙，存在於目標表象和知覺到的實際之間的衝突也就轉變成了關於如下兩個事件的兩個表象之間的衝突，卽繼續呆在房裡或爬窗子出去。它們彼此鬥爭，一個終將取勝，而這種勝利顯然又是一個「決定」，一個「意志行動」。

石里克宣稱，在每一個任意的意志行動中我們都可以發現一個旨在抵制內在的或外在的阻礙的鬥爭，而它終將以勝利或失敗而告終。對於倫理學來說，只有內在的阻礙的情況才是重要的。因此，我們可以將我們的探討限制在這樣的意志行動上：在其中某一個特定的表象（目標表象，動機）和另一個或另一些表象互相衝突，並最終戰勝了它或它們，這也就是說，事實上引發了外在的行動。

對於上面所描述的這種意志行動過程，某些深受「實體思維模式」(das Denkschema der Substanz) 影響的哲學家和心理學家給出了不同的解釋。在他們看來，意志行動或意志決定是依下述方式發生的：在諸動機的爭鬥之中，一個高居於它們之上的特殊的能力卽「意志」加入進來了，並且它將勝利的獎品授予給了它們中的一個。石里克不同意這種解釋，因爲在他看來，經驗並沒有向我們表明存在著這樣一個位於諸表象之後的支撐物，而且關於它的假設絲毫也不能幫助我們更好地理解行動本身。此

外，這種假設還導致了不可克服的循環論證：一方面人們企圖讓
「意志」在動機之間作出決定，但是另一方面，對「什麼決定了
正在作決定的意志」這個問題卻只能如是作答：恰恰是動機。總
之，

> 在諸目標表象的搖擺不定和其中的一個最終占了上風這些
> 情況之外並不需要還有一個獨特的「意志行為」來充當起
> 決定作用的東西。相反，我們所描述的整個過程就是意志
> 行為。❺

(二)動機形成律

　　通過上面的分析我們看到，在倫理學所感興趣的行動即意志
行動中總存在著不同的動機或表象之間的衝突和鬥爭，最終某個
特定的動機或表象「技壓群雄」，占據了支配地位並獲得了勝利。
由此便自然而然地產生了下述問題：「在動機的爭鬥中一個特定
的表象獲勝與否的根據是什麼？」或者更恰當地說：「一個特定
的表象勝過其他的表象的條件有哪些？」由這個問題的答案我們
便可立即知道為什麼人們喜歡做這個而不是那個，為什麼他們更
喜歡某個東西，為什麼他們「意欲」某個東西？最後我們便可回
答「人類為何有所行動？」這個大問題了。

　　石里克認為，在很多情況下，在人生的大多數情景中，上述
問題的答案並不難尋。它清楚不過地擺在我們的面前，每一個不
抱先入之見的人，即未受到哲學玄思和道德說教誤導過的人，都

---

❺ *Ibid*. p. 27.

能毫不遲疑地給出它。這個答案就是: 在壓倒多數的情況下, 當人們面對著多個目標表象的衝突時, 他們的行動將指向那個最能令他們愉快 (angenehmsten) 的目標表象的方向。石里克將這個斷言稱為「動機形成律」(Motivationsgesetz)或「意志律」(Willensgesetz)。下面我們看一看他是如何解釋這個斷言的意義的。

顯然, 每一個表象, 以至我們的每一個意識內容經驗上說都帶有某種「調」(Tönung)於自身。正是這種特定的「調」使得所涉及到的意識內容不再是完全中性的東西、無所謂的東西, 而被看作是令人愉快或不愉快的、令人滿意或令人生氣的、有吸引力或令人反感的、令人高興或令人痛苦的、充滿快樂 (lustvoll) 或毫無快樂的 (unlustvoll)。我們不妨將最後一對術語特別地固定下來, 並說每種體驗都具有一種或充滿快樂, 或毫無快樂的情調 (Gefühlstönung), 或者用心理學的實體說話方式 (die substantivische Sprechweise) 來說, 在每種體驗中都有一種快樂 (Lust) 或不快樂 (Unlust) 的情感。顯然, 這種情感作為不折不扣的內容是不可言傳、不可描述的, 人們只能通過適當的暗示來將它所意指的東西揭示出來。在這裡我們只能說「快樂」和「不快樂」這兩個語詞是在可以設想的最廣泛的意義上加以使用的。石里克不否認, 當一個人處於如下不同的情形中時他所體驗到的東西可能是非常不同的: 當他觸摸鵝絨時; 當他聽人演奏一首樂曲時; 當他讚賞一個英雄行為時; 當他的所愛偎依在他的懷中時, 等等。但是, 無論如何, 至少就某方面來說, 他在這些情形中所處的心境 (Gemütszustände) 還是相同的, 而我們的下述斷言便很好地表達了這個事實: 它們都是令人快樂的 (lustbetont)，它們都包含有歡樂（Freude）的成分。另一方面，儘管每一個人處於如下不同的情形時他的情感可能是非常不同的：當他割破了手指時；當他思索世界的不公時；當他看一場蹩腳的演出時；當他站在一個好友的靈柩前時。但無論如何我們還是可以不無根據地說，它們都是屬於一類的，卽都是不快樂的情感。

除「快樂」和「不快樂」外，石里克還經常使用另一對詞：「幸福」（Glück）和「不幸福」（Unglück）或「痛苦」（Leid）。在他看來，「幸福」就是最大程度的快樂狀態（die Zustände maximaler Lust），或曰最高的歡樂體驗（die Erlebnisse höchster Freude），反之就是不幸福。

基於上述考慮，石里克將他的「動機形成律」做了如下重新表述：在作爲動機而起作用的諸多表象中，那個最令人快樂的表象（die am meisten lustbetonte Vorstellung）或最少令人不快樂的表象（die am wenigsten unlustbetonte Vorstellung）終將排擠掉其他的表象而獲得支配地位，這樣行動便得到了毫無歧義的決定。（在此，石里克提醒人們注意如下兩點：第一，只有當情調間的區別達到了某個特定閾值（極限值，Schwellenwert）時，意志決定才會出現，因爲顯然，如果不做此假設，那麼就不會發生「選擇」時的搖擺不定現象。第二，當他將動機間的鬥爭描述爲表象間的衝突時，他只是採用了一個沒有任何約束性的表達方式。或許這裡相關的是其他的心理行爲而並非表象也未可知。）

我們看到，在如此表述的「動機形成律」中，出現了「最令人快樂」或「最少令人不快」之類的字樣。無疑，它們的使用假定了人們可以在不同的快樂狀態和不快樂狀態之間作出比較並能

談論情感的多少。但這似乎是不可能的，因爲情感（或其他什麼精神狀態）的強度眞正說來是不可度量、不可比較的，是不能從數量上加以確定的。石里克當然不否認這點，他也認爲談論什麼關於情感的和或差的快樂—不快樂計算法（Lust-Unlustkalkül）無甚意義。但問題是，日常生活中我們還是經常能夠按其「快樂值」（Lustwert）或其「形成動機的力量」（Motivtionskraft）對表象加以比較的，而這種比較實際上也爲理解意志行動所必需。比如，在日常生活中我們常常聽到人們說：與那個相比我更喜歡這個，但我最喜歡的是那邊的那個。顯然，諸如此類的說法是有意義的，每個人都理解它們說了什麼。石里克對此所作的解釋是：當兩個目標表象 a 和 b 在我們之內交替出現時，我們雖不能對它們直接進行比較權衡，但我們卻發現，比如從 a 到 b 的過渡引起我們不快的體驗，相反，從 b 到 a 的過渡則引起了我們快樂的體驗。這樣我們便可以說：相對於 b 來說，a 是更快樂的表象，或者更少不快樂的表象。總之，我們一定不要認爲意志、行動的起因是什麼靜態的權衡，而應將其看作是一個動態的過程，看作是一種流動的過程，在其中心理影象的浮現、消失和變換至少和其本身一樣是充滿情感色彩的。通過這樣的方式我們就可以在不假設任何數量上的區別的情況下正當地、有意義地談論快樂或不快樂的多寡、強弱了。在從一個表象過渡到另一個表象時我們只需要假設快樂和不快樂的對立。在很多同時出現的動機的情況下，那個最令人愉快或最少令人不快的目標表象區別於其他的表象的特徵顯然是：從它向後者中的某一個的過渡總是給行動者帶來某種起阻礙作用的不快（hemmender Unlust）。因此它代表了一個高峰，並作爲這樣的一個高峰而居於意識的中心位置並

直接引起了行動。

(三)動機形成律的證明

　　石里克認爲他上面所給出的動機形成律是普遍有效的，適合於人類的一切意志行動。比如，當一個小孩伸手去拿放在他面前的許多塊蛋糕中的最大的一塊時；當我到戶外散步以呼吸新鮮空氣而不是去參加乏味的系務會時；當我考慮暑期應到哪兒（山區還是湖區）旅行時；當人們在究竟是去聽歌劇還是去聽音樂會、是買黑色的鞋還是買棕色的鞋等問題上猶豫不決時，在所有這些場合以及在無數類似的其他場合下，我們根本就不會對下述事實產生懷疑：最終的決定將取決於快樂或不快樂，卽目標表象的快樂性質。當然，在有些情況下，動機形成律的適用性並不是一眼就能看得出來的，某些非常複雜的附帶情況常常掩蓋住了它們內在的合規律性。比如，自我犧牲的英雄主義的情形便是如此。在這裡，獲勝的動機表面上看並非是最令人快樂的那個，相反，它甚至是最不能令人快樂的那個。而且卽使在小孩拿吃蛋糕這樣的簡單至極的情況下，動機形成律似乎也並非總是有效的。一個受過良好教育的孩子會拿吃那塊最小的蛋糕。對這些反例該怎樣加以分析和解釋呢？

　　我們首先分析一下小孩拿吃蛋糕的情形。如果他沒有拿最大的那塊，而拿了最小的那塊，我們就會將他的行爲看作是「道德」的行爲。那麼，他的行爲眞的不能由動機形成律加以解釋嗎？石里克認爲，我們可以很容易地作出這種解釋。的確，卽使是那個決定「犧牲」自己的孩子也更喜歡要較大的蛋糕，而不是較小的蛋糕。但嚴格說來，這只是意味著在其他情況都相同的情

況下，較大的蛋糕的表象給孩子們帶來的快樂要比較小的蛋糕的表象給他們帶來的快樂更強烈。但問題是，在這裡情況發生了重大的變化！在放棄了大蛋糕的那個孩子的心靈中發生了這樣的過程：它們完全改變了互相爭鬥著的目標表象原來所具有的那些情調。這種過程之所以發生在他的心中，而沒有發生在其他孩子的心中，則是因爲他們所受的獨特的教育的結果，或者也是他的獨特的自然資質的結果。石里克認爲，這些獨特的過程實際上就是聯想過程，借助於它們下述表象便以或大或小的清晰程度出現在那個孩子的意識之中：對心滿意足或不甚滿意的父母的表象；對他們的讚許或譴責性的話語的表象；對高興或失望的兄弟姐妹的表象。屬於所有這些表象的那些強烈的情調最終都被以某種方式傳遞到了通過聯想而與它們關聯在一起的諸動機之上，並因而完全修改了它們的初始的快樂值。如果兩塊不同大小的蛋糕只是彼此並排地放在那裡，而並沒有被聯繫上其它的表象，那麼較大的蛋糕的表象當然比較小的蛋糕的表象更令人快樂。但是，在這裡它們中的每一個都被聯繫到了一個由其他表象構成的複合體之上了。這些表象都帶有它們自己的情感。經驗表明，這些情感又被傳遞到了那些關於蛋糕的表象之上，即使它們所依附的那些表象不再出現在意識之中。通過這樣的過程對較小的蛋糕的表象就很容易變得比對較大蛋糕的表象更爲令人快樂，這樣表面上看來非常不合情理的意志決定便完全按照我們的動機形成律所描述的那樣發生了。因此，通常認爲是構成了動機形成律的反例的情形並沒有眞的構成其反例。

石里克堅信，按照類似於上述的方式我們也能很好地解釋所有其他表面上看似乎構成了動機形成律的反例的情形。在此，我

們只需考察一下似乎是最難於用動機形成律加以解釋的英雄主義
的情形卽可。一般說來，痛苦是我們都極力避免的東西，而死
亡則更是我們所不願遭受的事情，可以說它是人生中最可怖的事
情。但是，令人驚嘆的是，在生活中，在歷史中我們總會不時地
看到這樣的意志行動，在其中痛苦和死亡不僅構成了行動者無法
逃避的結局，而且他甚至就將它們作爲目標的必要成分了。烈士
們爲了一個理想而自願承受痛苦和死亡，一個義氣之輩爲了他朋
友的緣故而自願放棄他的幸福甚或生命。對於這類不凡之輩，我
們能夠嚴肅地斷言：他們的意志決定是按照現存動機中的那個能
給他們帶來最少的不快或最多的快樂的動機發生的嗎？對這個問
題，石里克毫不遲疑地做了肯定的回答。他首先分析了英雄行爲
的動機。顯然，英雄是「爲了一個事業」而行動的，他要實現一
個理想或者實現某個特定的目標。在他的意識之中對這個理想或
這種目標的表象居於無可爭議的中心位置，它幾乎不容許其他的
思想的存在。無論如何，這點適合於作爲英雄行爲的唯一源泉的
滿腔熱情 (Begeisterung) 狀態。當然，英雄自己對他自己的
充滿痛苦的毀滅的表象並非完全沒有意識，但無論這種表象就其
自身而言如何令他不快，它最終還是被居於支配地位的目標表象
所抑制、所排除了。那麼，起決定作用的這個目標表象的令人驚
異的力量究竟來自於何處呢？顯然，它只能來自於情感 (Gefü-
hl)。滿腔熱情是人們所能獲得的最高快樂。一個人滿腔熱情地傾
心於某事意味著每當他想到它時，他就體驗到最高程度的快樂。
對於這樣的人來說，拯救處於不幸或危險之中的人的念頭是那麼
地令他愉悅、快樂，以致他認爲卽使保存自己的生命並使自己免
受痛苦的念頭都無法與之相比。對於那個懷著如此高昂的熱情爲

了一個事業奮鬥不已，以至甘願承受一切迫害和凌辱的人來說，他的理想使他感受到如此無與倫比的、純而又純的快樂，以致無論是關於自己的痛苦的表象，還是因痛苦而來的不快樂本身都無力阻止他的決定和追求。因痛苦而放棄自己的理想，這對於他來說要比痛苦本身更不快樂。

以上說明，卽使在英雄行爲的情形下動機形成律也是成立的。由此石里克斷言，它是普效的：在任何意志行動中，「意志」總是遵循著最令人快樂的動機。

對動機形成律人們可能會提出如下幾種反對意見：

1. 它取消了存在於快樂和不快樂之間的一切區別——事實上的或至少是術語上的，因而它是以雙重的混淆爲基礎的。對此，石里克的回答是：(1)就事實區別來說，他認爲當他斷言一個通常認爲是令人不快的體驗在某些特定的條件下也會變成令人快樂的（或者反過來，一個令人快樂的體驗在某些特定的條件下也會變成令人不快的）時候，他並沒有混淆什麼，相反，恰恰是作出了一個更爲精細的區別。而這個區別恰恰是提出上述反對意見的人在作出下述斷言時所忽略的東西，卽人們的行動可以指向任意一個目標表象，而並非僅僅指向令人快樂的那個（或那些）目標表象。當然，任意一個目標都可以被意欲，但這並不就意味著目標表象的快樂情調不重要了，而只是意味著每個任意的目標的表象都可以成爲快樂的。比如，對一位無所畏懼的英雄來說，關於一個通常看來顯然是充滿痛苦的狀態的表象都是充滿了快樂的。在這裡，石里克特別提醒人們要注意下述兩種表象之間的區別：一個是對一個狀態的快樂表象（die lustvolle Vorstellung eines Zustandes)，另一個是對一個快樂狀態的表象(der Vo-

rstellung eines lustvollen Zustandes)。顯然，對一個快樂
狀態的表象不必是快樂的，反過來，一個快樂表象的對象也不必
是一個快樂的狀態。也就是說，人們可能只能表象一個事件，一
個狀態，但卻不能表象一般與這些東西相聯繫的快樂。但至於該
表象自身是快樂的還是痛苦的則還要取決於完全不同的情況，而
並非僅僅取決於那些被表象的東西是否有快樂或不快樂的情感。
總而言之，對於動機形成律來說，重要的只是一個表象是否被染
上了快樂的情調，而並非是它是否是某種快樂的東西的表象。(2)
就術語上的區別而言，石里克認為他並沒有真的取消這種區別，
相反，他恰恰進一步詳細規定了它，而且這種規定也是非常符合
事實的，非常自然的。

　　2.動機形成律事實上 什麼也沒有說， 只不過是 個同語反復
式。因為當一個人決定做某事時，我們可以正當地說，比起任何
其他的事情來說，他「意欲更喜歡」(lieber wolle) 這個事情，
在某種意義上他「認為這個事情更好」。這說明「意欲」(wollen)
和「認為更好」只是對同一個事情的兩種不同的表達方法而已。
因此所謂的「動機形成律」沒有任何實質內容。它只是一個分析
命題，一個單純的同語反復式，不能給人們提供任何知識。

　　石里克認為這個反對意見及其論證是錯誤的，因為它混淆了
「希望」(Wünschen) 和「意欲」(意志，Wollen)。「認為更
好」、「發現更令人滿意」、「愉快地想像」以及其他類似的表達式
可以被看作是和「 希望 」同義的。(密爾已經很清楚地認識到了
這點，他說：「發現什麼東西令人愉快」和「希望它」只是對同
一個事情的兩種不同的表達方式。)但「意欲」卻意味著完全不同
的東西，意味著更多的東西。單純的希望不需其後有反應相隨，

但意欲卻不可分離地與行動、行為相關聯在一起，它和行動的最初的、純內在的階段、即努力階段，神經支配階段是同一的。因為它們是否真的導致了身體運動以及進一步的外在的後果，這要取決於外在的環境而不能僅僅由意欲主體（意志主體）自我決定。被以最令人快樂的方式加以想像的某種東西事實上也真的被意欲了，即導致了神經支配，這絕不是什麼自明的事情，而只是一個經驗事實。我們非常熟悉這個事實，以致於我們傾向於認為「也總是被希望的東西」就居於被意欲的東西的單純的概念之中。但這裡無論如何只與經驗事實有關，只與由經驗加以確立的規律有關。這點我們可以從下述事實中看出：我們完全可以設想行為不像現在這樣發生。比如，在孩子拿吃蛋糕的例子中，我們完全可以設想：雖然較大塊的蛋糕給他以更強的快樂，但在實際的行為中，他總是拿取較小的那塊（或味道不怎麼好的那塊）。而且這種行為完全可以變成人們的一種習慣：每當有許多具有不同快樂情調的目標表象在那裡彼此爭鬥的時候，人們的反應總是確定無疑地指向著最不令人快樂的方向。因此動機形成律（意志律）也完全可以是這樣：人們總是意欲他們所不希望發生的東西（當然，如果我們的世界在其他方面還和它現在所是的那樣，一仍其舊，那麼受制於這樣一個意志律的個體根本就無法生存下去）。

　　以上的分析說明：動機形成律是建立在對經驗事實的真切觀察的基礎之上的，它之所以成立完全是由經驗事實決定的。因而它不是同語反復式，是有充分意義的。

　　3. 即使動機形成律不是同語反復式，說了點什麼，至少對於倫理學來說，它也無甚意義。因為高貴者認為善是愉快的，因而去行善事，而邪惡者則認為惡是愉快的，因而行惡事，但顯然他

們都遵循了動機形成律，因此，從動機形成律中我們不能獲得任何關於善惡區別、關於道德行動和其他行動的區別的知識。即使一個完全不同的動機形成律是真的，上述區別以及倫理學所關心的一切仍然可以是同樣的。因此，通過關於動機形成律的知識在倫理學之事上我們並沒有變得比以前更聰明。

對這個反對意見石里克的回答是：借助於動機形成律我們的確沒有獲得關於道德意志的獨特之處的任何正面的知識，但不能由此就說我們沒有獲得任何知識。因為至少我們獲知了：善行的獨特之處並不在於在指向它的動機的形成過程（motivation）中行動者的快樂或不快樂沒有起任何作用。但無論過去還是現在卻有許多人堅持不這樣看，而且他們斷言，道德行為總是循著與最強的快樂動機相反的方向發生的（詹姆斯甚至於認為，道德行動就是指向著最大阻力的行動）。由此看來，當我們認識到下述之點時我們當然是提供了一個非常重要的洞見：動機形成律毫無例外地適用於任何動機，當然也適用於道德動機。不只此，通過動機形成律我們還獲得了更進一步的知識。當人們問道，為什麼A行道德之事，而B卻不然時，借助於動機形成律我們可以回答他道：因為有關某些目標的表象對A來說是快樂的，而對B來說是不快樂的。這裡，人們也許會埋怨說，借此我們並沒有最終回答這個問題，而只是將其推後了一步，因為現在我們必須進一步問，為什麼同一個表象對一個人來說是快樂的，而對另一個人來說卻不是快樂的呢？石里克承認，這裡，問題只是被推後了，但他認為這並非就意味著沒有取得任何進展，因為問題已被推後到了這樣的一點，在此它可望得到輕而易舉地解決。我們已經知道了我們該到哪裡去進一步尋求答案。現在，我們需要做的是確定

情感的規律，即制約著它們的增強和消失，彼此相互作用、相互反對的規律，尤其是要確定它們借以和表象聯繫的那些過程。或許心理學已經知道了這些規律。一旦我們知道了它們，那麼我們就能夠將人們對於某些特定行爲方式的資質歸約到我們可以達到的它的最終的原因，也就能夠理解其獨特之處及其來源，並最終給出能影響其發展的手段。借此我們也就恰好獲得了倫理學所努力尋求的那些知識了。

三、關於善（道德）的進一步規定

從第一節我們已經知道，按照石里克的觀點，我們該如何規定善（道德、道德價值、道德評價）的形式特徵 —— 它是（社會）所要求的東西；同時我們也知道了我們該如何去尋找它的實質的特徵 —— 應建立一個以道德原則爲至高點的道德規範等級系統。不過，在石里克看來，由於我們所要處理的是最一般的倫理學問題而並不是特殊的道德評價，因此我們不妨從一開始就放棄建立一個這樣的規範系統的企圖，而直接就從事於其至高點即道德原則的構建工作，借此我們便可以直接發現「善」（「道德」）概念的最爲一般的規定了。這條捷徑之所以行得通，是因爲從低級規範到最高級規範的上升在實際生活中本來就是必要的並且常常已經被人們做過了，因此我們可以假定建立規範系統的大部分工作已經完成了，儘管人們並沒有將其結果嚴格地表述出來。那麼這個至高無上的道德原則，或者說善（道德）概念的實質特徵（實質意義）究竟是什麼呢？在對一般行動的動機或原因有了一定的把握後，石里克認爲我們便可以比較容易地回答這個問題了，他

給出的回答是：「人類社會所稱爲善的東西就是它認爲會給它帶來盡可能多的幸福的東西。」❻「道德要求是由社會僅僅根據下述理由而建立的：因爲這些要求的滿足看起來對它有用」❼，我們也可以這樣說，

> 善之所以為善，只是因為社會認為它會給它帶來好處（nutzbringend）── 而這最終說來就意味著它能促進快樂（lustfördernd）。或者也可以這樣說，「道德」這個詞的實質的意義僅僅限於它表示按通常的意見（die durchschnittliche Meinung）對社會有益（förderlich）的東西。❽

這也就是說，道德準則僅僅是人類社會的願望的表達，關於某些行爲或意向的善惡的道德評價所反映的只是社會希望從那些行爲或意向中所得到的快樂或痛苦的份量（das Maß）。

嚴格說來，在上述斷言之中包含著如下兩個論斷：A.受到道德讚許的一切事實上都會增加人類社會的快樂（歡樂、幸福或福利）；B. 人類社會所希望得到的這些效果實際上構成了它們之所以受到讚許的唯一理由。（顯然，從邏輯上說，這兩個斷言是有著嚴格的區別的。情況可能是這樣：被稱爲道德上善的一切事實上的確起到了有益於社會的作用，並且反過來也成立；但它們之被稱爲善、之受到了讚許的理由卻完全不在於其起到了有益於社會的作用，而在於別的什麼東西。很多哲學家就是這樣看的。）

------

❻ *Ibid.* p. 64.
❼ *Ibid.* pp. 70-71.
❽ *Ibid.* p. 71.

因此，爲了證明其關於道德（善）的上述規定，石里克就不得不進行如下兩個不同的證明：其一，證明「道德謂詞『善』只被給予了公眾期待著能增加他們的歡樂的那些行爲方式」是事實；其二，反駁許多倫理學家用於論證他們的下述論題的那些理由：儘管存在著上述事實「善」這個謂詞還是意味著與「增加社會的歡樂」或「減少社會的痛苦」的單純的保證完全不同的東西。顯然，如果這些所謂的理由被證明是站不住腳的，那麼論斷B的正確性也就不言而喩了。下面我們就分別看一下石里克究竟是怎樣進行這兩個論證的 。

(一)論斷A的論證

由於論斷A也包含兩個論斷，所以對它的論證也需分兩步進行。

1.爲了論證凡是人類社會認爲對其自身有所裨益（即能增益其快樂）的一切都是善的(道德的)，我們就必須證明：當人類社會的結構發生了重大的變化時，我們對於行爲方式的道德評價就會相應地有所改變，而且如果人們關於社會的福利狀況所持有的意見對於那個評價是決定性的，那麼這種改變還是不可避免的。因爲如果道德評價上的實際的轉變是和公眾們的某些狀態和觀點的轉變精確地並行發生的話，那麼我們就可以很有把握地假定這些狀態和觀點構成了那些價值評價得以建立的基礎。

石里克認爲事實恰恰就是這樣的。來自於人種誌學和歷史學的資料都一致地表明，在壓倒多數的情況下對社會的福利有所促進的（wohlfahrtsfördernd)東西(或者被認爲是如此的東西)上的差別總是對應著從一個民族到另一個民族、從一個時代到另

一個時代不斷地變化著的道德準則上的差別。比如，隨著道德觀點所適用的範圍的擴大，它們也就隨之而不斷地發生變化。在人們組成的共同體（Gemeinschaft）——也卽人們爲了共同進行生存鬥爭而形成的本能的聯合——僅僅擴及一個小的部落、一個氏族或家族的時代和地方，人們所承認的道德律則只需考慮這個共同體本身的成員卽可，對於不屬於該共同體的人他們沒有任何倫理責任。而且每個不屬於它的人常常就被看成是逃犯或敵人。事實上，在原始部落中，在某些情況下殺死屬於一個鄰近部落的成員被認爲是一個非常了不起的功勞，正如殺死一個屬於自己部落的成員被看成是犯了滔天大罪一樣。這些評價不僅對外加以宣布並由每一個成員被迫承認，而且對於他們來說，它們儼然是他們自己的良心的聲音，它以巨大的情感力量和不可抗拒的權威支配著他們。達爾文爲我們提供了這方面的一個著名的例子。一個處於野蠻狀態的非洲人因爲沒有抓住機會向一個鄰近部落報仇而內心遭受到了巨大痛苦的煎熬。這時，一個傳教士向他懇切地說無端殺人是嚴重的罪行，因此他便不敢輕易地進行報復了。但強烈的失職意識終日折磨著他，使他不得安寧，不思飲食，不能享受任何歡樂。簡言之，他陷入了深深的內疚之中而不能自拔。終於有一天他再也無法忍受了，偸偸溜走，殺死了另一個部落裡的一個人，然後心情輕鬆愉快地回來了。他完成了他的職責，殺人使他的良心得到了撫慰。這裡如果有誰斷言，那個野蠻人的情感並非像一個有教養的文化人所感受到的內疚那樣的眞正的內疚，那麼我們只能說這只是偏見而已。因爲我們根本就找不出它們之間的區別。當然，一個文明的歐洲人是在其他的場合感受到內心的猶豫的，一般是在殺了人之後，而不是在殺人之前。但卽使這

點也並非沒有例外，因爲在戰爭中殺死敵人不僅不被禁止，而且還是道德義務。

　　非洲野蠻人和現代歐洲人在道德觀上的這種差別是以下述事實爲基礎的：　制定道德準則的　共同體在野蠻人那裡 是部落或氏族，而在歐洲文化人那裡則是更爲廣大的民族或國家；而且對於前者來說仇視狀態是持久的，　而對於後者來說則是暫時的。 但是，當一個哲學家認爲共同生存於我們的地球上的兩個民族之間的戰爭和同一個民族內部不同的武裝團體之間的戰爭同樣是不道德的時候，那麼這只是因爲對他來說作爲道德立法者的人類社會已經擴大至整個地球，在他的良心中迴響的是整個人類的聲音。

　　石里克認爲，上述例子所表明的東西是普遍有效的：在一個共同體中有效並已被完全接納進其單個成員的道德意識之中的道德準則的內容完全取決於它的生活狀況、它的規模及實力、它與周遭世界的關係、它的文明、它的風俗習慣和宗教觀念。道德評價對人類社會的狀況的依存性可以說構成了下述論斷的可靠無比的明證：道德的內容眞正說來是由社會所決定的。因此，可以說社會就是道德的立法者，倫理學必須對其進行仔細的探究。

　　2.如果我們對所有道德準則的內容進行更詳細的審查，那麼我們就會進一步發現它們所適用的共同體總抱有著這樣的希望，卽遵守它們會促進它們自身的福利（快樂，歡樂）。石里克認爲，個別地對這個論斷進行論證是不必要的，因爲一般地講它是無可爭議的。無論人們怎麼看待道德準則的本質和起源，人們一般都相信當社會的所有成員都遵守它們的時候，社會就會由此得到好處（幸福）。因此，道德行爲可以說構成了公衆幸福的一個十分必要的條件。

(二)論斷B的論證

石里克斷言，哲學家們之所以反對論斷B，堅持認為善的東西之所以被稱為善並不僅僅是因為（甚至根本就不是因為）它們具有增益社會（公眾）的快樂或福利的作用，其根本原因在於：在他們的心目中，善或道德價值應該是某種絕對的東西、純客觀的東西，其存在和本質與人的情感、意志和認識無甚關係。它是絕對命令、絕對要求，對它人們只有絕對服從的義務，而萬萬不可對它「指手劃腳」，甚而「不自量力地」企圖成為它的「創造者」。絕對的、客觀的價值有如柏拉圖的理念一樣構成了一個自足的、獨立於實際的等級系統，它只有通過如下形式的道德命令才與實際發生關係：「這樣做，以使你的行為引起的事件或事物具有盡可能多的價值！」當然，堅持絕對價值（或客觀價值）觀的哲學家也不否認有價值的事或物總是會引起觀察者的快樂情感，但他們認為這個事實與價值的本質沒有任何關係，在某種意義上說完全是偶然的。我們完全可以設想有價值的事或物並沒有引起觀察者的快樂情感，或者恰好引起了他的不快，或者根本就沒有引起他的什麼情感體驗。

對這種絕對價值（客觀價值）觀（道德觀），石里克從以下兩個方面進行了有力地批駁。

1.堅持這種價值觀的哲學家（石里克稱其為絕對哲學家）沒有為人們提供出一個可以接受的標準，借此以判定一個對象（或一個事件，一個行動）是否具有如此這般的絕對價值（客觀價值）。為了達到這個結論石里克對哲學家們提出的（或可能會提出的）各種標準都一一做了評析。

　（1）有的哲學家（可能會）提出，我們可以將有價值的事物在我們的心靈之內所喚起的那些快樂情感看作是客觀價值的唯一標準：一個事物是否具有價值是由它能否引起我們的快樂情感決定的；而且它們所具有的價值的大小是由這種快樂情感的強度決定的。但他們同時斷言，價值並不是由引起快樂的那些活動構成的，而是其他的什麼東西。石里克認爲，這種立場包含有內在的矛盾，因而是無意義的。這是因爲：從其所有的可檢驗的後果來看，它和他的觀點——「價値」只是那些潛藏於有價值的對象中的快樂的可能性的名稱——是完全一致的，但他們卻聲稱二者有別。「『是有價值的』意味著與『引起快樂』完全不同的東西」這個斷言假設了下述事情：存在著這樣一個特徵，它只屬於有價值的事物，而不屬於引起快樂的事物，因此，如果引起快樂應該是有價值的事物的唯一標誌的話，那麼該斷言只能是無意義的。在這種情況下，如果我們還心安理得地承認「客觀」價值的存在，那麼這只能是一個毫無內容的附加物。由此看來，快樂情感是不能充當「客觀」價值的標準的。

　（2）有些哲學家認爲，雖然快樂情感不能擔當起這個重任，但某種其他的體驗還是可以擔當得起它的。在他們看來，我們人類具有這樣一種能力：我們能夠像通過知覺感知一個物質對象的存在那樣來確定一個價值的存在。在這裡，一種被人們稱爲「價值感」（Wertgefühl）、「價值體驗」或「洞見」的特殊的體驗起了知覺那樣的作用。這種體驗被看作是終極性的、不能再進一步加以分析的東西。每當一個價值判斷被證明爲眞時，它便會出現，人們可以擁有它或不擁有它，關於它我們根本就不能再做更深入的討論。

對於這種觀點，石里克批評道：就它斷言了一種特殊的意識材料「價值體驗」的存在而言，我們無法和它進行有意義的論爭，因爲畢竟只有每個人自己才能知道他所體驗到的東西。就此而言，人們只能不加證明地直接接受它或直接拒絕它。（石里克認爲他不能接受它。因爲在他看來，我們不可能成功地將我們在欣賞音樂作品時或在驚嘆偉大人物的人格時所體驗到的快樂情感與某種基本的價值體驗區分開來 —— 按照我們正在討論的觀點，正是這種基本的體驗才使我們得以確信給我帶來快樂的東西實際上也是價值。）但問題是，這種觀點並非僅僅斷言了某一特定的意識材料的存在或呈現，而是進一步斷定了：它向我們宣示了某種客觀的、獨立於我們的東西，它向我們保證了一種絕對價值的存在或作用（Gelten）。那麼，是否這個斷言也不需要論證呢？價值的標準最終要到一個意識材料中去尋找，要到「主觀的東西」上去尋找，這點僅就其本身來說還沒有什麼值得懷疑的，因爲這完全是不可避免的。知覺的例子向我們表明，「主觀的」感覺能爲我們提供客觀的、獨立於我們的對象，而且這種客觀性和獨立性對我們的一切實際需要來說是盡善盡美的。在倫理學中我們所要做的也恰恰是對於實際的東西的認識。但是我們不要忘記，感覺之所以能成就那個「偉業」，只是因爲它服從了完全確定的規律。知覺的運作儘管異彩紛呈，但總是包含了一種十分確定的合規律性，這特別明顯地表現在下述之點：我們能夠就感覺的出現而作出可以證實的預言。（石里克認爲，這種合規律性並非僅僅指示出了某種客觀性的東西，相反，它自身就已經是客觀性了。）如果類似的事情正如適用於感覺一樣也適用於假設的價值情感，並且價值陳述正如知覺陳述一樣也可以被聯合成爲一個一致的系

統，那麼價值情感就能夠保證客觀價值了。但不幸的是，情況並非如此。價值評價的混亂無序是衆所周知的，絕對沒有希望將價值理論、倫理學和美學置於與物理學同等的水平之上。

最後，石里克斷言道：

> 因此，不存在從某種基本的價值體驗到對客觀的、絕對的價值的辯護的過渡的任何可能。但是，如果人們說這種辯護已經存在於純粹的體驗本身之中了，那麼我只能回答說，我不能設想人們該如何證實一個這樣的斷言，因此我不能理解它的意義。❾

(3) 在此石里克還對康德的倫理觀，特別是他的「絕對的應當」(das absolute Sollen) 概念進行了評判。康德研究倫理學的初衷可以說就是爲了使倫理學脫離開經驗的領域，而成爲一種超驗的學問。他認識到，一切道德準則都具有要求的特徵，都作爲一種「應當」而面對著我們 —— 它們要求我們應當按某種方式行動。但他同時發現，無論我們將誰看作是倫理命令的制定者都會使它染上「假設」的色彩：它要取決於他的願望和力量，他不在時或他的意志發生變化時它就終止了。他進一步斷言，爲了最終擺脫這種假設性的侵擾，我們甚至都不能將上帝看作是道德準則的制定者。因此，最後他只能跳入虛無之中：那個應當根本就不是出自於任何「其他的人」，而是一個絕對的應當，倫理命令應是絕對的，它與任何條件都無關，因此它是絕對命令 (ka-

---

❾ *Ibid.* p. 79.

tegorischer Imperativ)。

　　石里克認爲，我們當然可以說一切道德準則都具有要求（命令）的特徵，都包含著一種「應當」。但問題是我們如何理解這個「應當」。在日常生活中，它的意義是這樣的：「我應當做某事」意味著「另一個人希望我做它」；而且這另一個人的指向我的希望只有在下述情況下才被稱爲「應當」，即他能夠以某種方式「突出」它，獎勵滿足它的人，懲罰沒有滿足它的人，或者至少指出了遵守它或沒有遵守它的自然而然的後果。因此，對於「應當」來說，與一個有所希望的「統治者」的關係具有本質的意義。通常我們稱這樣的希望爲命令。因此，「總是假設性的」可以說構成了命令的本質，命令的定義，這也就是說，它總是預設了某種制裁，一個允諾或一個威脅。

　　從前面我們已經知道，批准道德要求的立法者是人類社會，而後者事實上的確配備有必要的統治手段以有效地發號施令。因而，我們可以正當地說，道德要求人們應當以某種方式行動。不過，只是在上述既定的經驗的意義上我們才可以這樣說。

　　由於康德拒絕將他的「應當」和「命令」概念與某個統治者、與制裁聯繫起來，因此這兩個詞在他那裡所具有的意義必完全不同於我們這裡所解釋的意義。當然，最終說來，每個作者都可以隨自己的意願使用它們——只要他精確地給出了它們的意義。然而，康德並沒有給出任何新的定義。表面上看，他好像完全是在「應當」一詞的通常的意義上使用它們的，只是剝離掉了其相對性特徵。但這實際上是一個矛盾，因爲正如剛剛說過的，相對性以及與另一個有所意欲的人的關係對於通常意義的「應當」說來恰好是決定性的。

　　爲了使康德的倫理學擺脫開這種無意義性，「應當」一詞就必須被理解爲是在一種與它原本所具有的意義完全不同的意義上被使用的，但也正因如此，眞正說來我們也就不應再使用這個詞了。石里克認爲，如果不考慮康德自己對「應當」所作的不幸解釋，那麼它在他的倫理學中所起的作用實際上和「價值體驗」在前面所討論的觀點中所起的作用是一樣的，唯一的區別是：「應當」只表示道德價值，它是「我心中的道德律」。「在我心中」似乎又爲康德提供了引入一個「應當」的立法者的可能。它是自我本身，但並非是經驗的自我 —— 否則「應當」直接就成了意志的表達了 —— 而是自我的超經驗的「實踐理性」。〔在其形而上學中，康德最後還爲此補充上了以彼岸回報形式出現的制裁（懲罰）。〕但這個制定道德律的「實踐理性」或者只是一個空洞的語詞，或者它必須在某種可以指出的體驗中顯示自身。只有通過這樣的一種體驗它才能得到定義。因此，康德應將「應當」定義爲對道德價值的意識。但從（2）我們已經知道，這種觀點是站不住腳的。

　　那麼，「應當」能否被用在其他的意義上呢？比如，我們或許可以把它看作是對下述事情的某種暗示：被斷定的「價值情感」能具有什麼樣的心理性質，以便我們知道應到哪裡去搜尋以最終發現這樣一種微妙的、與每一種快樂情感都不同的體驗。或許我們可以在意識中指出一個作爲「意志」的補充物的「應當」體驗來。對這種差強人意的解釋，石里克答覆道：意志本身絕不是什麼基本體驗，相反，它可以被分析爲一個由諸多彼此相繼的過程構成的鏈。因此我們根本就不能有道理地談論什麼與它相對的基本體驗。當我面對著另一個人的命令時，在我之內便發生了某些

完全確定的意識過程， 而它們恰恰 代表了我們 日常生活中稱作
「應當」的那個體驗。它是複合的而且也並不怎麼難以分析。在
這裡起決定作用的東西大概是「強制 (Zwang) 意識」，它是由
下述事實構成的: 下命令的人建立了一個牢固的表象，並且他的
制裁又給其配備上了非常強烈的情調，以致它抵制了所有其他現
存的表象的快樂成分並且取消了它們（在順從的情況下）。「應當
的東西」(das Gesollte) 與「被希望的東西」相對，而並非與
意志相對; 準確地說，「應當」是動機形成過程 (Motivations-
prozess) 的一部分，本身就屬於意志，而並非與它相對立。尋
找另一個簡單的、直接的「應當」體驗是徒勞的。

正因為「應當」本屬於意志，因而在它能實際發生之前，
或者說為了能實際發生，就必須首先也被意欲。由於康德賦予了
「應當」以道德「律」的最為抽象的特徵，因此在解釋它如何被
接納進意志之中時他遇到了不可克服的困難。「一個律則如何能
獨自地、直接地成為意志的決定基礎（這當然是一切道德性的本
質部分），這是一個人類理性所無法解決的問題」❿。

(4) 既然主觀的東西（如「快樂情感」或「價值體驗」）不
能充當客觀價值的標準，那麼我們能否為其找到一種客觀的標準
呢? 對此某些哲學家作出了肯定的答覆: 有價值的東西就是那些
促進進化的進步的東西。對這種規定，石里克批評道: 它有循環
定義之嫌。因為究竟什麼應該被看作是「精神財富」，什麼應該
被看作是「上升的進化」（相對於「下降的進化」），這只能通過
與一個價值尺度的比照才能確定，因此我們也就不能反過來再通

---

❿ Immanuel Kant, *Kritik der praktischen Vernunft*. 轉引自
Schlick, *Fragen der Ethik*, p. 84.

過它們來確定這個價值尺度。如果一個人爲了擺脫這種循環定義而任意地規定精神財富以及諸如此類的概念的定義，那麼這種規定也只能說是任意的。在這種情況下，他至多只是給出了一個根據他個人的感覺而構造出的概念——他決定將其稱爲「價值」——的定義，但並沒有給出當我們使用「價值」這個詞時我們大家所共同意指的東西的標準。由此看來，欲從客觀事實中尋找客觀價值的標準的企圖最終只能歸於失敗。

　　(5) 很多哲學家也認識到了將絕對價值與客觀的物質對象加以比較的做法是不合理的，因爲價值領域和粗糙的物質實際畢竟是不能同等對待的。他們認爲，如果有什麼可以與價值之域相比較的東西的話，那麼邏輯-數學的對象域是最好不過的選擇了。相應地，我們便可以將價值陳述和邏輯-數學命題加以比較，並借助於後者來解釋它們：二者都與「實際的」對象無關，都具有同樣的有效性——卽普遍的、絕對的有效性。在邏輯或數學的例子中，我們能最好地體驗到下述事實：儘管我們的自明性體驗 (Evidenz-Erlebenisse)具有十足的主觀性，但我們還是能夠達到絕對有效的東西，獨立於一切承認和一切思維或感受行爲而存在的東西。矛盾律或 $2 \times 2 = 4$ 這個命題是絕對有效的，無論有沒有人思考它、理解它。同樣，道德律也具有這樣的有效性。如果說邏輯數學命題向我們傳達的是關於理想的邏輯數學對象的絕對眞理，那麼價值陳述向我們傳達的則是來自於價值之域的絕對價值。通過這樣的比較，絕對價值或價值的客觀效用的思想便不再難於理解了，而且一般說來這也是達於這種理解的唯一方式。尼古拉・哈特曼 (Nikolai Hartmann, 1882-1950) 可以看作是這種觀點的一個代表。

在石里克看來，儘管這種觀點看似很誘人，但實際上卻是荒唐至極的。因爲邏輯和數學命題眞正說來並沒有斷言任何東西，它們只是關於陳述的變形（Unformung）的規則，因而只是同語反複式或同語反複的構造，而正是這種特點才使得它們具有了某種絕對（獨立於任何經驗的）眞理性 —— 這只是眞理的一種毫無意義的權限情況。因此，邏輯和數學的情況並非如某些絕對價值論者所認爲的那樣，並不存在一個由非實際的存在（卽所謂的邏輯對象、數學對象）所構成的領域，它獨立於我們而存在，但我們可以隨時對它加以認識或感受（在價值的情況下）。邏輯和數學命題根本就沒有提供任何知識，沒有表達任何事態，沒有告訴我們任何有關世界的情況。因此，如果說價值陳述和它們相似，那麼由此也只能得出這樣的結論：它們也沒有言說什麼。顯然，這是任何人都不願接受的結論，因爲人們一般都認爲價值陳述說出了非常重要、甚至最爲重要的東西。

2.關於絕對價值觀，石里克進一步批評道：絕對價值的假設對於我們的生活和行動來說無甚實際的、可證實的（可觀察或可經驗到的）意義，因而眞正說來所謂的絕對價值判斷沒有任何意義。下面我們就具體地看一下他是如何對此進行論證的。

假設我們向某個絕對論者提問道：「你所謂的絕對價值（客觀價值）眞正說來對我能意味著什麼呢？」他自然會回答道：「它們構成了你的行動的準繩！在設置行動目標時你應當總是採取具有較高價值的行動而不是具有較低價值的行動！」如果我繼續追問：「但這又是爲什麼呢？」這時他再也不能給出任何回答了。這裡我們到達了這樣一個關鍵之點，他的價值獨立性論題使得他對我的下述問題：「如果我不那樣做，會發生什麼事呢？」只能以如

下的方式作答:「那麼你就不那樣做吧，沒別的可說！」如果這時他回答說:「如果那樣，你就不是高尚的人！」那麼我們就應該注意到，這個回答只有在下述前提下才有意義，才能影響我們的行動：我們已經希望或有理由希望成為「高尚的」，或者某些情感已經附著於那個概念之上了。但絕對論者恰恰不能用這樣的前提作為他的論證理由，他不應對我說:「作為高尚的人你將受到更高的尊重，你將過上一種更快樂的生活，你將心地坦然，自己滿意於自己」，等等，因為借此他便訴諸於我的情感了，好像只是因為價值能給我帶來快樂，它對我才有約束力，這顯然有違他的初衷。

當然，存在著這樣的可能：絕對論者認為我向他提出的問題根本不屑一顧，不值得勞神作答。對這等自以為是的人，石里克認為我們只有鄭重地告訴他：我們一點也不關心這樣的價值，我們是否關心它們對它們不會造成任何影響，它們的存在對我們的心靈的寧靜、對我們的歡樂和痛苦、對在生活中我們感興趣的一切沒有任何影響。真正說來，這樣的「價值」並不是什麼價值，而只是哲學家們的幻想物。

最後，石里克斷言，如果存在著與我們的感受沒有任何關係的「絕對」價值，那麼它們將構成這樣一個獨立的領域，它們在任何點上都不進入我們的意志和行動的世界，因為好像有一面無法穿透的牆將它們與我們完全隔離開了。我們的生活一仍其舊，好像它們並不存在一樣。如果價值耐不住寂寞，在它們的「絕對」的存在之外還企圖具有影響我們的情感的性質或能力，那麼它們就不得不進入我們的世界之內，並想辦法使自己在我們的情感生活中被感受到。這樣，它們便成為相對於我們的東西，並因

而也就喪失了其絕對性和客觀性。如果這時仍有哲學家說：「當然，但是除此而外它們還有一個絕對的存在！」—— 那麼，我們就嚴肅而莊重地告訴他：這些語詞並沒有為可檢驗的事實附加上什麼新東西，因此它們是空洞的，通過它們而作出的斷言是無意義的。

至此，石里克便完成了對他所給出的道德規定的縝密的論證。

我們看到，石里克所堅持和維護的價值觀是一種相對的價值觀：一個對象的價值（這裡主要指道德價值，即善）只在於它或者關於它的表象在一個感受著的主體那裡所引起的快樂或不快樂情感。因此，價值總是只相對於主體而存在，它是相對的。如果世界中沒有快樂或不快樂這回事，那麼也就不會有任何價值存在，一切都將是無所謂的了。（這裡我們要注意，不要把石里克所謂的相對性理解為無條件的相對性，即主觀任意性：一個主體可以隨心所欲地將一個對象看作是有價值的或無價值的。實際上，只要給定了一個與某個完全特定的主體有著某種完全特定的關係的完全特定的對象並且該主體此時此刻的身體構造和傾向完全確定了下來，那麼他會對該對象的組織（Einrichtung）作出什麼樣的情感反應也就確定了下來。這也就是說，對於他來說，這個對象此時此刻便具有了一個完全確定的價值或非價值（Unwert）。這是一個完全「客觀」的事實，無論是主體還是任何沒有偏見的觀察者都不會對此產生懷疑。）

對這種相對價值觀的正確性石里克深信不疑，認為它與人類經驗的一般事實完全符合一致。而人們之所以常常對其提出質疑，主要是因為如下兩點理由。

第一、在他們的頭腦中存在著對「快樂」的根深蒂固的偏見，

而這種偏見之所以產生則主要是因爲由「教育」（取其最廣泛的意義）所導致的人們之間的相互影響。顯然，任何教育都旨在重塑人，旨在改變它的傾向，強化或重新塑造他的某些衝動（Triebe），弱化甚或消除另一些衝動。這也就是說，教育力爭爲某些表象配備上一個更大的快樂情調，反過來，又力爭盡可能地減少一些表象的快樂情調，或使其變得非常令人不快。而在實際的教育中（這裡不僅指兒童教育，而且指人們彼此之間的道德影響），後一種方法，即否定性的方法 —— 壓制和阻止人們的現存衝動，更爲經常地得到應用。儘管在教育學上人們常常指出這樣的合理要求：寧可選用積極的方法，即強化和發展人們所希望的衝動，而不是將全部的精力都用在克服人們所不希望的衝動上。但在實踐上後者似乎顯得更爲便當，而且大多數時候人們也認爲這樣的任務更爲緊迫：保護社會免受其成員的沒有受到克制的欲望可能給它帶來的損害。對有用的傾向的培植只是比較次要的任務。因此，便產生了這樣的局面：在絕大多數情況下教育總是借助於限制和禁令而進行的；國家只是通過對違法者的懲罰而不是通過對守法者的獎勵而批准它的法律的。也正因如此，我們的通行的道德準則絕大多數都具有禁令的特徵。

禁令的本質在於，我們被告知：「你不應做你最樂意做的事！」道德準則常常將其表象會給人們帶來快樂的東西視爲是壞的。因此，人們便產生了這樣的印象：好像能帶來快樂的一切都總是壞的。通常的情況是，只有當人們要改變我身上的什麼東西時我才和道德律以及教育措施發生接觸。這種情況導致了這樣的後果：道德所命令的東西似乎總是人們自己從本性上說所不願做的事。石里克堅信，正是這點以令人驚訝地簡單但卻絕對正確

的方式解釋了爲什麼倫理學家們總願將自然與道德對立起來這個令人不解的事實：康德認爲我們必須將作爲自然之物的人與作爲道德的理性之物的人區別開來；費希特認爲美德不是別的，就是「對外在的和內在的本性（Natur）的克服」；詹姆斯將道德行爲定義爲指向最大阻力的行爲（相反，自然則遵從最小壓力的原則）。按照這些理論，道德之物從來不是自然而然的東西，從來不是自明的東西。

至此，我們也就可以清楚地看出爲什麼某些倫理學家拒絕將快樂看作是價值尺度的內在原因了。爲了達到道德的目的，我們似乎必須去掉表象的快樂情調，撕掉其誘人的裝飾物，充分暴露被希望的目標的缺點，讓吸引人的目標變得可疑。借此，人們很容易得出這樣的想法：道德的眞正的目的和意義就存在於施加道德影響的上述方法之中，儘管它只是一個手段。儘管一開始人們或許還沒有將快樂本身作爲討厭之物而加以拒絕，但他們往往總會養成這樣的習慣，即將快樂看作爲某種最好加以避免的東西、看作爲某種危險的東西、低下的東西、平常的東西。既然如此，如果快樂具有什麼價值甚或是那個唯一的價值，那麼道德也就難免受到多種可能的娛樂的「污染」。因此，快樂必是某種不怎麼樣的東西，某種不體面的東西！（當然，倫理學家們並非總是不加區別地對待一切快樂的。有人認爲有些快樂還是有價值的、可以允許的。因爲旣然他們常常也強調獎勵原則，那麼自然起獎勵作用的快樂也就是「好的（善）」。但無論如何，他們總是將盡可能多的自然的快樂情感放在被禁止的東西的領域之中，而在極端論者那裡，在禁欲主義者的情況下，這個被禁止的領域最終則囊括了一切自然的快樂。這樣便產生了「塵世的快樂」和「天間的

快樂」的對立: 前者是完完全全無價值的, 只有彼岸的快樂才是好的、善的。)

　　第二、促使人們對相對價值論提出質疑的另一個重要原因是, 在對一種生活作出評價時, 我們絕不只是否定性地看待痛苦和疼痛以及其他的不快體驗的, 相反, 我們認爲, 它們至少有助於爲生活提供作爲最高價值的前提的那種財富 (Reichtum)。因爲我們通常恰恰是將那些崇高或偉大的生活稱爲最有價值的, 而所謂崇高和偉大的意思當然不是指最大的快樂 (Lustmaxium)。我們總是聽到人們說: 追求偉大的人必須捨棄幸福。黑格爾曾說: 「世界歷史中的個人從來不是幸福的」。如果生活中最高大的東西不可能脫離開痛苦和疼痛而存在, 那麼快樂也就不可能是絕對有價值的東西, 它必須將價值標準的寶座相讓於人。

　　對這種反對意見的一種自然而然的反駁是: 崇高而偉大的存在的確不無價值, 但他只是對從他那裡得到了好處的其他人來說才有價值; 享受著他的業績的那些人高度贊揚他的生命, 但對他自己而言它實際上了無價值 —— 除非他的過度的權力欲和野心藉此得到了滿足, 並通過這樣的滿足他所承受的一切重壓都得到了補償。在石里克看來, 這個論證是經不起推敲的, 因爲: 其一, 一個人的生命的崇高和道德上的偉大並非總是根據他所完成的業績, 也卽, 根據他對全體社會成員的作用來判斷的; 其二, 偉大的人物自己卽使在無意於追逐名譽和權力的情況下也能非常強烈地感受到英雄式的存在的巨大價值, 以致於儘管它會給他帶來「不幸」, 但他也不願選擇另一種會給他的生命帶來更爲純淨的歡樂的存在形式。

　　石里克承認,在上述反對意見中確實包含著某種正確的東西,

那就是它充分注意到了下述經驗事實：對人類本性和人類生命狀況的現狀而言，一個人的生命可以通過痛苦而變得更有價值。但問題是，怎樣對這個事實作出正確的解釋？絕對價值論者似乎把這裡的「痛苦」和「不快樂」直接等同起來了。但石里克認爲，我們不能做這樣的簡單的等同。在他看來，人們日常生活中所談論的「痛苦」的意思常常是很模糊的，在某些情況下它所意指的實際上是一種結構上非常複雜的體驗狀態。在這種狀態之中，便包含著他那種特定意義上的快樂情調在內，或者至少包含著構成了其必要前提的東西在內（至於「痛苦」是何以如此的，我們在第二節中已有所論及，概而言之是這樣的：主體將這種所謂的痛苦與某些被染上了強烈的快樂情調的表象聯繫起來，而這些表象之具有這些情調則又是因爲它們或者與以前曾具有的快樂體驗相聯或者與將來的快樂狀態相聯）。被人們看作是價值之源的那些痛苦便是這樣的「痛苦」，它們所包含的快樂才構成了它們所具有的價值的眞正來源。石里克認爲，他這裡就「痛苦」所說的話也適用於所有其他通常所謂的「負面體驗」，即不愉快體驗，如悲傷、氣憤、憂慮、恐懼等等。在它們似乎提供了什麼價值（特別是道德價值）的地方，它們總是包含有快樂成分。因此，即使上述經驗事實細究起來與相對價值論也是和諧一致的。

在上面石里克斷言，痛苦只有在意指了通向快樂的道路的範圍內才是有價值的（這裡使用了這樣的假設：對目的的評價可以傳遞到手段之上）。由此，有人便得出了如下一般性結論：通向快樂的道路總要經由痛苦，某個自然律將二者緊密地結合起來了。這個規律只能是所謂的對照律(das Gesetz des Konstrastes)，在這裡它的意思是：永恒持續的快樂狀態如果一刻也沒有被不快

所打斷，那麼它本身絕不能被人們感受到，因而它也就不是什麼真正的永恒持續的快樂狀態。由此看來，快樂總是只有在事先已發生了不快樂的情況下才可能。石里克承認，對照律在某種意義上可以是正確的，但他認為人們由此而引出的結論並不成立。的確，如果沒有疾病，也就無所謂健康的價值了；如果沒有多天，那麼人們也就不會為春天唱贊歌了，……。但由此我們只能作出如下推論：為了獲致強烈的情感體驗，就必須具有變化（Wechsel）。因此，為了達到高度的快樂，只需不同程度的、不同性質的快樂彼此交替出現，或者在最高程度的快樂狀態出現之前出現的是中等的或十分微弱的快樂即可。因此，以這樣的方式我們是不能推斷出不快樂構成了快樂的必要條件的。當然，在我們人類目前所處的狀況下，的確，更經常的情況是：痛苦（極度的痛苦）釋放了最強烈的精神力量。但石里克認為快樂並非絕對沒有這樣的潛能。實際上，經驗中也不乏快樂引起極度的心靈震撼的實例。無論如何，我們應懷有這樣的希望：隨著文化的演進，人類狀況的改善，這樣的事情會變得十分平常。而且，或許真正的文化進步恰恰就在於：為了釋放出強大的產生快樂的力量，痛苦愈發變得不必要，相反，這個角色越來越多地由歡樂的熱情所承擔。

四、人類道德行動的因果解釋

從以上兩節我們看到了石里克是如何回答「人類究竟為什麼而有所行動？」和「什麼是道德的？」這兩個問題的。有了這種準備後，石里克認為我們便可以著手回答「人類為何合乎道德地行

事？」這個倫理學的中心問題了。爲此只需將對上述兩個問題的答案結合起來即可。

「人類究竟爲什麼而有所行動？」的答案是：人們的行動總是由情感決定的，而且是以這樣的方式，即他們總是追求諸多目標之中的那個目標，其表象總是給他們帶來最大的快樂或最小的不快。

「什麼是道德的？」的答案是：社會認爲會最大限度地促進其福利的行動。

因此，爲了回答「人類究竟爲什麼合乎道德的行事？」這個中心問題，我們只需證明：關於被認爲能最大限度地促進社會福利的東西（即道德行爲、善行、美德）的表象一般情況下總會給行動者本人帶來最大的快樂或最小的不快，換言之，美德和幸福一般情況下總是互相依存、諧和一致的。那麼我們該如何作出這個證明呢？

爲了證明上述論題，石里克認爲我們只需指出下述事實即可：道德行爲和幸福最終說來都源自於同樣的衝動，即社會衝動 (die sozialen Triebe)。所謂社會衝動是指內蘊於一個人之中的這樣的傾向，由於它們的存在，關於另一個人的快樂或不快樂狀態的表象本身就構成了他自己的快樂或不快樂體驗。按照社會衝動行事的人總是將別人的快樂狀態當作自己的行動目標。簡而言之，社會衝動就是利他主義的衝動(altruistische Triebe)。一方面，社會衝動顯然構成了道德行爲的最爲重要的（有些人甚至認爲是唯一的）動機或源泉。因爲服從它們的行動（也即利他主義的行動）無疑會給社會（公眾）帶來最大的快樂或最少的不快。另一方面，一般說來社會衝動會給行動者本人帶來最高程度

的快樂可能性，也卽幸福。它們的實現和滿足提高了心靈的區分能力，並因而使之更易於感受精細的情緒。可以說，它們構成了增益我們的快樂情感的最爲適宜、最爲有效、最爲持久的手段。因爲從別人的快樂之中感受到自己的快樂源泉的人隨別人快樂的增強他自己的快樂也得到了同步的增強，他分享了他們的快樂。另外，社會衝動還會給行動者提供如下快樂之源；他也會成爲其他人的社會衝動的優選對象，並且作爲一名有用的社會成員，社會會向他提供各種各樣的可能的好處。對於社會衝動的快樂價值（或幸福價值），我們的經驗提供了如下最好不過的明證：人們所知的最高程度的幸福情感恰恰源自於一種最爲完善的社會衝動，卽「愛情」。

由於道德行爲和幸福源自於同樣的東西，卽社會衝動，所以我們可以斷言：它們必是相伴而行的，它們是諧和一致的。

對於這個斷言的正確性石里克深信不疑，認爲一般的經驗事實非常清楚地昭示了這點。但在另外一些哲學家看來，這個斷言是大可值得懷疑的，因爲經驗中不乏這樣的事實：道德的人、行善的人得不到任何權力和財富，而惡貫滿盈的人卻享盡了人間的一切榮華富貴。

對於這樣的反對意見，石里克的回答是：第一，堅持這種意見的哲學家暗中假設了這樣一個幸福概念，卽握有權力或占有財產便是幸福。顯然，這樣的幸福觀不符合人類本性和生活的基本事實。通常，人們並不認爲財產或權力的擁有本身就意味著幸福。眞正的幸福主要是指精神上的一種無比的快樂和安寧狀態，比如，愛和被愛的狀態，而惡貫滿盈者顯然很難享受到這樣的東西。第二，堅持這種反對意見的哲學家還誤解了他關於美德的幸

福價值的斷言的眞正意義。一個人的命運在很大程度上取決於完全獨立於他的行動的情況，如一個子彈或一個微小的病菌所走的路線。只有一個傻子才會相信美德爲我們提供了一個避免生命所遭受到的一切不幸事件的手段。因此，我們上面關於美德的幸福價值的斷言當然沒有說：美德保證了一個充滿歡樂幸福的生活，而只是說：美德能給一個人帶來在他的生命所面臨的既定的外在條件下他可能享受到的最高程度的幸福。而且即使這點我們也不能絕對肯定地加以斷言，因爲一個突發的偶然事件可以將一切都毀滅掉。厄運（Schicksalsschläge）是不可影響的，道德與之沒有任何關係。但是在給定的外在條件下我們會具有什麼樣的情感，以及厄運會對我們產生什麼樣的影響，這當然取決於我們的衝動和行爲。美德之人正如惡棍一樣也要受制於偶然情況，太陽既照射好人，也照射壞人。因此關於美德和幸福的關係的命題只是斷言了：善良的人總是比惡人或自私的人更有希望享受到充滿歡樂的生活，前者總是比後者具有更高的幸福能力（Glücksfähigkeit），具有更爲美好的前景。

　　既然一般說來道德行爲（美德）總是和行動者本人的幸福相伴而行的，那麼人們爲什麼合乎道德的行事也就不難理解了。這樣，倫理學的中心問題也就得到了最終的解決。

　　在石里克看來，倫理學的中心問題除了可以通過上述方式回答之外，還可以通過如下方式間接地加以回答，即將其改寫爲這樣的形式：人類的道德行動的傾向是經由什麼而得到加強或減弱的？並尋求後者的答案。因爲在對後者的回答之中可以說包括了倫理學的中心問題於我們而言重要的一切：人類道德行動是如何出現和消失的，它們與非道德行動以及不道德行動之間的區別，

等等。

石里克認為，影響人類道德行動的傾向的因素有兩種：一種是外在的，一種是內在的。前者來自於外在的環境，後者來自於行動者自己的行動。現在我們分別來看一下他是如何論述這兩種因素的：

1.在石里克看來，影響人類道德行為傾向的最為重要的外在因素是提示（suggestion）的作用。在我們從孩童時起直至停止呼吸的整個一生中提示在塑造我們的願望和傾向方面一直起著一個非常重要的作用。一個事情僅僅因為人們給與它的沒有根由的、無休止的稱頌就可以成為人們百般欲求的對象。如果我們一再地聽到人們說「某個東西是好的」——即使人們沒有說明它對於什麼是好的以及為什麼是好的，這個東西的表象就會被染上某種快樂情調，我們就會產生認識它甚或擁有它的願望。如果我們看到很多人都渴求同樣的東西，如果我們看到大量的人都往南方或西方湧，那麼我們也會產生類似的願望。因此提示可以使關於一個對象的表象成為快樂的，並因此使該對象本身也成為願望的目標。充斥於現代社會中的廣告可以說構成了提示的這種作用的最好的例證。這種提示方法原則上說適用於一切對象，道德之事當然也不例外。道德準則也可以因不斷的稱頌而獲得價值和認可。事實上，人們的確經常使用這種方法來達到引起道德行為的動機的目的。教師告訴孩子們道德行為是所有目標中最為美好的一個，他不失時機地稱頌高尚行為的偉大，並將高尚的人當作學習的楷模推薦給孩子們。通過這樣的方式，善行和善良的人自然而然地會給孩子們帶來快樂，並因而都努力加以模仿。當然，通過這樣的方式也可以產生動機—不快樂（Motiv-unlust）：對某

些特定的行爲方式的普遍的討厭使其表象成爲不快樂的，儘管人們並沒有給出這種討厭的根據。

影響道德行爲傾向的其他外在因素還有獎賞和懲罰，它們所關心的分別是：使快樂情感事實上作爲所希冀的行動的結果而出現；使不快樂情感事實上作爲禁止的行動的結果而出現。於是，對這樣的結果的表象也以相應的方式具有了某種情調並作爲動機而起作用。

2.在人類道德行爲傾向的形式和變化過程中，提示、獎賞和懲罰等外在的影響只能起到輔助的作用，只有源自於行動者自身之內、由他自己的行動所設置的內在的影響才能起到根本性的、決定性的作用。在石里克看來，在行動過程中發生的那種動機情感和結果情感之間的不斷的互相適應過程 (der Angleich-ungsprozeβ) 就是這樣的內在因素之中最爲重要的一個。

從前面的論述中我們已經看到，一切意志行動的產生都是以如下的方式進行的：在眾多不同的彼此爭鬥著的目標表象中，其中的一個最終博得了意識的厚愛，並排擠掉了其他的目標表象。而且一旦存在於二者的情調間的正面的差別超過了某一閾值（界限值），這種過程就會發生。具有最大快樂或最小不快的目標表象最終將獲得勝利。石里克將由某一個特定狀態的表象（特別是那個獲勝表象）在行動者那裡所引起的那些情感稱爲「動機情感」(Motivgefühle)，而將這個特定的狀態的實際出現在行動者那裡所引起的情感稱爲「結果情感」(Erfolgsgefühl)。

顯然，動機情感和結果情感並非總是諧和一致的：相應於動機快樂 (Motivlust) 的旣可以是結果快樂 (Erfolgslust)，也可以是結果不快 (Erfolgsunlust)，反之亦然。正如前面強調過

的，我們應嚴格區分開對一個快樂狀態的表象和對一個狀態的快樂的表象。一個充滿不快的結果同樣可以被快樂地加以表象，卽被希望、被意欲。不過，動機情感和結果情感之間常常出現的這種不一致是不可能長久地存在下去的，因爲這有違我們前面表述過的動機形成律。因此，一旦什麼地方出現了這種不一致，行動者就會毫不遲疑地努力消除它。通過從動機經過行動到結果，然後從結果再到新的動機和行動以至新的結果這樣的循環往復的自然過程，行動者的行動傾向最終便被固定在這樣的（行動）方向上了：沿此而行動機情感和結果情感就會諧和一致。具體說來，這個過程是這樣發生的：如果一個被快樂地加以表象的目標實際出現的時候行動者卻感受到極度的不快樂情感，那麼這種不快在將來肯定會和對該目標所重新形成的表象聯繫在一起並在某種程度上減弱了這個表象以前具有的那種快樂情調（卽動機快樂）。當這個過程重複進行的時候這種弱化傾向便會一步一步地加強，直至目標表象所具有的快樂情感（卽動機快樂）消失殆盡爲止。這時行動者將不再欲求那個目標了，因爲它的動機情感已由快樂轉變爲不快樂〔這恰好與它的結果情感（不快樂）相一致〕。反過來，如果一個起初人們極力避免的狀態違反個人意願地一再發生，以致人們品味到了內在於這種狀態的快樂，那麼對該狀態的表象就會不可避免地逐漸（甚或突然）被染上快樂的情調（動機快樂），這樣人們就會產生這樣的行動傾向：使這個狀態重新出現。而且進一步說來，當一個迄今爲止總是令人快樂的情形不再令人快樂時（例如，因爲某種生理學過程，如「厭倦」），那麼現在人們在其之上所體驗到的不快樂就會立即被傳遞到對該情景的表象之上，最後以其爲目標的行動傾向（或衝動）就會消失。

當然，石里克也不否認存在於動機情感和結果情感之間的這種互相適應過程正如其他的自然過程一樣間或也會被其他向相反方向起作用的過程所遏止。比如妄想（Wahnideen）或以系統的方式加以建立的頑固的障礙在個別情況下可以阻礙這種適應過程的順利實現。也正因如此，石里克只是斷言：當動機情感和結果情感之間出現不一致的時候，人們便會產生去除這種不一致的傾向。但無論如何，這種傾向長遠說來是不可克服的。

從動機情感和結果情感之間的適應原則我們可以引出以下結論：其動機情感和結果情感不相一致的傾向複合體是不可能穩定地存在下去的，它必內蘊著這樣的趨勢，即隨著經驗的發展而轉變自身。如果我們想在一個人那裡創造一些持久的、可信賴的傾向，那麼我們就務必注意使結果快樂也包含著動機快樂所允諾的東西。適應原則使得下述事情不再是可能的了：長期命令人們按某些準則行事，但這些準則的遵守只是增加了他們的不快樂情感。只有結果快樂才能長久地激起動機快樂，如果人們力圖以其他的方式激起它，那麼最後只能取消它。以一個確定地形成的生理結構（eine ausgeprägte physiologische Konstitution）為基礎的（先天的）衝動當然可以是非常強烈的，以至於適應原則面對著它們也無能為力。但如果這個原則所面對、所克服的是我們借助於最寬泛意義上的教育在人們身上而造成的那些傾向，那麼它們絕對沒有希望長久地存在下去。只有那些指向著真正快樂的目標或幸福的希望或傾向才是穩定的，才能保證和諧。「絕對地說，若想創造出面對一切影響仍能巍然不動的行動動機，只有一條路可走，這就是：指向其事實上的幸福結果」❶。

---

❶ Moritz Schlick, *Fragen der Ethik,* p. 132.

以以上考慮爲基礎，我們便可以最終回答那個改寫過的倫理學的中心問題了：人們的道德行動傾向儘管也可以通過提示以及獎賞和懲罰等外在的手段而加強，但是如果道德行動本身不構成快樂的源泉，或者沒有開闢這樣的源泉，那麼以這樣的方式而創造的傾向必然是不穩定的，它們不可避免地要被上面所描述的那種內在的適應過程再度消去；反之，如果道德行動本身的確構成了快樂的源泉或者開闢了這樣的源泉，那麼道德行動的傾向或動機就會被那個內在的過程所加強，並被固定下來，這樣，不管它們的來源如何，它們便有變成持久的推動力（Triebkräften）的傾向。

從以上的介紹可以看出，石里克的整個倫理學可以說就是作爲康德及新康德學派（特別是弗賴堡學派的代表人物文德爾班和李凱爾特）的先驗倫理學說的反對而提出的。按照後者，道德律是絕對的命令、絕對的應當，它絕對地無條件地命令人。它們是必然的、普遍的，因而是先天的，是理性本身所固有的。因此，道德價值和個人的快樂或不快樂了無關係。這種倫理學說通常被稱爲義務倫理學（Ethik der Pflicht）。石里克將其稱爲「自我限制的倫理學」（die Ethik der Selbstbeschränkung）或「放棄倫理學」（die Ethik der Entsagung）。在他看來，道德律儘管的確具有命令或要求的特徵（或成分），是社會中大多數人的願望的表達，但歸根結底它們要反映並服從於行動者個人的快樂或不快樂情感，道德價值之所以受到人們的普遍推崇，只是因爲它們意味著最高程度的快樂，它們並不是高高位居於人類之上的「懸空物」（甚或外在於世界的什麼東西），而就寓居於人性的經驗事實之中，善對於人類來說完全是自然而然的東西。石

里克將自己的這種經驗的道德觀、倫理觀稱作爲「自我實現的倫理學」(die Ethik der Selbsterfüllung) 或「善意倫理學」(Ethik der Güte)。顯然，石里克的這種倫理觀和歷史上的快樂論（幸福論）和功利論倫理學是一脈相承的。

附論: 意志自由問題

意志自由問題 (Das Problem der Willensfreiheit) 長期以來一直是倫理學家們的熱門話題，時至今日仍有很多人津津樂道於此。在這個問題上，存在著兩種互相對立的觀點，一個是決定論 (Determinismus)，另一個是非決定論 (Indeterminismus)。倫理決定論者認爲，世界中的一切事物或事件都是由因果原則嚴格地決定了的，有因必有果。如果給出了現在這個時刻的情況，那麼下一個時刻的情況就必然隨之而來。同樣的事情也適用於人類的意志決定或行動，它們總是由行動者本人所固有的性格特徵以及總是起作用的動機唯一決定了。因此，我們的意志決定是必然的，並非是自由的。但如果是這樣的話，那麼我們也就無需爲我們自己的行動而負什麼責任了。因爲只有在我們能就我們自己的意志決定如何作出而做些什麼的情況下人們才能將責任歸因於我們，但顯然我們不能就此而做些什麼，因爲我們的意志決定必然來自於我們的性格特徵和動機。而無論是性格特徵還是動機都不是我們自己所能駕馭得了的: 前者是天生的資質和我們的一生所接受的外在影響的必然結果，後者則來自於外界的刺激。因此，因果原則和自由意志（因而道德責任）是不相容的。這種極端的結論令另一些哲學家（即所謂的非決定論者）深

感不快，因爲在他們看來，無論如何必須有道德秩序、道德責任。因此，他們似乎只有否定因果律（或至少否定其在人類行動或意志決定領域的適用性，或者如康德那樣作出如下區分：一方是自然的人，他們受制於自然律（包括因果律）；一方是理智的人，他們擺脫了自然律的束縛，因而其意志是自由的。石里克認爲這種妥協觀點不足取，不可證實，因而無意義）。

在石里克看來，無論是決定論還是非決定論實際上都是以一系列的互相關聯的概念混淆爲基礎的。因而所謂的意志自由問題完全是一個僞問題。爲解決它，更準確地說，消解它，我們只需澄清這些混亂卽可。

首先，它們混淆了「律」（Gesetz）一詞的兩種截然不同的含義。在日常的生活實踐中，人們用它意指這樣的一種規則：國家借助於它們來規定和約束其公民的行爲，這就是國家法律（Staatsgesetz）。這種規則通常是違反公民們的自然願望的，因此很多人事實上並沒有遵守它們，而其他的人雖然遵守了它們，但只是將其作爲一種外在的強制（Zwang）而接受下來罷了。實際上，國家是通過特殊的制裁（懲罰）措施來強迫其公民遵守它們的。在自然科學中，在理論中，「（規）律」則意味著完全不同的東西。自然律（Naturgesetz）並不是關於事情應當如何進行的規定，而是關於事情實際上是如何（或將如何）進行的函數公式。這兩種「律」只有一點是共同的，那就是：它們通常都被表述在一個公式之中。除此而外，它們實際上沒有什麼關係。既然自然律只是描述所發生的事情的，因此相關於它們我們也就不能談什麼「強制」。天體力學的規律並沒有規定行星應該如何運行，好像它們本來是希望以其他的方式運行的，只是因爲這些

令人討厭的開普勒（J. Kepler, 1571-1630）定律才不得不保持在有序的軌道之上。實際上，這些規律絕沒有以任何方式「強制」行星，而只是告訴我們它們事實上做了什麼。同樣的道理也適用於制約著人們的意志的那些心理學規律：它們也沒有「強制」意志作出某些決定，而只是描述了在特定的情況下人們事實上具有那些願望，它們描述了意志的本性。「強制」只出現在這樣的地方，在那裡人們受到了阻礙沒能實現他們的自然的願望。既然如此，支配著這些願望的源起的那些規律自身怎麼能夠被當作是一種「強制」呢？

這樣，我們便自然而然地過渡到了人們在意志自由問題上所犯的第二個混淆，即將國家法律的強制性與自然律的普遍有效性（Allgemeingültigkeit）混為一談。這種混淆可以說直接導源於「必然性（Notwendigkeit）」一詞所具有的雙重用法：日常生活中它意指「無法擺脫的強制性」；但人們又經常談論自然律的必然性，因此人們就誤以為自然律也具有「強制性」。但是，真正說來，自然律所具有的必然性實際上就是其普遍有效性，而這點可以說構成了其本質特徵，因為只有當我們發現的公式毫無例外地描述了某一類事件的全部時，我們才稱其為自然律。因此當我們說：自然律必然有效時，這句話的唯一合法的意義是：它無例外地適用於它能應用於其上的一切情況。

「強制性」與「普遍有效性」的混淆又直接導致了人們對它們各自的對立面的混淆：將「自由」與「無規律性」（Gesetzl-osigkeit）、「無因果性」（Akausalität）混為一談。由此便最終產生了如下延續了數百年之久的胡說：「自由」恰恰意味著「擺脫因果原則」或「不受制於自然律」。因此，人們便以為，為了

拯救人的自由，就必須維護非決定論。

石里克認爲， 上述觀點完全誤解了自由的眞義。「自由」絕不意味著「無規律性」（或「無原因性」），而只是意味著強制的反面：一個人是自由的，當且僅當他的所作所爲沒有受到強制；當他受到了外在的手段的干擾或阻礙而不能按照他自己的自然而然的願望行事時，我們便說他受到了強制， 即不是自由的。比如，當他被關在牢房中或被帶上手銬時，或者當他在別人的槍口下而被迫做他所不願做的事時，他就不是自由的。不難看出，這樣的自由概念不僅不與因果原則相背，而且某種意義上說還假設了它： 因爲自由既然是強制的缺失， 強制又假設了人們具有某些可以經由公式加以表示的願望，而且還假設了我們能夠通過威脅、腳鐐等手段阻止人們按照這些願望行事，而所有這一切顯然都受制於因果原則。石里克認爲，只有這樣的自由才構成了道德責任的眞正前提，因爲一個人只有在沒有受到外部的強制的條件下才負有道德責任。那麼究竟什麼是「道德責任」呢？它與因果原則的關係又何如呢？

爲了徹底弄清楚這些問題，石里克認爲我們有必要仔細地考察一下實踐中人們究竟是如何使用道德責任概念的。實踐中，在什麼場合下我們將某一個特定的行爲責任歸咎於某一個個人呢？我們爲什麼會這樣做呢？顯然，人們之所以要確定誰應爲某一個行動負責是爲了以某種方式懲罰他。因此，關於責任的問題也就轉變爲這樣的問題了： 在給定的條件下， 誰應該眞正受到懲罰呢？誰應被看作是某個行動的眞正的「作案者」（Täter）呢？對此，石里克的回答是：某個行動的「作案者」就是那個人，爲了確定無疑地阻止或引起該行爲，諸動機必須作用於他之上。因

此，有關責任者的問題實際上也就是有關諸動機的正確的作用點 (Angriffspunkte) 的問題。

一旦我們確定了道德責任的本性，那麼我們也就可以比較容易地確定它與因果原則的真正關係了：既然責任與動機息息相關，而動機又離不開因果關聯，因此責任必依賴因果關係，也即意志決定的合規律性。如果意志決定絕對沒有什麼原因的話，那麼意志行為也就成了絕對偶然的事了。這時，我們也就不能認為行動者負有什麼責任了。設想有這樣一個人，他一向冷靜、友善，無可指責，但有一天他坐公共汽車時突然襲擊並痛打他周圍的陌生乘客。人們將他抓起來並詢問他那樣做的動機是什麼，他卻滿心真誠地說：「我那樣做沒有任何動機。無論我怎麼想，也想不出有什麼動機。我的意志恰恰是無因由的 —— 我意欲這樣，此外我再也說不出什麼了！」聞此言後，人們搖搖頭，最後只好說他瘋了，因為人們必須相信有一個原因，而在排除了一切其他可能的原因之後，就不得不將精神病患作為唯一可供選擇的原因看待了。但在這種情況下，當然沒有人認為他應該對他的行為負有責任。如果一個人的意志決定無原因可尋，那麼談什麼試圖影響他也就無甚意義了。這就是為什麼我們不將責任推給他的根本原因所在。實踐中我們很容易發現下述事實：我們為一個行動者的行動所找到的動機越多，我們就越有理由將責任推給他。如果一個凶手與他的犧牲品曾經是敵人，如果以前他曾顯露過殘暴的傾向，如果某一個特殊的情況激怒了他，等等，那麼我們就很有理由將他就當作是凶手並給以嚴屬的懲罰。反過來，我們為一個人的違法行為所找到的理由越少，我們就越不願將其看作是違法者，而是將他的行為的責任歸給「不幸的偶然事件」、暫時的感

官障礙，或諸如此類的東西。我們在他的性格特徵中發現不了他的行動的原因，因而也就不企圖影響它以達到改善它的目的。正因如此，我們才不將責任推給他。而且他自己也恰恰有同樣的感受並且說：「我無法理解爲什麼這種事情會發生在我的頭上。」

一般說來，我們每一個人都非常善於在別人的性格特徵中發現他們的行動的原因，並用這樣得到的知識預測他們的將來的行爲。由此可以清楚地看出：生活中沒有人會想到去懷疑或拒絕因果原則在人類意志行動領域的適用性；實踐並沒有爲形而上學家對「擺脫強制」（卽自由）和「原因的缺失」的混淆提供辯護。只要人們清楚地意識到，無原因的事件和絕對偶然的東西是相同的，一個非決定的意志將取消一切責任，那麼他們也就不會堅持非決定論的思想了。的確，沒有人能證明因果原則的普效性，但確定無疑的是：在我們的一切實踐行爲中我們都不得不假定它，而且只有在它適用於意志過程的前提下，責任概念才能應用於人類的行動。

不難看出，石里克在意志自由問題上的態度和休謨是一脈相承的。休謨也認爲所謂自由就是外在的強制和限制的缺乏，就是根據自己的意志決定行動或不行動的能力；而所謂的必然在人類行動的情況下是指動機和結果之間的恒常的聯繫，卽指人類行動的齊一性。在休謨看來，如此理解的自由和必然不僅同道德一致，而且是道德（道德責任）絕對必要的支柱。如果一個人的行動是外在強制的結果，如果在他的行動的動機和結果之間沒有了那種恒常的聯繫（必然聯繫），那麼他的行動也就不可能成爲道德贊許或譴責的對象，這時也就談不上什麼道德責任。

第七章　人生意義論

　　人生意義問題是每一個人都會遇到的大問題，是名符其實的「人類之謎」。幾乎所有的大哲學家都把它作爲他們的哲學探討的最終課題而苦苦探求。石里克也不例外，他的第一部著作《生活智慧》主要就是探討這個問題的，後來他又寫了〈人生意義論〉對此做了進一步的探討。那麼，一般說來，人生意義問題究竟是怎樣引起的呢？

　　一個人，當他沒有達到其青年時代所追求的目標並且也沒有找到任何代替物時，可能會慨嘆他自己的一生是無意義的，並認爲這樣的意義屬於達到了自己的奮鬥目標的那個人。但是，如果一個人經過努力奮爭，達到了其目標，但卻發現他因之而獲得的東西並非如他所想像的那般可貴，他便會感到自己受騙了，那麼對於他來說，生活的意義或價值問題也就以最普遍的形式出現了。人生中的一切似乎都是無謂的、徒勞的，成就和享受並不能給人生注入眞正的意義。那麼何以如此呢？這裡是否存在著一個不可抗拒的自然規律呢？人們爲自己設定了目標，當他們爲之而奮鬥時，他們受希望的鼓舞而振奮不已（當然，他們同時也要承受沒得到滿足的欲望的煎熬）。一旦達到了目標，他們就會因勝利而手舞足蹈，歡欣異常。但勝利所帶來的喜悅轉瞬卽逝，隨之而來的必是新的孤寂無聊。這種空虛無慰的狀態似乎只有通過新的渴求的痛苦的呈現、新的目標的設定才能結束。但新的目標

的實現所帶來的暫時的充實又會轉瞬卽逝，隨之空虛將再度襲來。因此人的生存過程似乎必然是痛苦和厭煩之間的無休止的來回搖擺，直至最後結束於死亡的虛無之中。這個事實構成了叔本華悲觀主義人生態度的基礎。

在石里克看來，人生之所以顯得如此悖謬完全是因爲「目的」的侵擾，「目的」是引起人生意義問題的「罪魁」。「如果我們只從目的方面審視人生，那麼我們就絕不能發現它的意義」❶。這種目的性的重負在現代社會尤其壓得人喘不過氣來。因爲支撐著現代社會的是工作，而工作不過是以實現某個特定的目的爲目標的活動，它始終指向著一個外在於其自身的目的。因而它只是手段，人們之所以做它並不是爲了它自身的緣故。

既然目的是人生煩惱之源，那麼爲了使人生有意義，似乎我們就必須能找到這樣一種狀態：它完全是爲了它自己的緣故才存在的，它是自足的，自己就滿足了自己。這裡，或許有人會情不自禁地說：在我們的意志得到實現或欲望（衝動）得到滿足之時，我們所感受到的快樂情感便是這樣的狀態。它們構成了人生意義的眞正源泉。但在石里克看來，作爲一種狀態的快樂情感並不具有如此偉大的作用（儘管它們的確構成了人類一切行動的最終動機），因爲它們畢竟只是一種轉瞬卽逝的體驗狀態，因此當它們出現而又消失之後，人們就又面臨著空虛無慰的狀態，便不得不重新追求它們。依此我們得到的不是人生的意義而是人生的荒謬。

不過，石里克並沒有因此而悲觀絕望，他堅信，我們還是能

---

❶ Moritz Schlick, 'On the Meaning of Life', in *Philosophical Papers*, Vol.II, p. 113.

夠找到人生的意義的。既然生命意味著運動和行動，因此為了發現其意義我們就必須尋求這樣的活動：它們是自足的，它們將它們自己的目的和價值包含在自身之內，因而獨立於任何外在的結果，它們之所以被做只是因為它們本身的緣故。因此，在這樣的活動之中，似乎是分離的東西即手段和目的、行動和結果被調和在一起了：它們既是手段又是目的，既是行動又是結果。在這裡我們最終找到了目的本身。顯然，做這樣的活動本身便是十足的樂事，因而它們提供的是一種純粹的、恆久的快樂。也正因如此，它們構成了人生意義的真正源泉。石里克認為「遊戲」(Spiel, play）便構成了這樣的活動。當然，這裡所說的遊戲並不完全等同於日常生活中所說的遊戲，石里克賦予了其以更為深沉的哲學含義。他認為席勒的下面一段話很好地表達了這種遊戲的本質：「只有完整意義上的人才遊戲，而且只有當他遊戲時他才是完整意義上的人。」❷ 可以說，這種意義上的遊戲構成了一種最崇高、最自由的生存方式，它表徵了一種神聖而完善的狀態。

　　一個人只有在享受到了這種完善的範圍內，只有在生活向他微笑而沒有緊皺著其目的性的眉頭向他發號施令的時候，他才是真正意義上的人。嚴肅而認真的考慮把我們引導到恰恰這樣的真理：生存的意義只顯示在遊戲之中。❸

石里克將遊戲人生狀態或活動形象化地稱為「青春」（Jug-

---

❷ Friedrich Schiller, *Letters on the Aesthetic Education of Man*, p. 80.
❸ 同❶，p. 115.

end)，因爲遊戲可以說構成了靑春的靈魂，在靑春時期我們並不關心目的，這時我們爲純粹的熱情所支配，我們所投身於其上的是行動而不是靜態的目標，這種行爲或行爲方式，毫無疑問就是眞正意義上的遊戲。當然，這種置外在的目的而不顧的靑春精神、靑春熱情並非爲人生的早期階段（童年時期、靑少年時期）所獨有，它出現於所有這樣的地方：在那裡一個人達到了其「高峰狀態」，他全身心地沉浸於此時此刻他所從事的事情上了，別無他慮，別無他圖。激勵我們去爲一個事業而奮鬥、爲一個行爲或一個人而奮鬥的熱情和靑春的熱情是同一種「火焰」。一個充滿激情地沉浸於他所做的事情之中的人就是一個「靑年」，一個「兒童」。天才的情況證實了這點，他們總是具有孩子般的天眞。實際上，眞正偉大的一切總是充滿了深沉的天眞。天才的創造性活動有如孩童們的遊戲，他在世界中所感受到的歡樂有如孩童們從可愛的小動物那裡感受到的歡樂。赫拉克利特（Herakleitos, 鼎盛年約在西元前504-前501年）曾將創造性的世界精神比作遊戲中的孩子：從卵石和木片中建造事物，然後將其拆開……。因此，我們完全可以超越「靑春」一詞的外在的字面意義（卽人生的早期階段），而將其加以引申，用以泛指一種特殊的狀態，一種特殊的生活方式，卽幸福的、有意義的生活方式。「生活的意義就是靑春」❹。因此，在一個生活中，實現了越多的靑春，它也就越有價値，越有意義。如此看來，在靑春概念中蘊藏著無限的豐富性，人類生存境況中一切有價値的東西、一切完善都包含在其中了。

---

❹　同❶，p. 123.

　　顯然，青春遊戲與工作形成了鮮明的對照。但是，依石里克看，它們並非是不可調和的，因爲工作可以通過某種方式轉化爲遊戲，手段可以以某種方式轉化爲目的。實際生活中充滿著這樣的轉換：本來作爲交流工具的「說」（Sprechen）變成了「歌唱」（Gesang）；本來作爲運動手段的「走」（Gehen）變成了「舞」（Tanz）；「看」（Sehen）變成了「觀賞」（Schauen）；「聽」（Hören）變成了「傾聽」（Lauschen）……。這種從手段到目的、從工作到遊戲的轉變最爲明顯地表現在人們的認識活動、審美活動和道德活動即追求眞、美、善的活動之中。而且石里克認爲，這些活動只有最終都變成爲青春遊戲時才達到了它們各自的最高水平，即達到至眞、至美、至善。

　　認識起初本是謀生或維持生命的手段，但後來隨著人類認識能力的不斷發展，它卻日益變成了目的本身，成爲人類精神的純粹遊戲，人們全身心地投入於這種遊戲之中，並因之而獲得了無窮的樂趣。「爲認識而認識」或「爲科學而科學」實際上成了今天大部分科學探索者的基本信條，而且也只有這樣，他們才能獲得最爲純正的知識和科學。

　　同樣，眞正的美，至美，也只存在於爲了感受自身的目的而投身於感受的行動中。一個對象在它還沒有脫離開與生活必需品的目的性關聯時不可能是美的。在現實中這樣的脫離發生的條件是自然美的規律；但是藝術擁有以某種方式「解放」任何對象的方法。因此，通過它的描繪，一切的一切都可以變成爲美的。無論如何，藝術創造必須通過遊戲概念而加以理解，但這同樣適用於對藝術的欣賞，更適用於美對於人類生存的意義。美，線條、顏色、聲音和感受的和諧統一，是遊戲的最爲純淨的表達，因而

也是青春的標誌的最為純淨的表達。藝術和藝術品越青春化，也就越完美；越陳舊，越學究氣，也就越不令人愉悅，越無意義。只要藝術品作為一種人造物而與自然和生活相對立，最高的美，即至美就絕不存在於其中。對藝術美的欣賞只是間接的遊戲，它經過了作為一種人造的玩物（plaything）的作品這個中介。但美當然可以不借助於中介物而直接進入生活本身之中。當藝術品的美的形式移入生活之中時，我們便達到了更高水平的美，這時藝術作品的藝術，作為一種對生活的逃脫，或如尼采所言，作為生活的一種純粹附屬物，便成為多餘的了。可以說，一個完美的世界不需要藝術。的確，我們的藝術只是對自然、對一個更好的自然的懷戀，它完全可以被一個充滿了美的生活所取消。審美活動的最高目標是將美完完全全地納入到充滿活力的生活之中。這時，美便可以充分發揮其在提供人生意義方面的重要作用，我們的生存便將放射出無比耀眼的青春光芒。

最後，就善來說也是一樣。只有追求善的活動，即道德活動，最終擺脫了由目的設置的威脅性禁令所導致的令人不快的鬥爭和阻礙並因之而變成為歡樂的青春遊戲的時候，最高的善，至善才會最終出現。「倫理的完善可以追溯到青春」❺。基於上一章有關道德的論述，這個論題並不難理解。通常我們並不將「道德的典範」或「完人」之類的桂冠給於這樣的人：他之行善並非是自願的結果，並非是為行善而行善，而完全是出於外在目的的考慮，是不斷地抗拒他自己的衝動和欲望的艱難的結果，而是將它給予這樣的人：他之行善完全是出於自願，是其仁慈友善的自然

---

❺　同❶，p. 126.

傾向的結果，換言之，他是爲行善而行善，而並不是爲了什麼外在的目的，因而他不會陷於懷疑和自我衝突。與自己鬥爭並最終戰勝了自己的人可能是偉大的人，但絕不是至善的人或道德上的完人。通常我們將這樣的人稱爲天眞的人：他的意志行動未經反省、猶豫或動搖直接源於他的自然傾向。在這種意義上，天眞總意味著最偉大的道德完善狀態。因此，天眞絕不是一種無知，而是一種自由。它不可分離地屬於靑春。在「除非成爲小孩……」這樣的聖經訓誡中蘊藏著深刻的智慧。在不需努力的場合，在一個人毫無懼色或動搖，完全發自於內心地去做適合於他的本性的事情的場合，他就是年輕的，無論他的實際年齡有多大。在這種情況下，他的意志行動就是一場自由的遊戲，他純粹爲了這個遊戲自身的緣故而興高采烈地做它，並沒有向前盯著遠期的目標或向上盯著崇高的義務。他是純粹出於快樂而行善事的，只要他是年輕的，他自身就是善的。總之，至德、至善是歡樂的，它並非源自於禁令和目的的壓力，而是自由無束地衍生於意志的運作。孩子般天眞的純潔比英雄式的放棄（Entsagung）更美、更完善。愛和靑春正如美和靑春一樣密不可分。

　　和追求眞、善、美的活動一樣，以生產和製造人類必需品爲目的的那些活動，如耕田、織布、製鞋……，等等，也可以變成爲遊戲，都可以帶上藝術創造的特徵。在這些活動中，人們常常也能領略到足夠多的樂趣，以至於全然忘記了它們的目的。每一個眞正的手藝人在其工作實踐中都能體驗到這種從手段到目的自身的轉變。

　　石里克認爲，促成工作到遊戲的轉變的根本原因是純粹創造中的極度的歡樂、對行動本身的獻身精神、對活動的全身心的投

入。

石里克堅信：從人類文化進化的角度看，從手段到目的，從工作到遊戲的最終的全面的轉變完全是可能的，因爲這並不違反任何自然規律。

> 隨著進化的不斷演進，情況很可能是這樣：人類將以越來越輕鬆和愉快的方式來做生活所必需的一切工作（當然不只是體力工作），直至最後將它們完全轉變成遊戲。❻

當然，石里克也不否認，現實社會中的確存在著一些就其本性而言就是「惡」的工作，它們完完全全不符合人類的本性，永無轉變成青春遊戲的任何可能。不過，在石里克看來，這樣的工作對於人類的最終幸福來說並不是必需的。一旦我們對它們的成果進行了仔細的檢查，我們就會發現它們最終總是用來生產垃圾和空洞的奢侈品的。因此，我們最好消滅這樣的工作。但是，只要我們的經濟僅僅關注生產的增加，而不注重生活本身的充實和提高，那麼這樣的活動就不可能消失，「奴隸制」也就不可能得到徹底的、眞正的根除。但是，我們應該堅信：通過強迫的「奴隸勞動」來爲無聊的廢物保持溫床的文明最終勢必會因其自身的荒謬而告結束。因此，最終遺留下的東西將只是用於產生眞正的文化的業餘愛好（avocations）。在這樣的愛好之中便存在著一種將使它們最終演化成爲眞正形式的遊戲的精神。

石里克認爲，一旦人類完成了這樣的轉變，即在他們的所有

---

❻ Moritz Schlick, *Lebensweisheit*, p. 118.

活動中他們都將他們自己完完全全地交付給行動自身，總是在愛的鼓舞下從事他們的一切活動，那麼他們也就獲得了最後的解放。「他們的所有的工作日都變成了節日」❼。這時，

> 目的將不再為手段提供根據，他們會將如下原則升格為他們的最高的行為準則：「不值得為了其自身的緣故而做的事情，就不要為了任何其他的緣故而去做它！」（What's not worth doing for its own sake, don't do for anything else sake.）這時，整個人生一直到其細枝末節就都將成為真正富有意義的了；這時，「活著就意味著：慶祝存在的節日」（ To live would mean: to celebrate the festival of existence.）。❽

　　對石里克的這種遊戲人生論，人們可能會提出如下反對意見：

　　第一，它只是為人們描繪了一個十分美而誘人但卻虛幻不實的夢境。在嚴酷的現實中，尤其是在我們人類當今所處的現實之中，根本就沒有這樣的夢境的立足之地。對於我們的時代來說，對於飽經戰亂之苦的人民來說，除了拼命地、辛勤地工作以外別無其他有意義的生存方式。在此肆意詆毀工作是不負責任的表現。

　　對這個反對意見，石里克的答覆是：遊戲雖然不受其結果的左右，但這並非就意味著它的結果就沒有什麼實用的價值了。如

---

❼　同❶，p. 115.
❽　同❶，p. 118.

果它的結果具有實用價值，那自然更好。但在這種情況下它仍然是遊戲，因爲它已經含有它自己的價值於其自身之內。換言之，遊戲也可以 是創造性的， 它的結果仍然可以和工作的結果相吻合。在將來的人生哲學中， 這個創造性遊戲的概念將起著一個舉足輕重的作用。如果人類想通過遊戲活動而繼續不斷地存在下去並不斷地獲得發展，那麼這些遊戲活動就必須是創造性的，這也就是說，它們必須爲人們提供日常的必需品。這完全是可能的，因爲遊戲畢竟不是無所事事。變成爲哲學意義上的遊戲的活動越多，經濟學意義上的工作被完成的也就越多，因之也就會有更多的價值被創造出來。人類的行動之成爲工作並非是因爲它具有成果，而只是因爲它始自於並受制於對其自身的成果的表象。在實際生活中，這種創造性遊戲的例子比比皆是，如藝術創作活動、科學認識活動等等。

第二、對石里克的遊戲人生論的另一種反對意見是: 當人類的一切活動都轉變成爲遊戲時，生活本身也就被降低到了一個十分低級的水平，卽動植物的水平。因爲動植物無疑是生活在卽刻狀態之中的，它們的意識（如果有的話）僅僅局限於轉瞬卽逝的現在，它們雖能感覺到疼痛，但卻絕不會有憂慮。與之相反，人類則能夠將遠期的目標、甚至終生的目標包含於其意識之內，並通過前瞻和後顧同時經歷它們。這也就是爲什麼他們能夠成爲認識的、具有超絕的自我意識的存在物的原因所在。

石里克認爲這個反對意見誤解了他的觀點。爲了使自己的一切行動（包括工作）都變成爲遊戲，人類並不需要全然放棄自己的前瞻和後顧的能力。他並不是通過將自己的頭埋在沙堆裡以至無視將來的方式來逃避目的的威脅的。將來借助於希望平靜地、

清晰地「站在」他的面前，正如過去借助於回憶而「站在」他後面一樣。他能擺脫目的的羈絆並將他的視線從憂慮之中轉移開來，而並沒有因之就減少了他的希望能給他帶來的裨益。他仍能清清楚楚地預見他的行為的一切後果、甚至其最為遙遠的後果，但他並沒有因之就給予任何一個特定的後果以這樣獨特的重要性：必須得到它，否則整個的行動之路就將是無意義的了。相反，在他看來，整個行動之路上的每一點都已經具有了它們自己的內在的意義，正如山路一樣：它的每一級臺階都會給人們提供壯麗的景觀，每一個峰迴路轉都會使人們如癡如醉，而無論它能否通向頂峰。為了產生生活所需的緊張當然需要設定目標，即使遊戲活動常常也需設定自己的任務，這在體育和競賽中表現得特別明顯。但是，就遊戲人生而言，這樣的目標是無害的，因為它們並沒有支配生活並給其以重壓。它們隨時可以被替換，因而如果我們沒有達到它們，這並不是什麼要緊的事。受巨大的、不可抗拒的目的支配的生活有如謎語，其答案我們或者可以發現，或者不能夠發現。但遊戲生活則有如無窮無盡的字謎，在其中新的語詞不斷地被發現、被聯結，結果一個越來越大的區域被不斷地填充上了，而人們之所以這樣做，其目的只是不停息地繼續向前。

　　既然生命的意義只在於遊戲、在於青春，那麼我們的整個的文化的進一步發展就必須緊緊關注著如何使人本身青春化（Verjüngung，rejuvenation），使人的工作遊戲化。一切教育都應當小心呵護人們身上的「童稚氣」，不要讓它隨年齡的增加而喪失掉，都應當不斷地去除掉青春期與成年期間的兩相分立，以使男人即使到了其暮年仍是男孩，女人即使成了母親仍是女孩。

　　「如果我們需要一條生活準則的話，那麼它可以是這樣的：『保

存青春精神！『因爲青春精神就是生活的意義。』❾

　　從上面的介紹中我們看到，石里克的人生態度是經驗的、入世的，屬於樂觀主義之列。在他看來，人生是有著充分的意義的，而且這種意義就存在於我們的日常的生活實踐、生活活動之中。只要我們盡可能多地擺脫了目的對人生的左右，那麼我們就會體驗到這種意義。總之，經驗的、感性的人的生存意義不可能存在於他所生活於其中的這個唯一的、現實的經驗世界之外。顯然，他的這種人生觀是與其整個哲學精神相吻合的。

❾　同❶，p 128.

結語　石里克哲學的影響及其歷史意義

　　爲了恰切地評估石里克哲學的影響及其歷史意義，我們就不能不從思想角度探討一下他在維也納學派中的地位。

　　石里克是維也納學派的組織上的領袖，這誰也不會否認。但令人遺憾的是，西方哲學界似乎沒有人把他看作是其思想上的領袖。按照流行的看法，卡爾納普才是維也納學派的思想上的領袖。我們認爲這種看法是站不住腳的，它之產生主要是由於石里克的不幸早逝，以及此後學界對他的著作和文章的忽略乃至淡忘。我們都知道，維也納學派的主要思想有以下幾點：其一，將哲學規定爲澄清和闡釋命題的意義的活動；其二，分析命題和綜合命題的嚴格區分以及隨之而來的對所謂的先天綜合命題的拒斥；其三，意義證實方法；其四，拒斥形而上學；其五，物理主義或統一科學綱領。從我們前面的介紹和分析不難看出，第一，早在1918年出版的《普通認識論》一書中，石里克就已經明確地作出了分析判斷（命題）和綜合判斷（命題）的嚴格區分，並根據現代科學的最新成果對先天綜合判斷（命題）作出了系統而深入的剖析和批判；第二，在維也納學派諸成員中，石里克是最早對意義證實方法進行深入而細致的探討的哲學家，並給出了一種遠勝於卡爾納普和艾耶爾的表述形式；第三，在維根斯坦的啓發下，石里克最先明確地將哲學規定爲「意義澄清活動」，並且從哲學史和哲學與科學的關係等角度對此做了多方論證；第四，

石里克根據其形式和內容、認識和體驗的區分，以及邏輯分析法和意義證實法，對形而上學命題的無意義性進行了至為細致、全面的分析和論證，與此相比，維也納學派其他成員對形而上學的批判就顯得浮表而單薄了；第五，石里克雖然沒有親自具體地實施統一科學綱領，但他通過形式和內容、認識和表達以及認識和體驗（理會、直觀）等區分，為這個綱領提供了深層的理論根據。基於以上理由，我們可以毫不猶豫地說，石里克是維也納學派的當之無愧的思想領袖。與該學派的其他成員相比，石里克的視野要廣博得多，他具有其他成員無可比擬的哲學史功底。

既然石里克不僅是維也納學派組織上的領袖，更是其思想上的領袖，那麼我們也就不難評估其哲學的影響及其歷史意義了。

就其影響而言，通過艾耶爾、卡爾納普、亨普爾、費格爾和蒯因（Willard V. O. Quine, 1908-）等人的傳授和發展，石里克哲學深深地影響了現代英美哲學的發展方向。

就其歷史意義而言，首先，石里克是歷史上第一個自覺地利用現代科學發展的最新成果對康德及新康德學派的先驗哲學觀進行系統、深入而全面的批判的哲學家，他不僅深入地批判了他們的先驗的認識理論，而且批判了其物自體概念及其先驗的倫理學說。其次，以形式與內容、認識與表達及認識與體驗（理會、直觀）等區分為基礎，石里克對盛行於十九世紀末二十世紀初的那股將自然科學與精神科學（人文科學）嚴格對立起來的思潮進行了尖銳的批判，令人信服地論證了科學本質上的統一性。再次，石里克明確地將「認識」與「表達」等同起來，並因此而使經驗論過渡到了其現代形態 —— 邏輯經驗論（logischer Empirismus）。如果說傳統經驗論是從分析人類的官能（如感覺、知覺、

思維等）開始的，那麼現代經驗論則是從更爲基本的東西開始的，它始自於對泛而言之的「表達」的分析。石里克是現代經驗論的集大成者。最後，主要是在石里克的努力和影響下，曾一度被人遺忘，甚或遭人唾棄的「自然哲學」獲得了富有希望的「新生」，具有了現代形態。他將其定義爲對自然科學的概念、命題或問題的意義的分析和澄清，因此便擺正了哲學與科學的關係，使哲學家們徹底丟掉了將哲學凌駕於科學之上的幻想。此後，經過萊辛巴哈（Hans　Reichenbach，1891–1953）、卡爾納普、波普爾（Karl　Popper，1902–1985）、費格爾、亨普爾等人的不懈努力，自然哲學，卽通常所謂的科學哲學，現在已發展成爲一個非常富有活力的哲學部門了。

（Reichenbach，1891-1953），卜柏爾，亦即巴柏
（Karl Popper，1902-1994），

石里克年表

1882年　4月14日　莫里茨‧石里克生於柏林。

1900年　進柏林大學學習，在普朗克指導下研究物理。

1904年　以題爲〈論非均勻層中光的折射〉的論文獲得博士學位。

1907年　第一部哲學著作《人生智慧》問世。

1911年　被羅斯托克大學聘爲哲學講師。

1917年　《現代物理學中的時間和空間》出版。

1918年　《普通認識論》出版。

1921年　受聘爲基爾大學哲學教授。

1922年　到維也納大學主持名爲「歸納科學的歷史和哲學」的講座，並開始籌建「石里克小組」。

1924年　寫信與維根斯坦聯繫。

1925年　《普通認識論》修訂版問世。

1926年　到維根斯坦任教的奧特塔鄉村小學拜訪他，未果。

1927年　終於見到維根斯坦，並與其進行了多次討論。

1928年　被選爲馬赫協會的主席，並著手與弗蘭克編輯一套題爲《科學世界觀著作集》的叢書。

1929年　到美國加州大學講學。

1930年　到牛津參加第七屆世界哲學大會。

1931年　再度出訪美國。

1932年　應邀到倫敦做了三次講演。

1936年　6月22日　被一位患神經病的學生槍殺。

參考書目

一、石里克書目

1904 *a* *Über die Reflexion des Lichtes in einer inhomogenen Schicht,* dissertation, Berlin.

1907 *a* Theoretical Supplement ('Theoretischer Anhang') to:Georg F. Nicolai, 'Die Gestalt einer deformierten Manometermembran, experimentell bestimmt', *Archiv für Physiologie, Physiologische Abteilung des Archivs für Anatomie und Physiologie,* Jahrgang 1907, 139–140.

1908 *a* *Lebensweisheit. Versuch einer Glückseligkeitslehre,* München.

1909 *a* 'Das Grundproblem der Ästhetik in entwicklungsgeschichtlicher Beleuchtung', *Archiv für die gesamte Psychologie* 14, 102–132 (Eng. transl. in 1978 *c*).

1910 *a* 'Die Grenze der naturwissenschaftlichen und philosophischen Begriffsbildung',*Vierteljahrsschrift für wissenschaftliche Philo-*

sophie und Soziologie **34,** 121-142 (Eng. transl. in 1978 *c*).

b 'Das Wesen der Wahrheit nach der modernen Logik', *Vierteljahrsschrift für wissenschaftliche Philosophie und Soziologie* **34,** 386-477 (Eng. transl. in 1978 *c*).

1913 *a* 'Gibt es intuitive Erkenntnis?', *Vierteljahrsschrift für wissenschaftliche Philosophie und Soziologie* **37,** 472-488 (Eng. transl. in 1978 *c*).

1915 *a* 'Die philosophische Bedeutung des Relativitätsprinzips', *Zeitschrift für Philosophie und philosophische Kritik* **159,** 129-175 (Eng. transl. in 1978 *c*).

1916 *a* 'Idealität des Raumes, Introjektion und psychophysisches Problem', *Vierteljahrsschrift für wissenschaftliche Philosophie und Soziologie* **40,** 230-254 (Eng. transl. in 1978 *c*).

1917 *a* 'Raum und Zeit in der gegenwärtigen Physik. Zur Einführung in das Verständnis der allgemeinen Relativitätstheorie', *Die Naturwissenschaften* **5,** 161-167, 177-186.

b Raum und Zeit in der gegenwärtigen Physik. Zur Einführung in das Verständnis der allgemeinen Relativitätstheorie, Berlin; enlarged version of 1917 *a* (further German editions: 1919 *a*, 1920 *a*, 1922 *b*).

1918 *a* 'Erscheinung und Wesen', lecture delivered in Berlin 1917, *Kant-Studien* **23**, 188-208 (Eng. transl. in 1978 *c*).

b *Allgemeine Erkenntnislehre,* Naturwissenschaftliche Monographien und Lehrbücher I, Berlin (second edition 1925 *a*).

1919 *a* *Raum und Zeit in der gegenwärtigen Physik. Zur Einführung in das Verständnis der Relativitäts- und Gravitationstheorie,* second edition, Berlin; enlarged version of 1917 *b*.

1920 *a* *Raum und Zeit in der gegenwärtigen Physik. Zur Einführung in das Verständnis der Relativitäts- und Gravitationstheorie,* third edition, Berlin (Eng. transl. 1920 *b*).

b *Space and Time in Contemporary Physics. An Introduction to the Theory of Relativity and Gravitation,* Oxford and New York; Eng. transl. of 1920 *a* by Henry L. Brose (reprinted 1963 *a*).

c 'Naturphilosophische Betrachtungen über das Kausalprinzip', *Die Naturwissenschaften* **8**, 461–474 (Eng. transl. in 1978 c).

d 'Einsteins Relativitätstheorie', in *Mosse Almanach 1921*, Berlin, pp. 105–123.

1921 a 'Kritizistische oder empiristische Deutung der neuen Physik?', *Kant-Studien* **26**, 96–111 (Eng. transl. in 1978 c).

b Foreword ('Vorrede', in collaboration with Paul Hertz) and explanatory notes ('Erläuterungen') to chapters 1 and 4 of: Hermann von Helmholtz, *Schriften zur Erkenntnistheorie*, edited by P. Hertz and M. Schlick, Berlin, pp. V-IX, 25–37, 153–175 (Eng. transl. 1977 a).

1922 a 'Helmholtz als Erkenntnistheoretiker', lecture delivered in Berlin 1921, in *Helmholtz als Physiker, Physiologe und Philosoph*, Karlsruhe, pp. 29–39 (Eng. transl. in 1978 c).

b *Raum und Zeit in der gegenwärtigen Physik. Zur Einführung in das Verständnis der Relativitäts- und Gravitationstheorie,* fourth edition (revised and enlarged), Berlin (Eng. transl. in 1978 c).

   c 'Die Relativitätstheorie in der Philosophie', lecture delivered in Leipzig 1922, in *Verhandlungen der Gesellschaft Deutscher Naturforscher und Ärzte, 87. Versammlung, Hundertjahrfeier,* Leipzig, pp. 58–69 (Eng. transl. in 1978 *c*).

1925 *a* *Allgemeine Erkenntnislehre,* second edition (revised), Berlin (Eng. transl. of section 32: 1964 *a;* Eng. transl. of whole work 1974 *a*).

   b 'Naturphilosophie', in *Die Philosophie in ihren Einzelgebieten,* Lehrbuch der Philosophie II, edited by M. Dessoir, Berlin pp. 395–492 (parts of the text reprinted in 1948 *b;* Eng. transl. of parts of the text 1953 *b;* Eng. transl. of whole work in 1979 *b*).

1926 *a* 'Erleben, Erkennen, Metaphysik', *Kant-Studien* **31,** 146–158 (reprinted in 1938 *c;* Eng. transl. in 1979 *b*).

1927 *a* 'Vom Sinn des Lebens', *Symposion* **1,** 331–354; also published as no. 6 of the Sonderdrucke des Symposion (Eng. transl. in 1979 *b*).

1929 *a* 'Erkenntnistheorie und moderne Physik'

(written in 1925), *Scientia* **45,** 307–316 (Eng. transl. in 1979 *b*).

1930 *a* 'Die Wende der Philosophie', *Erkenntnis* **1,** 4–11 (reprinted in 1938 *c;* Eng. transl. 1959 *a* and in 1979 *b*).

b *Fragen der Ethik,* Schriften zur wissenschaftlichen Weltauffassung IV, edited by (P.) Frank and M. Schlick, Wien (Eng. transl. 1939 *a*).

1931 *a* 'The Future of Philosophy' (written in English), in *Proceedings of the Seventh International Congress of Philosophy, held at Oxford, 1930,* London, pp. 112–116 (reprinted in 1979 *b*).

b 'Die Kauslität in der gegenwärtigen Physik', *Die Naturwissenschaften* **19,** 145–162 (reprinted in 1938 *c* and in 1948 *a;* Eng. transl. 1961 *b*/1962 *a* and in 1979 *b*).

1932 *a* 'Gibt es ein materiales Apriori?', lecture delivered in Vienna 1930, in *Wissenschaftlicher Jahresbericht der Philosophischen Gesellschaft an der Universität zu Wien-Ortsgruppe Wien der Kant-Gesellschaft für das Vereinsjahr 1931/32,* Wien, pp. 55–65 (reprinted in 1938 *c;* Eng. transl.

1949 *c*).

b 'The Future of Philosophy' (written in English; text not identical with 1931 *a*), lecture delivered in Stockton, Calif. 1931, in *College of the Pacific Publications in Philosophy* I, Stockton, Calif., pp. 45–62 (reprinted in 1938 *c* and in 1979 *b*).

c 'A New Philosophy of Experience' (written in English), lecture delivered in Stockton, Calif. 1932, in *College of the Pacific Publications in Philosophy* I, Stockton, Calif., pp. 63–78 (reprinted in 1938 *c* and in 1979 *b*).

d 'Causality in Everyday Life and in Recent Science' (written in English), lecture delivered in Berkeley, Calif. 1932, in *University of California Publications in Philosophy* XV, Berkeley, Calif., pp. 99–125 (reprinted in 1979 *b*).

e 'Positivismus und Realismus', *Erkenntnis* 3, 1–31 (reprinted in 1938 *c;* Eng. transl. 1949 *a* and in 1979 *b*).

1934 *a* Über das Fundament der Erkenntnis', *Erkenntnis* 4, 79–99 (reprinted in 1938 *c;* Eng. transl. 1959 *b* and in 1979 *b*).

 b 'Philosphie und Naturwissenschaft', lec-
  ture delivered in Vienna 1929, *Erkenntnis*
  4, 379-396 (Eng. transl. in 1979 *b*).

 c Über den Begriff der Ganzheit', *Erkenn-*
  tnis **5,** 52-55.

 d 'Ergänzende Bemerkungen über P. Jordans
  Versuch einer quantentheoretischen Deu-
  tung der Lebenserscheinungen', *Erkenn-*
  tnis **5,** 181-183.

1935 *a* 'Über den Begriff der Ganzheit', lecture
  delivered in Vienna 1935, in *Wissenscha-*
  ftlicher Jahresbericht der Philosphischen
  Gesellschaft an der Universität zu Wien-
  Ortsgruppe Wien der Kant-Gesellschaft
  für die Vereinsjahre 1933/34 und 1934/
  35, Wien, pp. 23-37 (reprinted in 1938 *c*
  and in 1948 *a;* Eng. transl. in 1979 *b*).

 b 'Facts and Propositions' (written in Eng-
  lish), *Analysis* **2,** 65-70 (reprinted in
  1979 *b*).

 c *Sur le Fondement de la Connaissance,*
  Actualités Scientifiques et Industrielles
  289, Paris; French transl. by Charles E.
  Vouillemin; comprises: Introduction (Eng.
  transl. in 1979 *b*), *A* Sur le Fondement de

la Connaissance (transl. of 1934 *a*), *B* Les Énoncés et les Faits (transl. of 1935 *b*), *C* Sur les "Constatations" (Eng. transl. in 1979 *b*).

d 'Unanswerable Questions?' (written in English), *The Philosopher* **13**, 98–104 (reprinted in 1938 *c* and in 1979 *b*).

e 'De la Relation entre les Notions Psychologiques et les Notions Physiques', *Revue de Synthèse* **10**, 5–26; French transl. of 1938 *b* by J. Haendler (Eng. transl. 1949 *d*).

1936 *a* 'Sind die Naturgesetze Konventionen?', in *Induction et Probabilité,* Actes du Congrès International de Philosophie Scientifique, Paris 1935, IV, Actualités Scientifiques et Industrielles 391, Paris, pp. 8–17 (reprinted in 1938 *c* and in 1938 *a;* Eng. transl. 1953 *a*).

b 'Gesetz und Wahrscheinlichkeit', in *Induction et Probabilité,* Actes du Congrès International de Philosophie Scientifique, Paris 1935, IV, Actualités Scientifiques et Industrielles 391, Paris, pp. 46–57 (reprinted in 1938 *c* and in 1948 *a;* Eng. transl. in

1979 *b*).

c 'Meaning and Verification' (written in English), *The Philosophical Review* **45**, 339-369 (reprinted in 1938 *c* and in 1979 *b*).

d Über den Begriff der Ganzheit' (text identical with 1935 *a*, with the exception of one footnote added in 1935), lecture delivered in Prague 1934, in *Actes du Huitième Congrès International de Philosophie à Prague, 2-7 September 1934,* Prague, pp. 85-99.

1937 *a* 'Quantentheorie und Erkennbarkeit der Natur', *Erkenntnis* **6,** 317-326 (reprinted in 1938 *c* and in 1948 *a;* Eng. transl. in 1979 *b*).

b 'L'École de Vienne et la Philosophie Traditionelle', in *L'Unité de la Science: la Méthode et les Méthodes,* Travaux du IXe Congrès International de Philosophie IV, Actualités Scientifiques et Industrielles 533, Paris, pp. 99-107; name of translator not given (reprinted in 1938 *c;* Eng. transl. in 1979 *b*).

1938 *a* 'Form and Content, an Introduction to

Philosophical Thinking' (written in English), three lectures delivered in London 1932; first published in 1938 *c* (revised version in 1979 *b*).

b　'Über die Beziehung zwischen den psychologischen und den physikalischen Begriffen'; German original of 1935 *e;* first published in 1938 *c*.

c　*Gesammelte Aufsätze 1926-1936,* with foreword by Friedrich Waismann, Wien; comprises: 1926 *a*, 1930 *a*, 1931 *b*, 1932 *a*, *b*, *c*, *e*, 1934 *a*, 1935 *a*, *d*, 1936 *a*, *b*, *c*, 1937 *a*, *b*, 1938 *a*, *b* (reprinted 1969 *a*).

1939 *a*　*Problems of Ethics*. New York: Eng. transl. of 1930 *b* by David Rynin (further English editions: 1961 *a*, 1962 *b*).

1948 *a*　*Gesetz, Kausalität und Wahrscheinlichkeit,* Wien; comprises: 1931 *b*, 1935 *a*, 1936 *a*, *b*, 1937 *a*.

b　*Grundzüge der Naturphilosophie,* posthumous papers edited by W. Hollitscher and J. Rauscher, Wien; including also from 1925 *b*; pp.434-437, 406-422, 451-456 (Eng. transl. 1949 *b*).

1949 *a*　'Positivism and Realism', *Synthese* **7**, 478-

505; Eng. transl. of 1932 *e* by David Rynin.

b *Philosophy of Nature*, New York; Eng. transl. of 1948 *b* by Amethe von Zeppelin (reprinted 1968 *a*).

c 'Is There a Factual *a Priori*?', in *Readings in Philosophical Analysis*, edited by H. Feigl and W. Sellars, New York, pp. 277–285; Eng. transl. of 1932 *a* by Wilfrid Sellars (reprinted in 1979 *b*).

d 'On the Relation Between Psychological and Physical Concepts', in *Readings in Philosophical Analysis*, edited by H. Feigl and W. Sellars, New York, pp. 393–407; Eng. transl. of 1935 *e* by Wilfrid Sellars (reprinted in 1979 *b*).

1950 *a* Note on Logical Empiricism (probably written between 1933 and 1936), entry in *Philosophen-Lexikon. Handwörterbuch der Philosophie nach Personen* II, edited by W. Ziegenfuss and G. Jung, Berlin, pp. 462–463.

1952 *a* *Natur und Kultur*, posthumous papers edited by J. Rauscher, Wien and Stuttgart.

1953 *a* 'Are Natural Laws Conventions?', in *Rea-*

dings in the Philosophy of Science, edited by H. Feigl and M. Brodbeck, New York, pp. 181-188; Eng. transl. of 1936 *a* by Herbert Feigl and May Brodbeck (reprinted in 1979 *b*).

b 'Philosophy of Organic Life', in *Readings in the Philosophy of Science,* edited by H. Feigl and M. Brodbeck, New York, pp. 523-536; Eng. transl. of pp. 463-465, 473-480, 484-491 from 1925 *b* by Herbert Feigl and May Brodbeck.

1958 *a* *Fragen der Welt- und Lebensanschauung,* posthumous papers and lecture notes, edited by J. Rauscher and J. Zehetner, Wien; mimeographed publication.

1959 *a* 'The Turning Point in Philosophy,' in *Logical Positivism,* edited by A. J. Ayer, Glencoe, Ill., pp. 53-59; Eng. transl. of 1930 *a* by David Rynin.

b 'The Foundation of Knowledge', in *Logical Positivism,* edited by A. J. Ayer, Glencoe, Ill., pp. 209-227; Eng. transl. of 1934 *a* by David Rynin.

1961 *a* *Problems of Ethics,* New York; republication of 1939 *a*, with a new introduction by D. Rynin (reprinted in 1962 *b*).

b 'Causality in Contemporary Physics (I)', *The British Journal for the Philosophy of Science* **12,** 177–193; Eng. transl. of first part of 1931 *b* by David Rynin.

1962 *a* 'Causality in Contemporary Physics (II)', *The British Journal for the Philosophy of Science* **12,** 281–298; Eng. transl. of second part of 1931 *b* by David Rynin.

b *Problems of Ethics,* New York; reprint of 1961 *a.*

c *Aphorismen,* posthumous notes, edited by Blanche Hardy Schlick, Wien.

1963 *a* *Space and Time in Contemporary Physics,* New York; reprint of 1920 *b.*

1964 *a* 'Extracts from *Allgemeine Erkenntnislehre*', in *Body and Mind. Readings in Philosophy,* edited by G. N. A. Vesey, London, pp. 297–307; Eng. transl. of section 32 of 1925 *a* by Gillian Brown.

1968 *a* *Philosophy of Nature,* New York; reprint of 1949 *b.*

1969 *a* *Gesammelte Aufsätze 1926–1936,* Hildesheim; reprint of 1938 *c.*

1974 *a* *General Theory of Knowledge,* Library of

Exact Philosophy XI, Wien and New York; Eng. transl. of 1925 *a* by Albert E. Blumberg; with introduction by A. E. Blumberg and H. Feigl (section 13 reprinted in 1978 *c*).

1976 *a* Preface ('Vorrede') to: Friedrich Waismann, *Logik, Sprache, Philosophie,* edited by G. P. Baker and B. F. McGuinness, Stuttgart, pp. 11-23; written in 1928 for the original version of *LSP,* planned as volume I of the Schriften zur wissenschaftlichen Weltauffassung, edited by (P.) Frank and M. Schlick (Eng. transl. in 1979 *b*).

1977 *a* Foreword (in collaboration with Paul Hertz) and explanatory notes to chapters 1 and 4 of: Hermann von Helmholtz, *Epistemological Writings,* edited by R. S. Cohen and Y. Elkana, Dordrecht and Boston; Eng. transl. of 1921 *b* by Malcolm Lowe.

1978 *a* 'The Present Task of Philosophy'; Eng. transl. by Peter Heath of 'Die Aufgabe der Philosophie in der Gegenwart', inaugural lecture delivered in Rostock 1911;

first published in 1978 *c*.

b 'What Is Knowing?'; Eng. transl. by Peter Heath of 'Was ist Erkenntnis?', from *Grundzüge der Erkenntnislehre,* lecture-course delivered in Rostock 1911/12; first published in 1978 *c*.

c *Philosophical Papers I, 1909-1922,* Vienna Circle Collection 11, *I* edited by Henk L. Mulder and Barbara F. B. van de Velde-Schlick, Dordrecht and Boston; comprises: English translations by Peter Heath of 1909 *a*, 1910 *a, b,* 1913 *a*, 1915 *a*, 1916 *a*, 1918 *a*, 1920 *c*, 1921 *a*, 1922 *a, c*; English translation by Henry L. Brose and Peter Heath of 1922 *b*; English translation by Albert E. Blumberg of section 13 of 1925 *a*; 1978 *a, b*.

1979 *a* 'The Universe and the Human Mind'; Eng. transl. by Peter Heath of 'Weltall und Menschengeist', lecture delivered in Vienna 1936; first published in 1979 *b*.

b *Philosophical Papers II, 1925-1936,* Vienna Circle Collection 11, *II* edited by Henk L. Mulder and Barbara F. B. van de Velde-Schlick, Dordrecht and Boston;

comprises: 1931 *a*, 1932 *b*, *c*, *d*, 1935 *b*, *d*, 1936 *c*, 1938 *a*; English translations by Peter Heath of 1925 *b*, 1926 *a*, 1927 *a*, 1929 *a*, 1930 *a*, 1931 *b*, 1932 *e*, 1934 *a*, *b*, 1935 *a*, *c* (first and last parts), 1936 *b*, 1937 *a*, *b*, 1976 *a*; English translations by Wilfrid Sellars of 1932 *a*, 1935 *e*; English translation by Herbert Feigl and May Brodbeck of 1936 *a*; 1979 *a*.

c *Allgemeine Erkenntnislehre,* Frankfurt am Main; reprint of 1925 *a*.

1984 *a* *Fragen der Ethik,* Suhrkamp Taschenbuch Wissenschaft 477, edited by R. Hegselmann, Frankfurt am Main; reprint of 1930 *b*; with an introduction by R. Hegselmann.

1986 *a* *Die Probleme der Philosophie in ihrem Zusammenhang,* lecture course 1933/34, Suhrkamp Taschenbuch Wissenschaft 580, edited by Henk L. Mulder, Anne J. Kox and Rainer Hegselmann, Frankfurt am Main.

b Philosophische Logik, Suhrkamp Taschenbuch Wissenschaft 598, edited by Bernd Philippi, Frankfurt am Main; comprises 1910 *a*, *b*, German translations by Bernd

Philippi of 1938 *a*, 1935 *b*, *c*, *e*, *d*, 1936 *c*.

1987 *a* *The Problems of Philosophy in their Interconnection,* lecture course 1933/34, Vienna Circle Collection 18(?), edited by Henk L. Mulder, Anne J. Kox and Rainer Hegselmann, Dordrecht/Boston/Lancaster; English translation of 1986 *a* by Peter Heath.

二、其他書目

Avenarius, Richard, *Der menschliche Weltbegriff*, second edition, Leipzig 1905.

Avenarius, Richard, *Philosophie als Denken der Welt gemäss dem Prinzip des kleinsten Kraftmasses. Prolegomena zu einer Kritik der reinen Erfahrung,* second edition, Leipzig 1907–1908.

Ayer, A.J., *Language, Truth and Logic,* London 1936 (Rev. ed., 1946).

Ayer, A.J., *The Foundations of Empirical Knowledge,* London 1940.

Bergson, Henri, *Introduction à la mètaphysique,* Paris 1903 (Eng. transl. by T.E. Hulme, *An Introduction to Metaphysics,* London 1913).

Bridgman, Percy W., *The Logic of Modern Physics,* New York 1927.

Carnap, Rudolf, *Der logische Aufbau der Welt. Versuch einer Konstitutionstheorie der Begriffe,* Leipzig and Berlin 1928 (Eng. transl. by R.A. George in *The Logical Structure of the World. Pseudo-Problems in Philosophy,* London 1967).

Carnap, Rudolf, *Scheinprobleme in der Philosophie. Das Fremdpsychische und der Realismusstreit,* Leipzig and Berlin 1928 (Eng. transl. by R.A.

George in *The Logical Structure of the World. Pseudo-problems in Philosophy*. London 1967).

Carnap, Rudolf, 'Die Physikalische Sprache als Universalsprache der Wissenschaft', *Erkenntnis* 2 (1931) (Eng. transl. by M. Black, *The Unity of Science,* Psyche Miniatures General Series No. 63, London 1934).

Carnap, Rudolf, 'Überwindung der Metaphysik durch logische Analyse der Sprache', *Erkenntnis* 2 (1932).

Carnap, Rudolf, 'Über Protokollsätze', *Erkenntnis* 3 (1932/1933).

Carnap, Rudolf, *Die logische Syntax der Sprache, Schriften zur wissenschaftlichen Weltauffassung VIII,* edited by P. Frank and M. Schlick, Wien 1934 (Eng. transl. by A. Smeaton, *The Logical Syntax of Language,* London and New York 1937).

Carnap, Rudolf, *Meaning and Necessity,* Chicago 1947.

Carnap, Rudolf, 'Testability and Meaning', *Philosophy of Science* 3 (1936).

Carnap, Rudolf, 'Empiricism, Semantics, and Ontology', *Revue internationale de philosophie* 4 (1950) (Reprinted in *Philosophy of Mathematics,* edited by Paul Benacerraf and Hilary Putnam, New Jersey 1964).

Duhem, Pierre M.M., *La théorie physique. Son objet et sa structure,* second edition, Paris 1914 (Eng. transl., by P.P. Wiener, *The Aim and Structure of Physical Theory,* Princeton, N.J. 1954).

Einstein, Albert, *Geometrie und Erfahrung,* address delivered in Berlin 1921, Berlin 1921.

Einstein, Albert, *Über die spezielle und die allgemeine Relativitätstheorie. Gemeinverständlich,* eleventh edition, Braunschweig 1921 (Eng. transl. from the fifth edition by R.W. Lawson; *the Special and the General Theory: a Popular Exposition,* London and New York 1920).

Erdmann, Benno, *Über Inhalt und Geltung des Kausalgesetzes,* Halle 1905.

Feigl, Herbert and Blumberg, Albert E., 'Logical Positivism, a New Movement in European Philosophy', *The Journal of Philosophy* 28 (1931).

Feigl, Herbert, 'Moritz Schlick, A Memoir', *Erkenntnis* 7 (1937/38).

Feigl, Herbert, 'Logical Empiricism', in *Readings in Philosophical Analysis,* edited by Feigl H. and Sellars W., New York 1949.

Frank, Philipp, *Das Kausalgesetz und seine Gren-
zen, Schriften zur wissenschaftlichen Weltauff-
assung VI,* edited by P. Frank and M. Schlick,
Wien 1932.

Heisenberg, Werner, *Die physikalischen Prinzipien
der Quantentheorie,* Leipzig 1930 (Eng. transl.
by C. Eckart and F.C. Hoyt, *The Physical Prin-
ciples of the Quantum Theory,* New York 1949).

Hempel, Carl G., 'On the Logical Positivists'
Theory of Truth', *Analysis* 2 (1935).

Hempel, Carl G., 'Some Remarks on "Facts" and
Propositions', *Analysis* 2 (1935).

Hempel, Carl G., 'Problems and Changes in the
Empiricist Criterion of Meaning', *Revue intern-
ationale de philosophie* 4 (1950) (Reprinted in
Semantics and the Philosophy of Language,
edited by Leonard Linsky, Urbana 1952).

Hume, David, *An Enquiry Concerning Human
Understanding,* Austin 1953.

Hume, David, *A Treatise of Human Nature,* Oxford
1978.

Husserl, Edmund, *Logische Untersuchungen I and
II,* Halle 1900 and 1901 (Eng. transl. by J.N.
Findlay, *Logical Investigations,* London 1970).

Husserl, Edmund, *Phenomenology and the Crisis*

of Philosophy, New York 1965.

James, William, *Pragmatism. A New Name for Some Old Ways of Thinking,* London and New York 1907.

Kant, Immanuel, *Kritik der reinen Vernunft,* first edition 1781, second edition 1787 (Eng. transl. by N. Kemp Smith, *Critique of Pure Reason,* London 1933).

Kant, Immanuel, *Allgemeine Naturgeschichte und Theorie des Himmels,* 1755.

Kraft, Victor, *Der Wiener Kreis,* Wien 1950.

Lange, Friedrich Albert, *Geschichte des Materialismus und Kritik seiner Bedeutung in der Gegenwart,* Leipzig 1873-1875.

Leibniz, Gottfried W., *Monadologie,* 1714 (Eng. transl. by P.G. Lucas and L. Grint, *Monadology,* Manchester 1953).

Lewis, Clarence I., 'Experience and Meaning', *The Philosophical Review* 43 (1934).

Locke, John, *An Essay Concerning Human Understanding,* London 1902.

Mach, Ernst, *Erkenntnis und Irrtum. Skizzen zur Psychologie der Forschung,* second edition, Leipzig 1906.

Mach, Ernst, *Die Mechanik in ihrer Entwicklung*

historisch-kritish dargestellt, third edition, Leipzig 1897.

Maxwell, James Clerk, *Matter and Motion,* London 1876.

Mill, John Stuart, *A System of Logic. Ratiocinative and Inductive, Being a Connected View of the Priniciples of Evidence, and the Methods of Scientific Investigation,* seventh edition, London 1905.

Natorp, Paul, *Die logischen Grundlagen der exakten Wissenschaften,* Leipzig 1910.

Neurath, Otto, *Gesammelte philosophische und methodologische Schriften,* Band 2, Wien 1981.

Nietzsche, Friedrich W., *Also sprach Zarathustra. Ein Buch für Alle und für Keinen,* Leipzig 1885 (Eng. transl. by A. Tille, revised by M.M. Bozman, *Thus Spake Zarathustra,* London 1933).

Ostwald, Wilhelm, *Vorlesungen über Naturphilosophie,* second edition, Leipzig 1902.

Ostwald, Wilhelm, *Grundriss der Naturphilosophie,* Leipzig 1908.

Petzoldt, Joseph, *Das Weltproblem vom positivistischen Standpunkte aus,* Leipzig 1906.

Plank, Max, *Acht Vorlesungen über theoretische Physik,* Leipzig 1910.

Plato, *Sophistes* (Eng. transl. by F.M. Cornford, *Plato's Theory of Knowledge*, London 1935).

Poincaré, Jules Henri, *La science et l'hypothèse*, Paris 1902 (Eng. transl. by W.J. Greenstreet, *Science and Hypothesis*, New York 1915).

Poincaré, Jules Henri, *La valeur de la science*, Paris 1905 (Eng. transl. by G.B. Halsted, *The Value of Science*, London and New York 1907).

Popper, Karl, *Logik der Forschung, Schriften zur wissenschaftlichen Weltauffassung IX*, edited by P. Fank and M. Schlick, Wien 1935 (Eng. transl. by the author in collaboration with J. Freed and L. Freed, *The Logic of Scientific Discovery*, London 1959).

Quine, W.V., *From a Logical Point of View*, second edition 1980.

Reichenbach, Hans, *Relativitätstheorie und Erkenntnis a priori*, Berlin 1920 (Eng. transl. by M. Reichenbach, *The Theory of Relativity and A Priori Knowledge*, Berkeley and Los Angeles 1965).

Reichenbach, Hans, *Selected Writings, 1909-1953, Vienna Circle Collection 4/II*, edited by M. Reichenbach and R.S. Cohen, Dordrecht, Boston and London 1978.

Reichenbach, Hans, *The Rise of Scientific Philo-sophy*, University of California Press, 1954.

Rickert, Heinrich, *Die Grenzen der naturwissens-chaftlichen Begriffsbildung. Eine Logische Ein-leitung in die historischen Wissenschaften,* Tüb-ingen und Leipzig 1896-1902.

Rickert, Heinrich, *Der Gegenstand der Erkenntnis. Einführung in die Transzendentalphilosophie,* second edition, Tübingen 1904.

Rickert, Heinrich, *Kulturwissenschaft und Natur-wissenschaft,* Tübingen 1921.

Russell, Bertrand, *The Principles of Mathematics,* Cambridge 1903.

Russell, Bertrand, *Our Knowledge of the External World,* London 1914.

Russell, Bertrand, *Introduction to Mathematical Philosophy,* second edition, London 1922.

Schiller, Friedrich von, *Über die ästhetische Erziehung des Menschen, in einer Reihe von Briefen.* 1795 (Eng. transl. by R. Snell, *Letters on the Aesthetic Education of Man.* London 1954).

Thilly, Frank, *A History of Philosophy,* New York 1929.

Waismann, Friedrich, *Wittgenstein and the Vienna*

Circle, edited by Brian McGuinness., Translated by Joachim Schulte and Brian McGuinness, New York 1979.

Whitehead, Alfred N., *Science and the Modern World,* New York 1925.

Wittgenstein, Ludwig, *Tractatus Logico-Philosophicus,* in *Ludwig Wittgenstein. Werkausgabe in 8 Bänden,* Band 1. Suhrkamp 1984.

Wittgenstein, Ludwig, 'A Lecture on Ethics', in *Philosophical Review,* January 1965.

Wittgenstein, Ludwig, *Philosophische Bemerkungen,* herausgegeben von Rush Rhees, Oxford 1964.

Wittgenstein, Ludwig, *The Blue and Brown Books,* edited by Rush Rhees, Oxford 1964.

Wittgenstein, Ludwig, *Philosophische Untersuchungen,* herausgegeben von G.E.M. Anscombe, G.H. von Wright., Rush Rhees, in *Ludwig Wittgenstein. Werkausgabe in 8 Bänden,* Band 1, Suhrkamp 1984.

三、中文書目

萊布尼茨: 《人類理智新論》, 陳修齋譯, 北京 (1982)。

康　　德: 《未來形而上學導論》, 龐景仁譯, 北京 (1982)。

黑格爾: 《小邏輯》, 賀麟譯, 北京 (1982)。

馬　　赫: 《感覺的分析》, 洪謙等譯, 北京 (1986)。

洪　　謙: 《維也納學派哲學》, 第二版, 北京 (1989)。

洪　　謙: 《邏輯經驗主義》(主編, 上下卷), 北京 (1982)。

洪　　謙: 《邏輯經驗主義論文集》, 臺灣遠流 (1990)。

人名索引

名詞索引

世界哲學家叢書(九)

書　　　　　名	作　　者	出版狀況
帕　爾　費　特	戴　　華	撰　稿　中
梭　　　　　羅	張　祥　龍	撰　稿　中
愛　　默　　生	陳　　波	撰　稿　中
魯　　一　　士	黃　秀　璣	已　出　版
珀　　爾　　斯	朱　建　民	撰　稿　中
詹　　姆　　斯	朱　建　民	撰　稿　中
杜　　　　　威	葉　新　雲	撰　稿　中
蒯　　　　　因	陳　　波	已　出　版
帕　　特　　南	張　尚　水	撰　稿　中
庫　　　　　恩	吳　以　義	撰　稿　中
費　耶　若　本	苑　舉　正	撰　稿　中
拉　卡　托　斯	胡　新　和	撰　稿　中
洛　　爾　　斯	石　元　康	已　出　版
諾　　錫　　克	石　元　康	撰　稿　中
海　　耶　　克	陳　奎　德	撰　稿　中
羅　　　　　蒂	范　　進	撰　稿　中
喬　姆　斯　基	韓　林　合	撰　稿　中
馬　克　弗　森	許　國　賢	已　出　版
希　　　　　克	劉　若　韶	撰　稿　中
尼　　布　　爾	卓　新　平	已　出　版
默　　　　　燈	李　紹　崑	撰　稿　中
馬　丁・布　伯	張　賢　勇	撰　稿　中
蒂　　里　　希	何　光　滬	撰　稿　中
德　　日　　進	陳　澤　民	撰　稿　中
朋　諤　斐　爾	卓　新　平	撰　稿　中

世界哲學家叢書 (八)

書　　　　名	作　　者	出　版　狀　況
阿　爾　都　塞	徐　崇　溫	撰　稿　中
葛　　蘭　　西	李　超　杰	撰　稿　中
列　　維　　納	葉　秀　山	撰　稿　中
德　　希　　達	張　正　平	撰　稿　中
呂　　格　　爾	沈　清　松	撰　稿　中
富　　　　科	于　奇　智	撰　稿　中
克　　羅　　齊	劉　綱　紀	撰　稿　中
布　拉　德　雷	張　家　龍	撰　稿　中
懷　　特　　海	陳　奎　德	已　出　版
愛　因　斯　坦	李　醒　民	撰　稿　中
玻　　　　爾	戈　　革	已　出　版
卡　　納　　普	林　正　弘	撰　稿　中
卡爾・巴　柏	莊　文　瑞	撰　稿　中
坎　　培　　爾	冀　建　中	撰　稿　中
羅　　　　素	陳　奇　偉	撰　稿　中
穆　　　　爾	楊　樹　同	撰　稿　中
弗　　雷　　格	王　　路	排　印　中
石　　里　　克	韓　林　合	已　出　版
維　根　斯　坦	范　光　棣	已　出　版
艾　　耶　　爾	張　家　龍	排　印　中
賴　　　　爾	劉　建　榮	撰　稿　中
奧　　斯　　丁	劉　福　增	已　出　版
史　　陶　　生	謝　仲　明	撰　稿　中
馮・賴　　特	陳　　波	撰　稿　中
赫　　　　爾	馮　耀　明	撰　稿　中

世界哲學家叢書 (七)

書　　　　名	作　　者	出　版　狀　況
狄　爾　泰	張　旺　山	已　出　版
弗　洛　伊　德	陳　小　文	已　出　版
阿　德　勒	韓　水　法	撰　稿　中
史　賓　格　勒	商　戈　令	已　出　版
布　倫　坦　諾	李　　河	撰　稿　中
韋　伯	陳　忠　信	撰　稿　中
卡　西　勒	江　日　新	撰　稿　中
沙　特	杜　小　真	撰　稿　中
雅　斯　培	黃　　藿	已　出　版
胡　塞　爾	蔡　美　麗	已　出　版
馬克斯・謝勒	江　日　新	已　出　版
海　德　格	項　退　結	已　出　版
漢　娜　鄂　蘭	蔡　英　文	撰　稿　中
盧　卡　契	謝　勝　義	撰　稿　中
阿　多　爾　諾	章　國　鋒	撰　稿　中
馬　爾　庫　斯	鄭　　湧	撰　稿　中
弗　洛　姆	姚　介　厚	撰　稿　中
哈　伯　馬　斯	李　英　明	已　出　版
榮　格	劉　耀　中	排　印　中
柏　格　森	尚　建　新	撰　稿　中
皮　亞　傑	杜　麗　燕	排　印　中
別　爾　嘉　耶　夫	雷　永　生	撰　稿　中
索　洛　維　約　夫	徐　鳳　林	已　出　版
馬　賽　爾	陸　達　誠	已　出　版
梅　露・彭　廸	岑　溢　成	撰　稿　中

世界哲學家叢書 (六)

書　　　　　名	作　　　者	出 版 狀 況
洛　　　　　克	謝　啓　武	撰　稿　中
巴　　克　　萊	蔡　信　安	已　出　版
休　　　　　謨	李　瑞　全	已　出　版
托　馬　斯・銳　德	倪　培　林	撰　稿　中
梅　　里　　葉	李　鳳　鳴	撰　稿　中
狄　　德　　羅	李　鳳　鳴	撰　稿　中
伏　　爾　　泰	李　鳳　鳴	排　印　中
孟　德　斯　鳩	侯　鴻　勳	已　出　版
盧　　　　　梭	江　金　太	撰　稿　中
帕　　斯　　卡	吳　國　盛	撰　稿　中
達　　爾　　文	王　道　遠	撰　稿　中
康　　　　　德	關　子　尹	撰　稿　中
費　　希　　特	洪　漢　鼎	撰　稿　中
謝　　　　　林	鄧　安　慶	已　出　版
黑　　格　　爾	徐　文　瑞	撰　稿　中
祁　　克　　果	陳　俊　輝	已　出　版
尼　　　　　采	商　戈　令	撰　稿　中
彭　　加　　勒	李　醒　民	已　出　版
馬　　　　　赫	李　醒　民	已　出　版
迪　　　　　昂	李　醒　民	撰　稿　中
費　爾　巴　哈	周　文　彬	撰　稿　中
恩　　格　　斯	金　隆　德	撰　稿　中
馬　　克　　斯	洪　鎌　德	撰　稿　中
普　列　哈　諾　夫	武　雅　琴	撰　稿　中
約　翰　彌　爾	張　明　貴	已　出　版

世界哲學家叢書 (五)

書　　　　名	作　者	出版狀況
楠　本　端　山	岡　田　武　彥	已　　出　　版
吉　田　松　陰	山　口　宗　之	已　　出　　版
福　澤　諭　吉	卞　崇　道	撰　　稿　　中
岡　倉　天　心	魏　常　海	撰　　稿　　中
中　江　兆　民	畢　小　輝	撰　　稿　　中
西　田　幾　多　郎	廖　仁　義	撰　　稿　　中
和　辻　哲　郎	王　中　田	撰　　稿　　中
三　　木　　清	卞　崇　道	撰　　稿　　中
柳　田　謙　十　郎	趙　乃　章	撰　　稿　　中
柏　　拉　　圖	傅　佩　榮	撰　　稿　　中
亞　里　斯　多　德	曾　仰　如	已　　出　　版
伊　壁　鳩　魯	楊　　適	撰　　稿　　中
愛　比　克　泰　德	楊　　適	撰　　稿　　中
柏　　羅　　丁	趙　敦　華	撰　　稿　　中
聖　奧　古　斯　丁	黃　維　潤	撰　　稿　　中
安　　瑟　　倫	趙　敦　華	撰　　稿　　中
安　　薩　　里	華　　濤	撰　　稿　　中
伊　本・赫　勒　敦	馬　小　鶴	已　　出　　版
聖　多　瑪　斯	黃　美　貞	撰　　稿　　中
笛　　卡　　兒	孫　振　青	已　　出　　版
蒙　　　　田	郭　宏　安	撰　　稿　　中
斯　賓　諾　莎	洪　漢　鼎	已　　出　　版
萊　布　尼　玆	陳　修　齋	已　　出　　版
培　　　　根	余　麗　嫦	撰　　稿　　中
托　馬　斯・霍　布　斯	余　麗　嫦	排　　印　　中

世界哲學家叢書(四)

書　　　　　名	作　　者	出　版　狀　況
世　　　　　親	釋　依　昱	撰　稿　中
商　　羯　　羅	黃　心　川	撰　稿　中
維韋卡南達	馬　小　鶴	撰　稿　中
泰　戈　爾	宮　　静	已　出　版
奧羅賓多·高士	朱　明　忠	已　出　版
甘　　　　　地	馬　小　鶴	已　出　版
尼　　赫　　魯	朱　明　忠	撰　稿　中
拉達克里希南	宮　　静	撰　稿　中
元　　　　　曉	李　箕　永	撰　稿　中
休　　　　　静	金　煐　泰	撰　稿　中
知　　　　　訥	韓　基　斗	撰　稿　中
李　　栗　　谷	宋　錫　球	已　出　版
李　　退　　溪	尹　絲　淳	撰　稿　中
空　　　　　海	魏　常　海	撰　稿　中
道　　　　　元	傅　偉　勳	撰　稿　中
伊　藤　仁　齋	田　原　剛	撰　稿　中
山　鹿　素　行	劉　梅　琴	已　出　版
山　崎　闇　齋	岡　田　武　彥	已　出　版
三　宅　尚　齋	海老田輝已	已　出　版
中　江　藤　樹	木　村　光　德	撰　稿　中
貝　原　益　軒	岡　田　武　彥	已　出　版
荻　生　徂　徠	劉　梅　琴	撰　稿　中
安　藤　昌　益	王　守　華	撰　稿　中
富　永　仲　基	陶　德　民	撰　稿　中
石　田　梅　岩	李　甦　平	撰　稿　中

書　　　　　名	作　　　者	出　版　狀　況
澄　　　　　觀	方　立　天	撰　　稿　　中
宗　　　　　密	冉　雲　華	已　　出　　版
永　明　延　壽	冉　雲　華	撰　　稿　　中
湛　　　　　然	賴　永　海	已　　出　　版
知　　　　　禮	釋　慧　嶽	排　　印　　中
大　慧　宗　杲	林　義　正	撰　　稿　　中
袾　　　　　宏	于　君　方	撰　　稿　　中
憨　山　德　清	江　燦　騰	撰　　稿　　中
智　　　　　旭	熊　　　琬	撰　　稿　　中
康　　　有　爲	汪　榮　祖	撰　　稿　　中
譚　　嗣　　同	包　遵　信	撰　　稿　　中
章　　太　　炎	姜　義　華	已　　出　　版
熊　　十　　力	景　海　峰	已　　出　　版
梁　　漱　　溟	王　宗　昱	已　　出　　版
胡　　　　　適	耿　雲　志	撰　　稿　　中
金　　岳　　霖	胡　　　軍	已　　出　　版
張　　東　　蓀	胡　偉　希	撰　　稿　　中
馮　　友　　蘭	殷　　　鼎	已　　出　　版
唐　　君　　毅	劉　國　強	撰　　稿　　中
牟　　宗　　三	鄭　家　棟	撰　　稿　　中
宗　　白　　華	葉　　　朗	撰　　稿　　中
湯　　用　　彤	孫　尚　揚	撰　　稿　　中
賀　　　　　麟	張　學　智	已　　出　　版
龍　　　　　樹	萬　金　川	撰　　稿　　中
無　　　　　著	林　鎭　國	撰　　稿　　中

世界哲學家叢書 (二)

書　　名	作　者	出版狀況
胡　　五　　峯	王　立　新	撰　稿　中
朱　　　　熹	陳　榮　捷	已　出　版
陸　　象　　山	曾　春　海	已　出　版
陳　　白　　沙	姜　允　明	撰　稿　中
王　　廷　　相	葛　榮　晉	已　出　版
王　　陽　　明	秦　家　懿	已　出　版
李　　卓　　吾	劉　季　倫	撰　稿　中
方　　以　　智	劉　君　燦	已　出　版
朱　　舜　　水	李　甦　平	已　出　版
王　　船　　山	張　立　文	撰　稿　中
眞　　德　　秀	朱　榮　貴	撰　稿　中
劉　　蕺　　山	張　永　儁	撰　稿　中
黃　　宗　　羲	吳　　　光	撰　稿　中
顧　　炎　　武	葛　榮　晉	撰　稿　中
顏　　　　元	楊　慧　傑	撰　稿　中
戴　　　　震	張　立　文	已　出　版
竺　　道　　生	陳　沛　然	已　出　版
眞　　　　諦	孫　富　支	撰　稿　中
慧　　　　遠	區　結　成	已　出　版
僧　　　　肇	李　潤　生	已　出　版
智　　　　顗	霍　韜　晦	撰　稿　中
吉　　　　藏	楊　惠　南	已　出　版
玄　　　　奘	馬　少　雄	撰　稿　中
法　　　　藏	方　立　天	已　出　版
惠　　　　能	楊　惠　南	已　出　版

世界哲學家叢書 (一)

書 名	作 者	出 版 狀 況
孔　　　　子	韋　政　通	撰　稿　中
孟　　　　子	黃　俊　傑	已　出　版
荀　　　　子	趙　士　林	撰　稿　中
老　　　　子	劉　笑　敢	撰　稿　中
莊　　　　子	吳　光　明	已　出　版
墨　　　　子	王　讚　源	撰　稿　中
公　孫　龍　子	馮　耀　明	撰　稿　中
韓　非　子	李　甦　平	撰　稿　中
淮　南　子	李　　增	已　出　版
賈　　　誼	沈　秋　雄	撰　稿　中
董　仲　舒	韋　政　通	已　出　版
揚　　　雄	陳　福　濱	已　出　版
王　　　充	林　麗　雪	已　出　版
王　　　弼	林　麗　真	已　出　版
郭　　　象	湯　一　介	撰　稿　中
阮　　　籍	辛　　旗	撰　稿　中
嵇　　　康	莊　萬　壽	撰　稿　中
劉　　　勰	劉　綱　紀	已　出　版
周　敦　頤	陳　郁　夫	已　出　版
邵　　　雍	趙　玲　玲	撰　稿　中
張　　　載	黃　秀　璣	已　出　版
李　　　覯	謝　善　元	已　出　版
楊　　　簡	鄭　曉　江	撰　稿　中
王　安　石	王　明　蓀	已　出　版
程顥、程頤	李　日　章	已　出　版